Bruno Schirra
Iran – Sprengstoff für Europa

Bruno Schirra

Iran
Sprengstoff für Europa

Econ

Econ ist ein Verlag der Ullstein Buchverlage GmbH

ISBN-13: 978–3-430-17957-7
ISBN-10: 3-430-17957-2

© Ullstein Buchverlage GmbH, Berlin 2006
Alle Rechte vorbehalten.
Karten: Peter Palm, Berlin
Hintere Karte nach Angaben der Federation of American Scientists
Gesetzt aus der Sabon bei LVD GmbH, Berlin
Druck und Bindung: GGP Media GmbH, Pößneck
Printed in Germany

Inhaltsverzeichnis

Vorwort

Als ich Anfang 1981 zum ersten Mal in den Iran fuhr, wusste ich über das Land und seine Völker, deren Religion, seine Kultur, seine Vergangenheiten nicht viel mehr als das, was den Medien zu entnehmen war. Der Schah war gestürzt worden, und wie so viele andere hatte ich die Absetzung des kaiserlichen Diktators bejubelt. Als die Berichterstattung über die neue Islamische Republik angesichts der Grausamkeiten der Revolutionsjustiz eine immer düsterere wurde, wandte ich mich eher verlegen anderen Dingen zu. Hin und wieder las ich noch Reportagen oder sah im Fernsehen Dokumentationen über den Iran, die fast alle das Bild einer fremden, ja blutrünstigen Religionsdiktatur zeichneten, die das Land und seine Menschen drangsalierte. In meiner Wahrnehmung zeichnete sich das Bild eines Landes ab, das im tiefsten Mittelalter gefangen war.

In vielen Berichten, die ich gelesen hatte, war immer durchgeschimmert, dass es im Iran eine Atmosphäre der Feindseligkeit, ja sogar des Fremdenhasses gebe – gerade westlichen Menschen gegenüber. Und so war ich im Januar 1981 etwas beklommen in den Iran gefahren, um dann sehr schnell eines Besseren belehrt zu werden. Nie bin ich vorher, nie nachher freundlicher aufgenommen worden – mit so viel Offenheit, so viel Wärme, mit so viel Respekt – als bei meinen Reisen durch die Islamischen Republik Iran. Ich habe dort Menschen kennen gelernt, Bauern, die nicht lesen und nicht schreiben konnten und dennoch voller Inbrunst den größten aller persischen Dichter rezitieren konnten. Ausgerechnet Hafes, der ein frommer Muslim war und die Größe Allahs und die Schönheit des Korans besang. Jenen Hafes, der aber auch zugleich die Liebe, die Lust, und die Wonnen des Weines rühmte, die Schönheit der Frauen wie die der Männer, und all das in vollen Zügen selbst in seinem Leben selbst genossen hatte.

Ich lernte bei diesen Reisen die unterschiedlichsten Menschen kennen. Bauern und Tagelöhner, Professoren und Handwerker, Mullahs und Revolutionäre, Lehrer und kleine Jungen, die voller Ungeduld darauf warteten, endlich an die Front gehen zu dürfen. Männer und Frauen. Gläubige und Ungläubige. Gegner des Regimes und Anhänger. Als ich bei späteren Aufenthalten anfing, offener mit ihnen darüber zu reden, was ich in ihrem Land sah, hörte, erlebte, da hörten mir auch die fanatischsten Anhänger der Revolution des Ayatollah Ruhollah Chomeini immer zu. Nie wurde ich zurechtgewiesen, immer gestanden mir meine Gesprächspartner das Recht auf meine Sicht der Dinge zu – auch dann, wenn meine Wahrnehmung ihres Landes aus ihrer Sicht arrogant und anmaßend war.

Und dann machte jenes Buch von Betty Mahmoody, »Nicht ohne meine Tochter«, weltweit Furore, das wie kein zweites das westliche Bild des heutigen Irans und seiner Menschen prägen sollte. Das den Iran als ein barbarisches und kulturloses Land zeichnete. Ein Buch, das noch nicht einmal in Ansätzen mit den Realitäten übereinstimmte. Der Iran ist ein stolzes Land und er hat mehr als nur guten Grund, auf seine Vergangenheit, seine Kultur stolz zu sein. Ich habe erlebt, wie sehr die Menschen, denen ich dort begegnet bin, unter diesem Buch gelitten haben. Als Einzelne wie als Kollektiv.

Ich hoffe, dass niemand an diesem Buch leiden wird. Auch wenn ich mir das Recht genommen habe, mitunter harsche Kritik zu üben, harte Urteil zu fällen und meine Sicht der Dinge zu beschreiben. Vieles an den Realitäten der Islamischen Republik stößt mich ab, vieles beängstigt mich, vieles in der Praxis des Islams verstört mich. Vieles kann ich nicht akzeptieren, weshalb ich es kritisiere, so wie ich es auch in der Praxis des Christen- wie des Judentums nicht akzeptieren kann. Auch nicht will. Nie.

Der Iran wird in den nächsten Monaten und Jahren immer mehr ins Zentrum von Auseinandersetzungen mit dem Westen rücken. Niemand weiß, niemand kann wissen, wohin das führen wird. Dieses Buch versucht ein Bild des Irans zu beschreiben, seiner unterschiedlichen Realitäten, seiner Menschen, seiner Politik. Ich halte die Machthaber des Landes für eine Gefahr. Gefährlich für die iranischen Völker, gefährlich für die Völker in der Region, aber auch gefährlich für die Völker des Westens. Das versucht dieses Buch darzustellen. Für die Wertungen in diesem Buch bin nur ich allein verantwortlich, ebenso für die Fehler. Bei der Transkription der persischen und arabischen Begriffe habe ich mich für eine leserfreundliche Schreibweise entschieden. Die geht natürlich zu Lasten der klassischen Schreibung.

Die Arbeit an diesem Buch hat sich in die Länge gezogen, viel mehr, als ich mir das gewünscht hätte. Gerne hätte ich auch in diesem und jenem Kapitel die eine oder andere Einzelheit weit umfassender zitiert, manches aufschlussreiche Dokument auch in epischer Breite dargestellt. Bedauerlicherweise ist mir das nicht möglich, was mit einem überraschenden Besuch deutscher Staatsgewalt in meinem Haus eines schönen Morgens zu tun hat.

Am 12. September 2005 drangen Beamte des Bundeskriminalamtes (BKA), des brandenburgischen Landeskriminalamtes (LKA) sowie Potsdamer Staatsanwälte in mein Haus ein und durchsuchten es. Anlass war ein Artikel, den ich ein halbes Jahr zuvor im Magazin *Cicero* veröffentlicht hatte. Darin hatte ich den jordanischen Terroristen Abu Moussab al Zarqawi sowie dessen Verbindungen mit dem Iran beschrieben. Die Zitation von vertraulichen Berichten, unter anderem des BKA, muss wohl Otto Schily irgendwie auf den Magen geschlagen sein. Nun ist der ehemalige deutsche Bundesinnenminister ganz sicher ein ganz entschieden wackerer Vertreter der Pressefreiheit und auch des so genannten investigativen Journalismus. Weshalb es ganz sicher nur ein bedauerlicher Irrtum war, als er die geballte Staatsgewalt von der Leine ließ.

Ganz sicher entsprang es auch eher Unbedachtsamkeit als böser Absicht, dass die Fahnder weit über den Durchsuchungs- und Beschlagnahmebeschluss eines Potsdamer Amtsrichters hinausgingen und – da sie sich nun schon mal in meinem Haus befanden – gleich alles mitnahmen, was sie an gesammelten Archivmaterialien und Dokumenten unterschiedlichster Couleur fanden. Es ist auch sicherlich nur der Vergesslichkeit geschuldet, dass sich vieles davon nicht im Beschlagnahmungsprotokoll wiederfindet. Niemand ist perfekt.

Ich möchte mich an dieser Stelle bei meinen Quellen bedanken, die mir im Anschluss dieser staatlichen Aufmerksamkeit dabei behilflich waren, mich über das abhanden Gekommene hinaus mit neuen Unterlagen und Informationen zu versorgen. Ohne sie würde es dieses Buch nicht geben.

Bruno Schirra, Mai 2006

Das Mädchen

Tod am Strang und
was es mit der Scharia auf sich hat

Ihr Leib hing danach noch eine Stunde am Seil. In der frühen Morgensonne. In Neka. Dort, wo sich die zwei Straßen der kleinen Stadt kreuzen. Dort oben in Neka, wo es sich so gut leben lässt, weil die Luft so sauber ist und der Blick über das Land bis hin zur Kaspischen See so weit. So weit, dass er zum Träumen einlädt. Neka also ist schön. Weshalb ich die Stadt sogleich mochte. Auch wenn ich sie nur einmal und da auch nur bei Nacht und danach nur noch in ihrer Morgenröte und dann einen Vormittag lang gesehen habe. Aber Neka hatte mich gleich eingefangen. Auch und vor allem wegen der Leute dort. Die so freundlich zu Fremden sind, die offen reden und alles, aber auch wirklich alles über jenen Tag und wie es zu den Geschehnissen dieses Tages hat kommen können, erzählen und die sich schämen. Jetzt, wo alles vorbei ist.

Sie hat also dort an diesem Morgen noch eine ganze Stunde lang an ihrem Strang gehangen und ganz sachte hin und her gebaumelt – und der Wind wehte über die Menschen von Neka hinweg, die sich nur zu dem Zweck, ihr Sterben zu betrachten, an dieser Kreuzung in Neka versammelt hatten. »Du musst wissen«, hatte mir Wochen später einer der Leute aus Neka gesagt, »du musst wissen, niemand von uns war an diesem Morgen dort, weil er sich ihr Sterben unbedingt hat ansehen wollen oder weil er es gut und richtig fand, was dort geschah. Es ist wahr, es gibt Leute hier in Neka, die haben ihre eigene Meinung über sie. Die haben sogar auch jetzt noch Angst vor dem, was sie getan, und mehr noch vor dem, was sie getrieben hat.

Einige verabscheuen es wirklich. Aber niemand hier, niemand von uns allen hier hat diese Strafe gewollt. Niemand! Wir sind Menschen. Menschen wie du. Wie können wir da das Kindertöten gut finden.« Ich glaubte ihm. Jedes Wort, weil ich wusste, wie Recht er hatte.

Gekommen waren sie dann allerdings fast alle. Um sich das Sterben der Ateqeh Rajabi zu betrachten, und das Sterben der Ateqeh Rajabi begann um genau 6 Uhr am Morgen des 15. August im Jahre 2004. Es hat dann elf lange Minuten gedauert, bis das Zappeln ihrer Beine aufhörte und Ateqeh Rajabi endlich tot war. Nach 15 Jahren und sieben Monaten Leben. Sie hatte natürlich auf ihrem Weg zur Richtstätte geschrien. Hatte um sich getreten. Sich mit Händen und Füßen gewehrt und um ihr Leben gefleht, und dann, als sie unter dem Kran stand, der steil in den Himmel über Neka ragte, da hat sie sich, so scheint es, in ihr Schicksal ergeben, hat nur noch geweint und gewimmert, wie es junge Welpen tun, wenn man sie allzu lange alleine lässt. Und dann ist sie da hoch auf das Gerüst gestolpert. Nur noch stumm. Mit nur noch großen, leeren Augen. So jedenfalls sagen das die Leute von Neka heute.

Aber nichts von all dem hat das Herz des Hadji Rajai erweichen können. Denn dem Hadji Rajai stand der Sinn an jenem Tag wie an allen anderen Tagen zuvor nur nach dem einem: nach Gerechtigkeit! Was nicht Wunder nehmen kann, denn der Hadji Rajai ist ein wahrhaft ehrenwerter Mann, und weil er das ist, hat er sie getötet. Das war seines Amtes, denn der Hadji Rajai ist der Richter von Neka. Er war schon immer ein sehr frommer Mann gewesen. Das islamische Rechtssystem und dessen Regeln der Scharia waren die unbedingte und einzige Richtschnur seines Denkens, Fühlens und Wirkens als Gottes Richter. Hätte ihn jemand gefragt, der Richter Hadji Rajai hätte Wert darauf gelegt, dass alles seinen rechtsstaatlichen Weg gegangen sei, denn die Vorschriften der Scharia sind kein Ausdruck eines pervertierten Islamismus, keine Vergewaltigung eines rechtsstaatlichen islamischen Kodex durch ideologisierte radikale Muslime, wie es außerhalb der islamischen Welten von so vielen geglaubt wird. Im Gegenteil: Scharia und Islam sind untrennbar miteinander verbunden. Der Islam ist ohne die Scharia nicht zu verstehen, geschweige denn, dass der Islam ohne die Scharia existieren könnte.

Die Scharia ist das ideale Gesetz, so wie Allah es den Menschen durch den Propheten Mohammed im Koran offenbart hat – auch wenn der Begriff Scharia nur dreimal im Heiligen Buch der Muslime vorkommt. Ihr Wirkungsbereich umfasst nicht nur Recht und Gesetz, wie dies nach westlicher Rechtsphilosophie definiert ist. Ihr Wirkungsbereich geht weit darüber hinaus, bis in die Details des Alltagslebens der Muslime hinein. Sie erstreckt sich auf Fragen der Hygiene wie beispielsweise das Zähneputzen, den weiten Bereich der Höflichkeit, allgemeine ethische Vorschriften und Fragen des religiösen Rituals genauso wie auf die Fragen des Erbschafts- und Familienrechts. Im älteren Arabisch beschränkt sich die Übersetzung des Wortes Scharia allerdings nicht allein auf die Bedeutung »Gesetz« oder »Recht«. Scharia wird dort mit »Offenbarung« übersetzt. Der islamische Philosoph, Historiker und Rechtsgelehrte Ali Bin al Husain al-Masudi schreibt im zehnten Jahrhundert in seiner 30-bändigen Enzyklopädie *Murug ad Dahab,* dass »die Berichte, die wir vom Anfang der Schöpfung gegeben haben, das sind, was die Scharia bringt«. Al-Masudi zufolge kann die Scharia nicht nur für das stehen, was der Begriff Gesetz oder Recht im engen Sinn meint. Für al-Masudi und die bedeutendsten islamischen Rechtsphilosophen steht der Begriff Scharia für »Offenbarung« oder »geoffenbarte Schrift«. Und ist mit ihren Vorschriften und Regeln deswegen nicht in Frage zu stellen.

Alles Sein, alles Wissen, alles Fühlen und was daraus als Handeln resultiert, leitet sich demnach aus Allahs Offenbarungen ab. Auch wenn der Koran selbst nur einen recht geringen Umfang an direkten legislativen Aussagen hat, leiten sich die Vorschriften der Scharia, die nicht direkt auf den Koran zurückgehen, aus den Hadithen ab. Diese überlieferten Aussprüche und Geschichten des Propheten Mohammed sind neben dem Koran die weitere Grundlage und Rechtsquelle für die Regeln der Scharia. Sechs dieser Sammlungen von Hadithen gelten als besonders kanonisch. Sie standen und stehen bis heute bei islamischen Juristen in besonders hohem Ansehen, weshalb diese mit Grundlage ihrer Rechtsprechung sind.

Dass all diese Hadithe ausschließlich auf mündlicher Überlieferung beruhen, bis sie ab Ende des achten Jahrhunderts christlicher Zeitrechnung, also erst 150 Jahre nach dem Tod des Propheten, in ihrer endgültigen schriftlichen Form niedergelegt wurden, führt nicht dazu, dass ihre Authentizität im islamischen Recht in Frage gestellt wird. Da aber der Koran und die Hadithe nicht immer konkrete Antworten bereithielten, erarbeiteten schon die frühen Rechtsgelehrten des Islams zwei weitere Quellen der islamischen Rechtswissenschaft: den Konsens *(Idschma)* der islamischen Juristen über ein strittiges Thema und den Analogieschluss *(Qiyas)*, mit dessen Hilfe neu auftretende Rechtsstreitigkeiten in Anlehnung an schon geklärte Streitfälle entschieden werden.

Dass die Hadithe, lediglich über lange Zeiträume mündlich überlieferte Taten und angebliche Worte des Propheten Mohammed, keinen Wert an sich haben können, weil sie tatsächlich nichts anderes als eine ungesicherte Form der Koran-Deutung sind, diese rationalistische Sichtweise wäre für den Hadji Rajai allerdings ketzerisch gewesen, Blasphemie, Gotteslästerung – und die ist im Islam, nach der Scharia, des Todes. Der Hadji Rajai hatte sein Leben lang islamisches Recht studiert und war von der ewigen und unveränderbaren Gültigkeit der göttlichen Offenbarung der Scharia durchdrungen. Noch viel mehr, seit er der den Muslimen auferlegten Pflicht zur Pilgerreise, dem *Hadsch,* nachgekommen war. Seitdem trug er stolz den Ehrentitel eines Hadjis und war in seinen Gerichtsverhandlungen noch viel stärker bemüht, die ganze Strenge der Scharia zur Anwendung zu bringen. Was dazu führte – das jedenfalls sagen die Leute von Neka –, dass er ein noch furchtbarerer Jurist seines Gottes wurde. »Richter Gnadenlos«, so nennen ihn die Leute in Neka heute, nicht zuletzt, weil er Ateqeh Rajabi getötet hat. Aber das hat er nun einmal tun müssen. Denn so, das hatte der Hadji Rajai schon vorher gesagt, so sind die Gebote Gottes. Was ist schon der Mensch, dass ausgerechnet er, als Mensch, den Willen Allahs in Frage stellt? Und also hatte der Hadji Rajai voll Freude und Genugtuung das getan, was seines Amtes war, und er hatte dies nur aus dem einem Grund getan: weil sein Gott es ihm aufgetragen hatte. Ich mochte bei meiner nächtlichen Exkursion auf dem Weg nach Neka nicht daran denken, dass es in Teheran Leute gab, die sagten, dass es eben nicht der Gott des Hadji Rajai gewesen war, der dies zu tun ihm aufgetragen hatte, sondern vielmehr sein Schwanz.

Das hatte mir in Teheran ein Anwalt erzählt. Und dabei gegrinst. Er hatte sich ihrer angenommen – als alles längst zu spät gewesen war. Einer aus der großbürgerlichen Riege derer, die sich so gerne im Norden Teherans um Leute meiner Profession und deren Mikrofone oder Kameras drängen, wenn es nach einem kühlen Tuborg-Bier oder einem Johnny Walker Black Label Whiskey gilt, sich selbst zu inszenieren: im Streit für Menschenrechte und die Demokratisierung ihrer Islamischen Republik Iran. Mir schien, als sei ihm der Fall der Ateqeh Rajabi gerade recht gekommen, und so dozierte er zweieinhalb Stunden lang in schwungvoller Rede über das tragische Schicksal »der Kleinen«. »Aber«, so hatte er gesagt, »Sie müssen das verstehen. Dies hier ist der Iran. Hier dürfen Sie auch bei einem so bedauerlichen Fall wie dem der Kleinen nie ihre westlichen Maßstäbe anlegen. Ihr universelles Menschenrechtsverständnis muss nicht zwangsläufig und immer in allen Details mit unseren islamischen Menschenrechten übereinstimmen.« In seinen Augen blitzte dabei so etwas wie Schalk auf. Er war ein gebildeter Mann. Er hatte die Welt außerhalb der seinigen kennen und schätzen gelernt, und wenn er sich in Europa bewegte, dann war er sicherlich eins mit Europa. Ich glaubte ihm das sofort. Zu dem Gespräch hatte er seinen Adlatus in sein Büro gerufen, das unterstrich seine Wichtigkeit. Und so erklärte er dem Adlatus, dass er mir nun eine Pressekonferenz geben müsse und dass es hilfreich sei, wenn er dieser beiwohne.

Er war einer der Anwälte, die immer mit neidvollem Unbehagen auf Shirin Ebadi schielten. Die Friedens-Nobelpreisträgerin, die 2003 für ihr unerschrockenes Engagement wider die Blutgerichte der Scharia-Justiz geehrt worden war. Er hatte vorher die Nase gerümpft, als er mich so von ihr hatte reden hören, und so war es nicht verwunderlich, dass sich in seine Rede feine Zwischentöne einschlichen. »Shirin Ebadi ist mehr auf Kongressen und Tagungen im Westen als im Gerichtsaal in Teheran zu finden«, meinte er spitz. »Die Dame reist nun mal gerne mit leichtem Gepäck. Sie hat den Preis bekommen, weil sie eine Frau ist und weil sie sich zu inszenieren weiß.« Sein Adlatus saß neben ihm, nickte eifrig mit dem Kopf und schaute fast ehrfurchtsvoll seinen Meister an. Der lehnte sich entspannt in seinem Sessel zurück, begann all die Verwicklungen der Ateqeh Rajabi zu schildern, grinste bei der einen oder anderen Schilderung, auch als er betonte, dass das, was sie ja nun unzweifelhaft getan habe, natürlich gegen die Gesetze des Landes gewesen sei, sie es zudem nicht zum ersten Mal getrieben habe, und als er an dieser Stelle war, da fing sein Adlatus das Kichern an, steigerte sich richtiggehend hinein, prustete los, und wie er dann die Frage hörte, was das denn genau bedeute, da schwieg der Anwalt, spitzte nur die Lippen, mit hochgezogenen Augenbrauen. Der Adlatus hingegen formte mit Daumen und Zeigefinger der linken Hand einen Kreis, führte den ausgestreckten Finger seiner Rechten nah an jenen heran und bewegte ihn dann mit kurzen ruckartigen Stößen hin und her. Ohne jedoch den Kreis ganz zu durchstoßen. Sie lachten. Der Anwalt und sein Schüler. Glitten ins Kichern ab, konnten nicht mehr an sich halten. Fingen schließlich und schlussendlich ihr eigenes Lachen ein. Ein Lachen, das mir nicht mehr enden zu wollen schien und in meinen Ohren weiterklang. »Sex«, stieß es dem Adlatus dann mit glucksender Freude auf. »Verstehen Sie? Sie hatte Sex! Aber sie hatte keinen wirklichen Sex.« Der Adlatus wischte sich eine Träne aus dem Augenwinkel, schlug sich feixend mit beiden Händen auf die Oberschenkel. Er wiederholte die Geste. Gott, was für eine Ironie. Gehenkt zu werden, weil man Sex gehabt hatte. Und dabei noch nicht einmal richtigen Sex.

Er wollte das noch weiter ausführen, aber der Anwalt bemerkte meine Irritation und rief seinen Schüler zur Ordnung. Ich hörte nur noch mit halbem Ohr zu, als der Anwalt ankündigte, Hadji Rajai und alle an dem Verfahren Beteiligten unter Anklage zu stellen: wegen Mordes an Ateqeh Rajabi. Er fragte mich nach meiner Unterstützung. Ohne die Unterstützung westlicher Medien, führte er aus, ohne mediale Hilfe sei dies ein hoffnungsloses Unterfangen. Ich sagte ihm meine Hilfe zu. Dann ging ich schnell meines Weges.

Der Fall der Ateqeh Rajabi hatte im Land selbst für einigen Aufruhr gesorgt. Die Zeitungen hatten darüber berichtet. Ausführlich, offen und kontrovers. Im Gegensatz zu allen gängigen Klischees über das Reich der Ayatollahs gibt es – und dies war auch in den schwärzesten Jahren des islamischen Gottesstaates in den achtziger Jahren der Fall gewesen – in der Islamischen Republik sehr wohl die Möglichkeit, sich offen, gar kritisch, zu äußern. Nicht in unserem europäischen Sinne, aber in all den Jahren der Islamischen Republik war das geistige und das politische Klima im Lande zwar nie frei, aber immer weitaus offener gewesen als beispielsweise im Syrien des Herrn Assad, im Irak des Herrn Saddam Hussein oder gar im Reich der heiligsten Stätten des Islams, der Prinzen im Königreich Saudi-Arabien. Deshalb war es kein Wunder, dass scharfe Kommentare wider den Mord an Ateqeh Rajabi in iranischen Zeitungen gedruckt worden waren. Also redeten die Menschen in den Cafés von Teheran, in den Straßen von Isfahan ebenso wie in den Gärten von Schiras, der Stadt der Rosen und der Nachtigallen. Über Ateqeh Rajabi und deren Sterben. Sie klagten. Offen. Mutig. Voller Wut und Schmerz und Empörung. Wider die eigene Obrigkeit, die diesen Mord gutgeheißen hatte. Wider die Indolenz der Europäer, empört über die schläfrige Reaktion, die dieser Tötungsakt in Europa hervorgerufen hatte.

Sogar in Ghom, wo das islamistische Herz der Frommen pulsierte, sollte ich später angesichts dieses Vollzugs der Scharia ein ganz eigenes Urteil hören. Er war einer der Alten des Systems und wer, wenn nicht er, hätte besser darüber urteilen können. Immerhin war er, wenn auch in längst vergangenen Tagen, Generalstaatsanwalt der Islamischen Republik gewesen, damals, in den blutigsten Jahren des Herrn Chomeini. Dem Groß-Ayatollah Yussuf Saanei fiel angesichts des Schicksals der Ateqeh Rajabi nur eines ein: »Das ist Barbarei. Das ist Mord.«

Die Kunde über das, was Chomeinis früherer Scharfrichter so klar und deutlich im Herbst 2004 verurteilt hatte, war in jenen Tagen sogar bis nach Europa vorgedrungen. Amnesty International und andere Menschenrechtsorganisationen hatten den Fall aufgegriffen. Eine große europäische Tageszeitung ließ eine im kommoden Deutschland lebende Islamwissenschaftlerin zu Wort kommen, die dem geneigten Leser zur Kenntnis brachte, dass das Schicksal der Delinquentin zwar sicherlich schlimm sei, aber auch den Fortschritt im Menschenrechtsdialog zwischen Europa und der Islamischen Republik Iran dokumentiere. Denn immerhin sei Ateqeh Rajabi zumindest nicht gesteinigt worden. So bedauerlich der Vorfall auch sei, so sehr beweise die Geschichte doch das eine: dass nur im zähen und beharrlichen Dialog mit den klerikalen Machthabern des Irans, zwar mühsam, aber immerhin Schritt für Schritt, kleine Forschritte für die Menschen des Landes erreichbar seien. Trotz aller Stolpersteine. Ich las diesen Artikel zufällig im Internet in Teheran. In Deutschland war die Geschichte der Ateqeh Rajabi an mir vorbeigegangen, aber hier in Teheran fragte ich mich nun, was jemanden dazu treiben konnte, so zu differenzieren. So gnadenlos akademisch oder meinethalben auch nur politisch. Und weil dem so war, ließ mich die Geschichte der Ateqeh Rajabi nicht mehr los.

Ich wollte ihre Geschichte recherchieren, wusste nicht wie, und zudem war mir klar, dass mein Status als ausländischer Journalist im Iran dem nicht dienlich wäre. Im einzigen real existierenden schiitischen Gottesstaat liebt es Ershad nicht, wenn Journalisten unabhängig recherchieren. Was jeder aus meiner Profession weiß oder zumindest sehr schnell lernt. Der Preis ist einfach zu hoch, wenn der Verlust des Journalistenvisums droht und man des Landes verwiesen wird, bevor man eine Geschichte, und sei es auch nur irgendeine, hat. Als westlicher Journalist hat man die vorgegebenen Regeln zu akzeptieren – und zwar die, die Ershad setzt.

Ershad ist das »Ministerium für Kultur und Islamische Führung«, und seit den frühen Tagen der Islamischen Revolution wird Ershad von den islamistischen Hardlinern kontrolliert. Ershad überwacht jede kulturelle Aktivität, jedes Rockkonzert, jede Theateraufführung, jedes Filmprojekt, überwacht jede Zeitung, jede Zeitschrift, prüft penibel, ob die Gesetze des Islams eingehalten oder verletzt werden. Wie eine unsichtbare Krake lauert Ershad über dem ganzen Land. Jeder Journalist, auch jeder ausländische, der im Iran arbeiten will, muss mit Ershad kooperieren. Jede Reise, jedes Gespräch, jeder Termin muss bei

Ershad beantragt und genehmigt werden, und Ershad hatte nun ganz gewiss kein Interesse daran, dass der Mord an einem Kind im Namen Allahs journalistisch betrachtet wurde.

Ich hatte mich schon vor meiner Ankunft im Iran dazu entschlossen, dieses eine Mal meine eigenen Wege zu gehen. Auch wenn mein Aufenthalt in der Islamischen Republik deswegen ein sehr plötzliches Ende finden würde. Ich wollte es probieren, wenigstens dieses einzige Mal. Ich wollte den Versuch wagen, mir mein eigenes, ein unabhängiges Bild vom Zustand des Landes zu machen. Nicht aus der Perspektive von Seminarräumen oder hinter dem Schreibtisch hervor. Mir stand nicht der Sinn danach, das übliche vorgefilterte Bild des iranischen Gottesstaates zu transportieren oder Europas wohlfeile, aus der Ferne getroffene Einschätzungen, und dabei zu riskieren, an den Realitäten im Land vorbei zu berichten.

So ist dies die Geschichte der Ateqeh Rajabi. Einem Kind, das zum Zeitpunkt seines Todes 15 Jahre und sieben Monate alt war. Es ist die Geschichte eines kaltblütigen Mordes, und nicht zuletzt ist es eine Geschichte über das Töten. Das Töten im Auftrag und im Namen Allahs. Und weil Geschichten über das Töten im Namen Allahs niemals einen Anfang und niemals ein Ende haben, so hat auch diese Geschichte keinen Anfang und also auch kein Ende.

Dieses Buch ist zum anderen aber auch ein Bericht über ein Land, das mich nie mehr losgelassen, mich gefangen genommen und fasziniert hat, seit ich 1981 zum ersten Mal die Islamische Republik Iran besucht habe. Weitere Reisen folgten, und sie schienen mir zunehmend fast nur noch Reisen in das Herz einer islamistischen Finsternis zu sein, trotz all der Menschen, denen ich begegnet bin. Menschen, die so liebenswürdig und immer offen zu mir waren, die mich achteten trotz unserer mitunter so unterschiedlichen Standpunkte. Ihre immerwährende Klage konnte ich jederzeit nachfühlen. Denn nachdem die Islamische Revolution des Ayatollah Ruhollah Chomeini, des grimmigen Alten aus Ghom, in Blut, Despotie und islamischem Nepotismus erstarrt war und nachdem Allahs Scharfrichter die Bewohner des einzig schiitischen Gottesstaates in das Gefängnis der Scharia, der islamischen Rechtsstaatlichkeit, gepresst hatten, da fanden sich die Menschen der Islamischen Republik Iran in einer doppelten Gefangenschaft wieder: zum einen gefangen hinter den Stacheldrahtzäunen einer mir nur noch archaisch scheinenden Stammesreligion, die, seit sie im zwölften Jahrhundert christlicher Zeitrechnung ihre eigene islamische Aufklärung getötet hatte, versteinert war. Zum anderen Gefangene einer menschenverachtenden Diktatur.

Der Islam, der sich im siebten Jahrhundert aus den Wüstenstädten Arabiens, aus Mekka und Medina herauskristallisiert hatte, von dort innerhalb weniger Dekaden im fulminanten Siegeszug über die ganze arabische Halbinsel und Nordafrika und bis hin zu den Grenzen der europäischen Pyrenäen vorgedrungen und gleichzeitig unaufhaltsam bis weit nach Asien vorgestoßen war, ist von Anbeginn an nie ein homogenes Gebilde gewesen. Er hatte immer viele islamische Welten und islamische Kulturen produziert, es hatte immer verschiedene Rechtsschulen gegeben, die durchaus unterschiedliche Interpretationen des Korans, der Hadithe, der Überlieferungen, der Aussprüche und Gleichnisse des Propheten Mohammed, zuließen. Aber so weit gefasst die Möglichkeiten der Exegese des Korans in den verschiedenen Kommentaren zum Koran und zu den Hadithen schienen, so enge Grenzen sind dem Islam dennoch tatsächlich gesetzt. Allahs Überlieferungen, die der Prophet Mohammed nur wortgetreu weitergeleitet hat, haben – so glauben die Muslime – schon vor Anbeginn aller Zeiten existiert und werden über das Ende aller Zeiten hinaus weiterexistieren. Gotteswort ist unantastbar, unhinterfragbar. Also darf es nicht auf veränderte Zeitläufte hin interpretiert oder vom Menschen geändert werden. Das hat dazu geführt, dass die im siebten Jahrhundert verkündeten Regeln und Gesetze bis auf den heutigen Tag ihre Richtigkeit behalten haben – seien sie aus heutiger, westlicher Sicht auch noch so grausam und blutrünstig. Die Steinigung von Ehebrecherinnen oder das Abhacken der Hände von Dieben oder auch nur die unterschiedliche Wertung von Zeugenaussagen von Männern und Frauen bei Gericht sind nach islamischem Recht legitim, die Scharia schreibt dies sogar vor. Die Anzweiflung oder gar Veränderung dieser Gesetze ist es, was die wahrhaft Gläubigen des Islams erst den Juden und später den Christen vorwarfen. Denn diese hätten den ihnen von Allah zuerst geoffenbarten Koran verfälscht, seine Offenbarung geleugnet, sich also wider Allahs Worte und Gesetze versündigt.

Beim Eintauchen in die islamischen Welten während meiner Reisen drängte sich mir das Bild einer archaischen Stammesreligion auf – in sich selbst erstarrt und bis heute nicht fähig, sich den geänderten Zeiten anzupassen, auf dass der Glaube auch heute noch gelebt werden kann. Jede kritische Reflexion im Sinne einer Aufklärung war den neuen, nach der Islamischen Revolution 1979 agierenden Machthabern des Irans ein Gräuel, ist ihnen bis heute Sünde. Der Revolutionsführer Imam Chomeini hatte es zwar zugelassen, dass dem Land eine wahrhaft moderne Verfassung zur Abstimmung vorgelegt worden war, in der viel von Menschen-, ja Frauenrechten, von Demokratie und Rechtsstaatlichkeit die Rede war. Aber jedem dieser freiheitlichen Artikel war eine kleine Anmerkung angefügt: Die Verfassungsparagraphen stehen bis heute unter dem Vorbehalt, dass sie nur gültig sind, solange sie nicht den islamischen Prinzipien widersprechen. Sie dürfen auf keinen Fall dem Charakter des islamischen Rechtes, der Scharia, entgegenstehen. Chomeini hatte zudem als zentralen Pfeiler das System der *Velayat-e-Faqih*, das Prinzip der »Regierung des Rechtsgelehrten«, zur Grundmaxime der Islamischen Republik erhoben und in der Verfassung verankert. Es war wohl kein Zufall, dass Chomeini den Singular *Faqih* wählte. Ganz offensichtlich hatte der grimmige Ayatollah nur einen qualifizierten Kenner der göttlichen Offenbarung Allahs sowie dessen göttlichen Willen im Sinn: sich selbst. Ebenso wenig zufällig wählte Chomeini den Begriff *Velayat*, was »Ausübung von Herrschaft« bedeutet – nach seiner Vorstellung die direkte unmittelbare Herrschaft der schiitischen Geistlichen unter seiner Führung. Chomeini sah sich als den einzigen Korangelehrten, der an der Spitze des neuen Gottesstaates stehen konnte, ihm und nur ihm stand es als *Marja-e-Taqlid,* als »Quelle der Nachahmung«, für die Gläubigen zu, die Führungsrolle zu übernehmen. Chomeini propagierte einen umfassenden islamischen Staat – bis zur Wiederkehr des verborgenen Imams, dessen Kommen die Schiiten herbeisehnen.

Das Schisma innerhalb des Islams, das sich gleich nach dem Tod des Propheten herausbildete, beruhte in keiner Weise auf irgendwelchen religiösen oder theologischen Differenzen innerhalb der Gemeinschaft der Gläubigen. Es beruhte vielmehr auf einem ausschließlich politischen Machtkampf um die Frage, wer nach dem Tod des Propheten als dessen Nachfolger der rechtmäßige Imam und Kalif sein solle. Imam bedeutet Gemeindeoberhaupt, Kalif hingegen Stellvertreter oder Nachfolger. Der Prophet hatte im März 632 bei der Rückkehr von seiner letzten Pilgerfahrt nach Mekka eine Rast beim Teich von Khumm eingelegt, wo es nach schiitischer Überlieferung zu folgender Szene kam: Der Prophet rief seine Begleiter zu sich und fragte sie, »Habe ich nicht *mehr* Anspruch darauf, euch zu gebieten, als ihr selbst?« Die Begleiter des Propheten stimmten wie selbstverständlich zu, und Mohammed gab ihnen seine Willen kund. »Allen, denen ich gebiete, soll auch Ali gebieten.«

Ali war der Vetter Mohammeds gewesen und der erste, der dessen Verkündung annahm. Niemandem vertraute Mohammed so sehr wie Ali, dem er seine Tochter Fatima zur Frau gab. Für die Schiiten gilt die Szene am Teich von Khumm bis heute als der unumstößliche Wille des Propheten, dass es nur einen rechtmäßigen Nachfolger geben könne: Ali und nach dessen Tod dessen direkte Nachkommen.

Der Schwiegersohn des Propheten verlor jedoch den Machtkampf um die Nachfolge Mohammeds. Ein Wahlmännergremium designierte Abu Bakr, einen Vertreter der alten Stadtaristokratie von Mekka, die erst spät die Botschaft des Propheten angenommen hatte, zu dessen Nachfolger. Auf Abu Bakr folgte zunächst Umar, dann Uthman vom mekkanischen Clan der Ummayya, bevor dann erst Ali der vierte Imam und Kalif wurde. Die fünf Jahre des Kalifats von Ali waren Jahre eines blutigen Machtkampfes zwischen seinen Anhängern und denen des syrischen Gouverneurs Muawiya aus dem Clan der Ummayya, und Ali musste aus Mekka in den Irak fliehen. Ein Schiedsgericht sollte den Streit 659 schlichten, beide Seiten deuteten den Spruch aber jeweils zu ihren eigenen Gunsten. Muawiya ließ sich in Jerusalem zum Kalifen ausrufen und vollzog somit die Trennung der Gemeinschaft der Muslime in Sunniten und Schiiten. Ali wurde am Eingang der Moschee im irakischen Kufa ermordet und wurde so zum ersten Märtyrer der Schiiten – ein Schicksal, dem in den folgenden elf Generationen sein Sohn Hussein und dessen Söhne zum Opfer fielen. Bis dann in der zwölften Generation, daran glauben die Anhänger der Zwölferschia, der zwölfte Nachfolger Alis, der 869 geborene Mohammed el Mehdi, in die Verborgenheit entrückt wurde – und zwar rechtzeitig, bevor er in dem Alter war, wo Knaben den Männern und somit der Öffentlichkeit übergeben wurden. Eines Tages, das glauben die Zwölferschiiten, wird der verborgene zwölfte Imam aus seiner großen Verborgenheit zurückkehren und ein tausendjähriges Reich der Glückseligkeit errichten, an dessen Ende das große Gericht Allahs kommen wird.

In der von ihm usurpierten Stellung als oberster Korangelehrter war es dem Groß-Ayatollah Chomeini eine Selbstverständlichkeit, dass natürlich nur er als Stellvertreter dieses verborgenen schiitischen Imams auf Erden zu gelten hatte und den Staat in allen Belangen führen musste. Als solcher stützte er sich bei der Ausübung seiner Macht auf die Mitglieder der *Hawsa,* der allseits geachteten Zentren schiitischer Gelehrsamkeit. Dieses Prinzip ließ Chomeini nach seiner Revolution im Iran umgehend in der neuen Verfassung festschreiben – zum stillen Entsetzen anderer gelehrter Groß-Ayatollahs innerhalb wie außerhalb des Irans. Denn Chomeinis programmatische Vorstellungen waren bei den schiitischen Gelehrten heftig umstritten. Die Mehrheit der frommen Ayatollahs kritisierte, ja verwarf gar Chomeinis Vision: im irakischen Nadjaf der dort lehrende Groß-Ayatollah Choi, im iranischen Ghom der eher liberale Ayatollah Schariatmadari, in Teheran der linksorientierte Ayatollah Taleqani. Sie argumentierten gegen die zentralen Punkte von Chomeinis politischer Vision, opponierten gar dagegen, wenn auch erfolglos. Denn sie alle unterschätzten dessen gnadenlosen machiavellistischen Machtwillen. Chomeini fegte ihren Widerstand beiseite, stellte seine gelehrten Opponenten ins Abseits, isolierte und demütigte sie. Aus seiner Theorie heraus bildete Chomeini einen künstlichen Staat, die »Islamische Republik«, dem bis heute ein Widerspruch innewohnt: die Staatsform »Republik« und ihr Attribut »islamisch« sind miteinander unvereinbar.

Islam bedeutet nichts anderes als Unterwerfung unter die Gebote Gottes. Der Staat ist dem Islam nichts als ein Instrument, durch das die Scharia, das Gesetz Allahs, angewendet werden soll. Für Chomeini war die Unterwerfung unter dieses Heilige Recht das zentrale Gesetz für die *Umma,* die Gemeinschaft der Gläubigen. Diese lässt sich nicht in regionale Grenzen einpferchen, denn für den Islam gibt es nur eine Unterscheidung der Welt: In die des *Dar ul Islam* – das Haus des Islams, des Friedens, und die des *Dar ul Gharb* – das Haus des Krieges, also überall dort, wo der Islam nicht gelebt wird und wo Juden, Christen oder Heiden herrschen.

Den Muslimen ist in der Scharia und durch den Koran vorgegeben, den Islam durch den Jihad zu verbreiten. Die Mehrheit der Koranstellen, die den Jihad verlangen, haben einen eindeutig kriegerischen Kontext. Der Islam soll in die Welten des *Dar ul Gharb* hineingetragen werden, auf dass der islamischen Utopie zufolge die gesamte Menschheit unter der Fahne des Islams vereinigt würde. Das war der Traum des Ayatollah Ruhollah Chomeini, dem diente sein Versuch, seine Islamische Revolution als ersten Schritt zunächst in die sunnitischen islamischen Welten zu exportieren. Natürlich wusste Chomeini, dass das ein unerhört politisches Vorhaben war. Trotzdem gab er vor, keine politische Ideologisierung des Islams zu betreiben. Ganz im Gegenteil sei dies die einzig richtige Auslegung von Allahs Offenbarung, denn im Islam sind Religion und Politik eins, sind nicht trennbar. Für Chomeini lag in der Sure 4/Vers 59 eine der zentralen Aussagen Allahs, die es unbedingt zu befolgen galt: »Gehorcht Allah und dem Gesandten und denen unter Euch, die zu befehlen haben.« Kein Zweifel. Chomeini wusste, dass nur einer zu befehlen hatte: Er selbst und niemand anderes sonst. Das war eine Intention, die alle islamischen Potentaten in mehr als nur gelinde Panik versetzte, postulierte doch hier nun einer ein Programm, das nicht nur die Schiiten, viel mehr noch die Sunniten ansprechen sollte. Das Schisma zwischen Schia und Sunna wollte Chomeini überwinden, um dann vereint sich dem gemeinsamen Feind zu stellen. Dem Westen. Die Angst der sunnitischen Diktatoren und Könige und Prinzen um den Iran herum zwang diese dazu, den Irak des Saddam Hussein in seinem Krieg gegen den persischen Erbfeind zu unterstützen. Mit der ausgesprochenen Billigung der westlichen Demokratien.

Ich hatte bei meinen Reisen durch den Iran immer wieder endlose Gespräche mit den unterschiedlichsten Menschen, mit Mullahs, Ayatollahs, mit islamischen Intellektuellen und einfachen Bürgern geführt. Schnell kreisten dann die Diskussionen darum, dass aus meiner Sicht der Islam bei all seiner Vielseitigkeit eine zurückgebliebene Religion war, die bei all ihrer Schönheit, die sie in so vielen Bereichen auszeichnete, heute an der Krankheit der Erstarrung litt. Wir stießen dabei an unsere Grenzen der Verständigung. Für mich waren die Menschenrechte, wie sie nach so langen und blutigen europäischen Jahrhunderten von Menschen erdacht und erstritten worden waren, die einzige Richtschnur, unabhängig von göttlichen Forderungen und Gesetzmäßigkeiten. Ich glaubte und glaube an ihre unbedingte universelle Gültigkeit, über alle Grenzen von unterschiedlichen Kulturen und Zivilisationen hinweg. Sie hingegen sprachen vom Prinzip islamischer Menschenrechte. Deren Unterwerfung unter die Scharia konnte ich nie hinnehmen, denn der Vorbehalt der Scharia warf islamische Menschenrechte auf die archaischen Regeln einer Stammesgesellschaft zurück. Die Menschen im Iran ließen diese hitzigen Diskussionen, ja auch die Vorwürfe immer zu, das zeichnete sie aus, auch wenn sie sich ob meiner kritischen Worte in Haft genommen fühlten.

Noch mehr gefangen fühlten sich die Menschen des Irans aber auch von der westlichen Wahrnehmung ihres Landes als einem ewigen Hort des Bösen, in dem mittelalterlich auftretende Mullahs, ja die schiitische Geistlichkeit in ihrer Gesamtheit, mit ihrem Regime des Terrors und des Schreckens nicht nur die eigene Bevölkerung zur Geisel nahmen, sondern auch die Welten außerhalb der islamisch-schiitischen Lebenssphäre bedrohten. Mit Allahs Furor und einer Besessenheit, die jener des christlichen Florentiner Mönches aus dem 15. Jahrhundert, Fra Girolamo Savanarola, in nichts nachstand. Auch er war ein furchtbarer Prophet Gottes: mit Feuer und Schwert zum Wohl und nur im Sinn der einzigen, der göttlichen Moral.

Beide Wahrnehmungen waren natürlich richtig und dennoch falsch. Dies war die ewige Klage der Menschen, denen ich in einem Vierteljahrhundert meiner Reisen durch den Iran immer wieder aufs Neue begegnet bin. Und natürlich hatten sie jedes Recht der Welt, diese Klage so zu führen. Nach einem Jahrhundert der Vergeblichkeit, des Ungehorsams, nach all ihren Revolten, den Aufständen und Empörungen wider die eigene und fremde Obrigkeiten, gegen die Diktaturen der morschen Monarchie der Kadscharen, gegen die des ersten Pahlevi, jenes Esel treibenden Emporkömmlings, der den Pfauenthron, den Krönungssessel der Schahs, usurpiert hatte, sowie die seines Sohnes Reza Pahlevi, des »Schah in Schah«, des Königs der Könige also, hatten die Völker des Irans 1979 zur weltweiten Verblüffung ihre eigene, eine tatsächliche Revolution betrieben. Sich selbst befreit. Aus eigener Kraft. Für eine neue, für eine ihnen genehme Zukunft. So sah das von außen betrachtet aus, und so wurde es im Westen bejubelt. Dort war der Schah nur als eitler Parvenü wahrgenommen worden, der sein Volk in das Gefängnis einer blutrünstigen Diktatur gesperrt hatte, dessen Geheimdienste, allen voran die SAVAK, mit unvorstellbarer Grausamkeit jede Freiheitsbestrebung der iranischen Völker getötet hatte, der sich in imposanten Zeremonien als das »Licht der Völker« hochstilisierte und natürlich dennoch nichts anderes als ein nichtiger Lakai des US-amerikanischen Imperialismus war. Den galt es zu bekämpfen, und deshalb tobten in den sechziger und siebziger Jahren die studentischen Eliten westlicher Länder durch die Straßen von Berlin, Paris, London und Washington – beseelt, den iranischen Massen den revolutionären Geist zu predigen. Auf den Schah in all seiner Hybris, mit all seinen grausamen Machtinstrumenten fokussierte sich die Verachtung des Westens. Dass nach ihm ein weit schlimmeres, weit Menschen verschlingenderes System sich aus den Moscheen heraus über das Land legen, es über Dekaden in einen erbarmungslosen Würgegriff halten würde, vermochte sich niemand vorzustellen.

Dass die Islamische Revolution einen Zeitenbruch unerhörten Ausmaßes auslöste, dessen direkte und blutige Folgen der Westen in der Konfrontation mit dem globalen Islamismus und Jihadismus zu spüren bekommen würde, war denen, die in Europa so freudig den Sturz des Schahs begrüßten, damals nicht klar. Chomeini galt ihnen im besten Fall als Galionsfigur der Revolution, nicht als ihr Spiritus rector, der sie ersonnen und durchgepeitscht hatte. Und so war es kein Wunder, dass ausgerechnet eine deutsche Großdichterin nach Teheran eilte und die Ehre der Nähe zu Ruhollah Chomeini genoss. Sie pries ihn als »leuchtendes Vorbild für die Länder der Dritten Welt«, was nicht sonderlich verblüffend war, hatte die deutsche Dichterin doch nach jugendsündenhafter Schwärmerei für einen anderen Führer, Adolf Hitler nämlich, sich in radikaler Kehrtwendung anderen Vaterfiguren mit hymnischer Lobpreisung zugewandt: zunächst Josef Stalin, dann dem Nordkoreaner Kim Il Sun. Aber Luise Rinser war nicht die einzige, die nach Teheran pilgerte. Eine andere hatte ihre revolutionären Illusionen schon damals längst verloren, eilte ebenso nach Teheran aus professionellen, aus journalistischen Gründen, bekam ihr Interview, kochte und wütete innerlich ob der Dreistigkeit, mit der ihr die Bedingung gestellt wurde, dass sie als Frau selbstredend den Imam Chomeini aufs Tiefste beleidige, wenn sie ihn unverschleiert interviewen wolle, weshalb sie sich züchtig, den Gesetzen der Scharia gemäß, zu verschleiern habe. Sie hatte sich in ihrer Vergangenheit in jeder Männergesellschaft bewährt und durchgesetzt, hatte den Vietnamkrieg an vorderster Front reportiert, die Bürgerkriegsmassaker im Libanon durchgestanden, ihre eigene Hinrichtung in Mexiko überlebt und mit ihrem konfrontativen Interviewstil politische Führergestalten wie Yassir Arafat, Henry Kissinger oder Deng Xiaoping in die Ecke getrieben und demaskiert.

Oriana Fallaci stimmte um des Interviews willen zu. Tief verschleiert begann sie das Interview mit Ayatollah Chomeini, nur um dann irgendwann stolz aufzustehen, sich die Verschleierung voller Verachtung vom Leib zu reißen und dem verblüfften Ayatollah Chomeini – »Ich nehme diesen dreckigen Fetzen, der für mich ein dummer Lumpen aus dem Mittelalter ist, ab« – vor die Füße zu schleudern. Nie ist eine Frau Ruhollah Chomeini mit so viel Würde entgegengetreten. Nie ist mit dem, was der Revolutionsführer Chomeini mit seiner Revolution ausgelöst hat, in solcher Schärfe abgerechnet worden, wie Oriana Fallaci dies ein Vierteljahrhundert später mit ihren beiden Büchern »Die Wut und der Stolz« und »Die Kraft der Vernunft« getan hat.

In den Salons von Teheran und in den Debattierstuben der iranischen Intelligenz hoffte man zu dem Zeitpunkt der Demütigung des Ayatollahs durch eine Frau noch, dass der Sturz des verhassten Schahs ein neues, freies, vielleicht sogar ein demokratisches Zeitalter einleiten würde. Dort wurde der schiitische Klerus verabscheut und nie sehr ernst genommen. Chomeini, das dachten viele, war lediglich notwendig, um die Revolution voranzutreiben, war einer, der sich nach dem Sturz des Schahs zurückzuziehen hatte. In die kontemplative Ruhe der Moschee und seiner Medressa, seines theologischen Seminars, in Ghom. Das hatte ich so schon bei meiner ersten Reise in den Iran gehört. Laut und allein schon deshalb sehr mutig, denn 1981 war den iranischen Intellektuellen bereits klar geworden, welche blutigen Folgen dieser Irrtum hatte, dem sie in den Tagen der Revolution unterlegen waren.

Nach der Jahreswende 1978/79 hatten die Intellektuellen sehr schnell ihren Glauben an eine demokratische Zukunft des Irans verloren, hatten erleben müssen, wie ihre Sehnsucht sie getäuscht hatte. Denn als die revolutionären Tage vorbei waren, mussten sie feststellen, dass ein finsterer Greis – »die Seele Gottes«, der Ayatollah Ruhollah Chomeini – sie um ihren kurzen Frühling der Freiheit betrogen hatte. Den hatte er in einem Meer des Blutes ertränkt, um seinem Volk sogleich die sehr eigene gnadenlose Diktatur seines Gottes aufzuzwingen. Aus den Moscheen des Riesenreiches war seit 1977 herausgekrochen, was das Land seitdem in seinem Würgegriff hält. Die Religion okkupierte die Macht, vernichtete die Freiheit. Die Revolution und ihre Folgen lagen schwer auf den Seelen, überschwemmten das Land und seine Menschen und halten sie bis heute im Würgegriff. Das Diktat des Glaubens der Mullahs, ihre Eroberung der Politik, versinnbildlicht in deren Kultur des Todes im Martyrium. Das war es, was Chomeini den Menschen vorgab: Getreu der schiitischen Tradition des Martyriums, im Kampf für den Glauben wider dessen Feinde zu sterben. Sterben im Kampf für den Islam.

So hatte ich das in den achtziger Jahren und auch später immer wieder in Teheran gehört, aber dort eben auch nur im Norden der Stadt, wo die Reichen oder die erst kürzlich reich Gewordenen lebten. Die Gebildeten, die ihren Proust im Original und ihren Kafka auf Deutsch lesen konnten und aus welchen Gründen auch immer im Land geblieben waren, sich warum auch immer gegen ein Leben in der Diaspora in Los Angeles, Berlin oder Paris entschieden hatten.

Aber im Süden Teherans, nur sechs Kilometer von den Villen der Reichen entfernt, so nah und doch ein Universum weit weg von den Cafés, Debattierclubs und all den Buchhandlungen, in denen man auch in den achtziger Jahren die Werke von Marx und Camus, von Sartre und »Das Parfum« von Patrick Süskind noch hatte kaufen können, dort unten im Süden der Stadt also, wo der eigentliche Iran begann, klang dieses Lied ganz anders. Dort hatte das Leben immer eine ganz andere Realität gehabt, war das Leben immer nur Leiden, Hungern. Denn dort war die Welt der anderen, der *Mustazafin,* »der Barfüßigen und der Entrechteten«. Aus diesem Reservoir hatte Ruhollah Chomeini seine Anhänger rekrutiert, ihnen hatte Chomeini ihr Heil versprochen. Die »Barfüßigen und Entrechteten« hatten nur eins: ihren Glauben. Unten im Süden Teherans pochte das Herz der islamistischen Finsternis.

In Teheran gab es stets beide Wege. Den Weg in die Stadt, in den Norden, mit all seinen Möglichkeiten und all seinen Lockungen. Oder den Weg in den Süden, wo die Barfüßigen und Entrechteten lebten, und die keine Wahl hatten, welchen der beiden Wege sie nehmen würden. Denn der Norden ihrer Stadt wollte sie nicht. Sie folgten also dem, der ihnen Heil versprach – im Jenseits, denn Chomeini hatte im Kreis seiner Getreuesten offen ausformuliert, dass ihm das Heil der Menschen im Diesseits egal war. »Wir haben die Revolution nicht gemacht, damit die Melonenpreise stabil bleiben«, hatte er schon 1982 gesagt.

In den Süden Teherans verirrte sich fast nie einer der ausländischen Beobachter, medial Reisenden oder Vertreter der islamwissenschaftlichen Fakultäten des Westens. Damals nicht und auch nicht während der nun 27 Jahre währenden Gottesdiktatur, was sich als ein Fehler herausstellen sollte. Denn die Analyse der Realitäten der Islamischen Republik ist ausnahmslos immer dann zum Scheitern verurteilt, wenn sie ihren Ausgang ebenso wie ihr Ende nur in den feinen Salons der Reichen und Gebildeten im Norden Teherans findet. In den Provinzen des schiitischen Gottesstaates, in den Kleinstädten, in den Wüstendörfern war von der urbanen Offenheit, die sich im reichen Norden Teherans findet einnisten können, nichts zu sehen. Dort schlummerte das islamische, das revolutionäre Bewusstsein, das Chomeini geschaffen hatte. Dort überstand es die acht Jahre der Präsidentschaft des als Reformer angetretenen islamischen Geistlichen Mohammed Chatami, der im Gespräch mit westlichen Besuchern so trefflich seinen Goethe zu zitieren wusste. Chatami beherrschte den »Dialog der Kulturen« – auch wenn er sehr schnell realisierte, wie machtlos er in seinen Bemühungen war, der Islamischen Republik Iran ein menschlicheres Antlitz zu verleihen. Was ihm allein schon deshalb unmöglich war, weil ihm die Grundlagen der

Islamischen Republik, Chomeinis Vision vom Gottesstaat, genauso heilig waren wie seinen radikalen Gegenspielern aus den Machtzirkeln um Chomeinis Nachfolger als Geistlicher Führer, dem Ayatollah Ali Chamenei. Außerhalb Teherans war in diesen acht Jahren der hilflosen Regentschaft Chatamis eine andere, eine parallele Realität der Islamischen Republik präsent – mit Internetzeitalter und dem damit verbundenen freien Gedankenfluss hatte diese nicht viel zu tun. Vielmehr zeigten die spärlich in den Westen vordringenden Meldungen von Steinigungen von Frauen, öffentlichen Hinrichtungen von Minderjährigen oder dem blutigen Niederschlagen von Demonstrationen, wie fest die Vision des Ayatollah Chomeini das Land noch immer im Würgegriff hielt. Auch Mohammed Chatami war in seinen letzten Monaten im Amt des Staatspräsidenten nicht in der Lage, den Justizmord an jungen Mädchen wie Ateqeh Rajabi zu verhindern. Warum das so war, dem wollte ich nachspüren, an den Regeln von Ershad vorbei, weshalb ich meinen Kollegen und Freunden in Teheran nichts davon sagte.

So kam es, dass ich mich in der Nacht in Begleitung eines alten Freundes, den ich seit Beginn der achtziger Jahren kannte und dem ich vertraute – auch wenn er seit Jahr und Tag im Sicherheitsapparat des Regimes arbeitete –, auf den Weg von Teheran nach Neka begab, um die Geschichte der Ateqeh Rajabi zu recherchieren. Dort in Neka traf ich spät in der Nacht auf eine, die ihre Freundin gewesen war.

»Geh weg von hier«, hatte sie mir in Neka zunächst nur gesagt. Ganz ruhig und sehr freundlich. »Geh weg. Du hast hier nichts zu suchen. Du und Leute deiner Art, ihr interessiert euch nicht wirklich für uns. Ihr schaut nur zu. Du gehörst nicht hierher.«

Der Diplomat

Schönheit und Schrecken des Islams

Im frühen Herbst 2004 war ich zum ersten Mal nach fast zwei Jahren wieder in Teheran. Es war vier Wochen nach dem Sterben von Ateqeh Rajabi, und dort in Teheran hatte ich von dem Mord an diesem Kind im Namen Allahs gehört.

Teheran war schon vor Jahren zum Moloch Megalopolis geworden und von einer ewig gelblichen Smogglocke überstülpt. Dem Lärm der Stadt, ihrem Kreischen und Schreien, dem nicht enden wollenden Hupen ihrer Autos und dem Dröhnen unzähliger PKWs konnte niemand entrinnen, ebenso wenig dem Staub und dem Dreck, der sich bei jedem Atemzug schwer auf die Lungen legte.

Ich war an meinem ersten Tag im Homa-Hotel abgestiegen und hatte, wie das bei journalistischen Erkundungsreisen im Nahen und Mittleren Osten nun mal üblich ist, gleich als erstes meine journalistische Mickymaustour durch die eine oder andere westliche diplomatische Vertretung absolviert. Erfahrungsgemäß sind solche Besuche westlicher Botschaften in Amman, Islamabad oder Teheran vollkommen sinnlos – sieht man davon ab, dass einem der jeweilige Botschafter oder irgendeiner seiner Attachés neben einem guten Essen einen wahrlich vorzüglichen Weißwein, trocken ausgebaut und wohltemperiert, zu kredenzen weiß. Was mich im Iran wie auch an anderen Orten immer sehr betrübte, denn ich trinke nun mal keinen Weißwein.

Einer dieser Diplomaten hatte mich zum Abendessen eingeladen. Wir kannten uns aus früheren Tagen. Er war einer derjenigen, die nie ihren klaren Blick auf die Realitäten der Islamischen Republik Iran und der Islamischen Revolution des Ayatollah Chomeini verloren hatten, vor allem im Hinblick darauf, was beides für das Erwachen der verschiedenen konkurrierenden islamischen Welten bedeutete, der sunnitischen wie der schiitischen. Denn die tatsächliche Einheit in der Gemeinschaft der Gläubigen hat es im Islam nie gegeben, genauso wenig wie es *den* Islam gibt: zu unterschiedlich waren und sind die verschiedenen Ausprägungen der Religion des Islams von Anfang an gewesen.

Die Geschichte des Leidens, der Niederlage und des Martyriums von Ali, dem Schwiegersohn des Propheten, sowie dessen Nachfahren im Kampf um die rechtmäßige Nachfolge Mohammeds begründete den jahrhundertelangen Kreislauf von Unterdrückung, dem sich die »Schiat Ali« oder die Schiiten, wie wir sie heute nennen, immer wieder von Seiten der Sunniten ausgesetzt sah. Und es war Chomeini, der angetreten war, diesen Kreislauf endgültig zu unterbrechen und durch seine Islamische Revolution das »Goldene Zeitalter« wieder herbeizuführen: den idealen Islamischen Staat, wie er in den Tagen des Propheten Mohammed schon einmal existiert hatte. In Einheit und im Streben nach der Erfüllung von Allahs Geboten.

»Ohne die Revolution des Alten aus Ghom«, hatte mein diplomatischer Gesprächspartner mir schon zehn Jahre zuvor in Damaskus erklärt, »wäre das Wiedererwachen des radikalen Islamismus in seinem heutigen Ausmaß niemals möglich gewesen. Chomeini mag mit seinem Versuch gescheitert sein, das Modell der Islamischen Revolution zu exportieren. Aber eines hat er der *Umma*, der Gemeinschaft aller Gläubigen, Sunniten wie Schiiten gleichermaßen wiedergegeben: das Bewusstsein ihrer eigenen Größe und eigenen Macht und dass die Muslime aus eigener Kraft gegen die Mächte des Westens kämpfen und dabei tatsächlich siegen können. Es gilt den göttlichen Auftrag zum Jihad, zum Heiligen Krieg, zu erfüllen«, hatte er gesagt und Ibn

Chaldun zitiert, jenen islamischen Historiker, Politiker und Soziologen, der im 14. Jahrhundert als Nachfahre einer adligen Araberfamilie aus »Al Andalus«, im Süden der iberischen Halbinsel, geboren worden war. »Der Jihad ist eine heilige Aufgabe«, hatte Ibn Chaldun in seinen Schriften gefordert, »wegen der Universalität der islamischen Mission und der Verpflichtung, jedermann zum Islam zu bekehren, sei es durch Überzeugung oder durch Gewalt.« Und weiter hatte er ausgeführt: »Der Islam hat den Auftrag, Macht über die anderen Nationen zu gewinnen.« Aber diese Macht war den muslimischen Völkern in den darauf folgenden Jahrhunderten aus den Händen geglitten, schleichend und fast unbemerkt, um dann mit einem Donnerhall in sich zusammenzufallen.

»Die Muslime sehen sich seit Jahrhunderten – spätestens seit Napoleon vor den Pyramiden Ägyptens auftauchte und die islamischen Heere vernichtete – ständig von den ungläubigen Mächten des Westens angegriffen und in einem Verteidigungskrieg«, hatte der Diplomat doziert. »Aus Sicht der Muslime dominiert der Westen die muslimischen Welten, beutet sie aus, unterdrückt sie: wirtschaftlich, kulturell, politisch, militärisch. Dagegen steht die koranische Pflicht, sich zur Wehr zu setzen, durch den Jihad. Das strahlt unbeschadet aller Differenzen zwischen Sunna und Schia, unbeschadet aller Unterschiede zwischen Arabern und Persern, auf die Muslime aus. Den Auftrag hat Chomeini wieder aufgenommen, und aus Sicht der Muslime hat er als Erster dem Westen erfolgreich die Stirn geboten.«

Der Diplomat sah schon bei unserem Gespräch zehn Jahre zuvor die Gefahr, dass der Westen diese Entwicklung ignorierte, die aus dem Iran heraus ihren Anfang genommen hatte, und er beklagte die Ignoranz der politischen Kaste in Europa ebenso wie die Ignoranz der Öffentlichkeit. »Der Westen hat sich allen Ernstes eine Dekade lang Debatten darüber geleistet, dass der Jihad im Islam letztendlich nur die individuelle Anstrengung des einzelnen

Muslims bedeutet, ein gottgefälliges Leben zu führen. Ein individueller Selbsterfahrungstrip«, hatte er gespottet. »Dabei sind zwei Drittel aller Stellen im Koran, die das Konzept des Jihads definieren, eindeutig und nur kriegerisch gemeint. Seit mehr als zwei Jahrzehnten hören sie aus den Moscheen der islamischen Länder heraus, aus den islamistischen Denkfabriken nichts anderes als ›Jihad, Jihad, Jihad‹-Geschrei und wie ehrenvoll es ist, für Allah im Martyrium zu sterben.«

Er gab zu, dass dies eine zugespitzte Bemerkung sei – zumal die Mehrheit der Muslime nach nichts anderem strebt, als friedlich ihr Leben zu leben. Aber er fuhr fort: »Von ihren religiösen Instanzen bekommen sie nur eine Erklärung, was die Ursachen ihrer Malaise ist: Verschwörung gegen die Muslime, Verschwörung des Westens gegen die Muslime, Verschwörung der Juden, Verschwörung der Imperialisten. Gehen Sie in die Koranschulen nach Pakistan, in die Medressen – die theologischen Seminare – des Irans, gehen Sie an die Al-Azar-Universität in Kairo, immerhin das wichtigste theologische Zentrum der sunnitischen Muslime. Wo immer Sie fragen: Die Ursache für den unsäglichen Verfall, die widerwärtigen Lebensumstände, unter denen die Menschen in den islamischen Welten leiden, besteht in einer ständigen Verschwörung des teuflischen Westens. Der einzige selbstkritische Ansatz besteht darin, dass die frommen Brüder zugeben, dass die Muslime ein Stück weit selbst für den Zustand ihrer Welten verantwortlich sind. Weil sie vom wahren, dem rechten Weg des Glaubens abgewichen sind, weil sie die Gebote Allahs nicht mehr eingehalten haben, sind sie bestraft. Die Alternative besteht in der bedingungslosen Rückkehr zu den wahren Wurzeln des Glaubens und im Kampf gegen die Verschwörung des Westens. Das war es, was Chomeini gepredigt hat, das ist es, was Bin Laden heute predigt. Und das ist es, was die islamische Welt vor sich hertreibt, obwohl nur eine Minderheit der Muslime diesen Vorstellungen anhängt.«

Er hatte an diesem Abend in Damaskus lange über Osama Bin Laden gesprochen, den damals noch kaum jemand kannte. Wenn in den neunziger Jahren hin und wieder ein Artikel über den saudischen Millionär erschien, der mit seinen Millionen den Terror unterstütze, so gab es entweder gar keine Reaktion in der westlichen Öffentlichkeit, oder aber es war zu hören, dass dies eine der üblichen Desinformationskampagnen interessierter Kreise sei.

»Die Öffentlichkeit des Westens schläft tief und fest, im Traum ihres multikulturellen Schlaraffenlandes gefangen«, hatte der Diplomat damals bemerkt, »und ihre Regierungen wollen gar nicht merken, mit wem sie ihre Geschäfte machen. Wie denn auch, wenn sie diese Geschäfte machen wollen. Als Chomeini starb, haben die Auguren im Westen die Protagonisten der verschiedenen Machtgruppen im Iran nur noch als Realpolitiker wahrnehmen wollen, mit denen man westliche Realpolitik betreiben könne. Und das ist zunächst nun einmal immer nur Geschäftspolitik. Ihre deutsche Regierung ist von der damaligen Opposition zu Recht wegen des ›kritischen Dialogs‹ mit den Mullahs im Iran gescholten worden.«

Zehn Jahre später sollte er sich in heiterem Zynismus darüber auslassen, dass die damalige rot-grüne Opposition – kaum selbst an der Macht – 1998 nichts Eiligeres zu tun hatte, als denselben »kritischen Dialog«, den sie der Kohl-Regierung so heftig angekreidet hatte, eifrig selbst zu pflegen. »Das nennt man Realpolitik«, sollte er sagen. Aber das war eben zehn Jahre später. Eine Dekade zuvor hatte er Ursachen und Folgen des »kritischen Dialogs« scharf seziert. »Die Aussicht auf die Milliardengeschäfte für den Wiederaufbau des Landes nach dem Waffenstillstand mit dem Irak hat den klaren Blick für die Analyse der realen Gegebenheiten getrübt. Wir werden irgendwann unseren Preis dafür bezahlen, ganz abgesehen davon, dass die Völker des Irans ihn schon heute zahlen müssen. Aber das interessiert die Träumer im Westen ebenso wenig wie die Geschäftemacher der Politik.«

Zweifelsohne wusste er, wovon er sprach. Jahre hatte er als Diplomat im Mittleren Osten verbracht, sprach dessen Sprachen, hatte den Koran studiert, die Kommentare, und sich durch die schwere, schier unverdauliche chomeinistische Literatur gewälzt, hatte nicht nur seinen Ibn Sina und Ibn Ruschd gelesen, die man im Westen nur als Avicenna und Averroes kennt. Beide sind islamische Denker, die im zehnten und zwölften Jahrhundert ganz der Ratio und den philosophischen Gedanken einer islamischen Aufklärung verpflichtet waren – zu einer Zeit, als man in Europa, in blutrünstiger Barbarei gefangen, noch Jahrhunderte weit von dem entfernt war, was als westliche Aufklärung die Moderne erst ermöglichte. Er hatte aber auch den Urahnen aller zeitgenössischen Islamisten gelesen, Ibn Tammiya, der schon im 14. Jahrhundert die religiösen wie die philosophischen Grundlagen des heutigen Islamismus aus dem System des Islams herausgearbeitet hatte. Von Ibn Tammiya über Ibn Wahab im 18. Jahrhundert bis hin zu dem Ägypter Seyyed Qutb in den 1960er Jahren zog sich eine durchgehende Linie zu den Denkern des schiitischen und sunnitischen Islamismus, genauso wie zu denen des Jihadismus.

Alle, so hatte der Diplomat doziert, könnten sich mit Fug und Recht auf die Grundlagen des Islams beziehen. »Ein Islam ohne Islamismus ist zumindest theoretisch denkbar«, hatte er zehn Jahre zuvor festgehalten. »Ein Islamismus ohne Islam hingegen würde nie existieren. Der Islam ist ein ebenso furchtbarer wie fruchtbarer Schoß – im Guten wie im Schlechten.« Dann hatte er einen weiten Bogen skizziert, in dessen Zenit die Bedeutung der schiitischen Islamischen Revolution Chomeinis stand. Und ihre Folgen für alle islamischen Welten.

Über Stunden hatte er mir an jenem Damaszener Abend eine Stegreif-Vorlesung über die Auswirkungen der chomeinistischen Revolution am Beispiel Algeriens gehalten, wo der Jihadismus im Morden von Männern, Frauen und Kindern – zum ersten Mal organisiert – der Welt sein Gesicht gezeigt hatte. Aber Algerien schien weit in jenen Tagen der letzten Dekade des alten Jahrtausends, sehr weit weg im Bewusstsein des Westens. Denn dies war ein Jahrzehnt, in dem medialen oder akademischen Kritikern des Islams vorgeworfen wurde, dass aus dem Trauma der »Türken vor Wien« heraus nun erneut die archaischen Ängste der Europäer vor dem Islam instrumentalisiert würden. Der Islam, so die Argumentationskette, sei eine zutiefst humane Religion, dem Toleranzgedanken verpflichtet, und würde die Rechte seiner Minderheiten, seien es Juden oder Christen, wahren, nicht aber bekämpfen. Als Beleg dafür wurde gerne auf das »Goldene Zeitalter« muslimisch-christlich-jüdischer Symbiose in den guten alten Tagen von »Al Andalus« verwiesen, wie die arabischen Bewohner die iberische Halbinsel während der 800 Jahre dauernden imperialistischen Herrschaft der muslimischen Mauren nannten.

»Für einen kurzen historischen Moment wurde der Traum von einem friedlichen Miteinander Wirklichkeit«, klang es aus den Feuilletons westlicher Blätter heraus, und so schallte es auch aus den Elfenbeintürmen vorzugsweise deutscher islamwissenschaftlicher Fakultäten. Rousseaus »gutem Wilden« vergleichbar geisterte die Figur des »guten Muslims« als zivilisationskritisches »Tugendmodell und Beschämungsinstrument«, als »Lehrer Europas« durch die Debatten. Mit dem »hellen Licht« ihrer Kultur hätten die Muslime die abendländische »Dunkelheit« beendet, das Bewusstsein europäischer Gutmenschenwelten erschaffen. Eine recht schwärmerische Betrachtung der Lebensrealitäten von Juden und Christen unter der Knute maurischer Herrschaft, die deren Alltag nicht so recht widerspiegelt. Ein ausgetüfteltes theologisches, politisches und alltägliches Regelwerk sorgte für einen Zustand permanenter Erniedrigung bis hin zur »rituellen Demütigung« der nichtmuslimischen Bevölkerung, wie der Islamwissenschaftler Bernhard Lewis das »Goldene Zeitalter« wohl zutreffender analysierte. Bernhard Lewis weiß sich in seiner Einschätzung auf hoch geachtete muslimische Gelehrte jener Zeit zu berufen. Der Rechtsgelehrte Ibn Abdun – Vertreter der malikitischen Rechtsschule, einer von vier Rechtsschulen des sunnitischen Islams – schrieb um 1100 in Sevilla ein juristisches Gutachten für den Umgang von Muslimen mit Ungläubigen: »Ein Muslim darf einen Juden nicht massieren, auch nicht einen Christen. Er darf nicht ihren Abfall beseitigen und nicht ihre Latrine reinigen; es ist angemessener, dass Juden und Christen dieses Gewerbe ausüben, denn es ist das Gewerbe der am meisten Verachteten.« Und weiter: »Man darf nicht zulassen, dass ein Steuereintreiber, Polizist, Jude oder Christ sich wie ein Notabler, ein Jurist oder ein Reicher kleidet, sondern man muss sie hassen, den Verkehr mit ihnen meiden und darf sie nicht mit ›der Friede sei mit dir‹ grüßen«, denn – so zitiert dann Ibn Abdun die Sure 58/19 des Korans – »der Satan hat sie in ihre Gewalt bekommen und sie vergessen lassen, Gottes zu gedenken. Sie sind es, die auf der Seite des Satans stehen. Und die, die auf der Seite des Satans stehen, werden ja den Schaden haben.« Welcher Art dieser Schaden sein soll, skizziert der Gelehrte so: »Sie müssen ein Abzeichen tragen, an dem man sie erkennt, das ihnen zur Schande gereicht.«

Dem religiösen Apartheidsystem des arabischen Herrenvolkes von »Al Andalus« wohnte eine scharfe soziale Schichtung inne. Aufgebrochen aus den unwirtlichsten Gegenden der Welt, hatten sich die arabischen Stämme der fruchtbaren Flusstäler Spaniens bemächtigt. In steter Rivalität untereinander um die lukrativsten Gegenden im neuen Reich waren sie sich einig in der Verachtung der nordafrikanischen Berber. Diese, von den Arabern zwangsislamisiert und ihnen als Klientel unterstellt, mussten mit den trockenen Berg- und Steppengebieten vorlieb nehmen und schauten ihrerseits herab auf die *Muwallad*, die zum Islam konvertierten Einheimischen. Die Herablassung aller wiederum traf die Ungläubigen. Sie lebten in den Städten in

Ghettos: Ihr Zeugnis galt nichts vor Gericht, sie durften nicht auf Pferden reiten, keine sexuellen Beziehungen zu muslimischen Frauen haben oder diese heiraten und mussten in der ständigen Furcht leben, wegen Gotteslästerung angeschwärzt und zum Tode verurteilt zu werden. Sozial tiefer standen nur noch die Sklaven.

Der Diplomat hatte fast bitter aufgelacht, als er seinen historischen Exkurs beendet hatte: »Bei Lichte betrachtet leben Sie unter der Scharia als Jude, Christ und noch mehr als Heide, also Ungläubiger, im besten Fall nur unter der Knute theologischer Apartheid. Sie können das einen religiös terminierten Rassismus nennen. Jeder Neger hatte unter der Knute der Apartheid in Südafrika mehr Rechte als ein Ungläubiger unter den Segnungen der Scharia. Was Sie Tag für Tag in Algerien sehen können, ist die Fratze der Scharia. Glauben Sie nicht, dass das Wesen der Scharia ein freundliches im Sinne des ersten Artikels Ihres deutschen Grundgesetzes ist. Die Würde des Menschen mag unter der Scharia unantastbar sein. Aber nicht für Ungläubige und nicht für Muslime, die nicht den Gesetzen des Islams folgen. Die Bürgersöhne und -töchter des Westens mögen das nicht gerne hören«, meinte er. »Es ist allemal leichter, sich von den tatsächlichen oder den eingebildeten kolonialen und imperialistischen Sünden der eigenen Urgroßväter plagen zu lassen. ›Nie mehr Krieg‹ zu schreien ist einfacher, als sich mit dem Krieg zu beschäftigen, der im eigenen Vorgarten tobt.«

Was er meinte, war mir klar. In Europas Vorhof, in Algerien, war damals, 1995, das erste jihadistische Schlachten auf seinem Höhepunkt angekommen. Und Europa schaute weg. Eine halbwegs demokratische Wahl war 1992 von den eigentlichen Machthabern im Land, den Militärs, nach dem ersten Urnengang abgebrochen worden. Die radikale Front Islamique du Salut (FIS), die »Islamische Heilsfront«, stand vor einem triumphalen Wahlsieg. Ihr Führer Scheik Abbassi Madani hatte in einer Unzahl von Interviews mit westlichen Medien alles getan, um seiner radikalen Vision einen moderaten Anstrich zu verleihen. In warmen Worten äußerte er sich über Demokratie und die Einhaltung der Menschenrechte und versprach das unverbrüchliche Recht der Frauen auf Gleichberechtigung, wenn seine islamistische Bewegung in demokratischer Wahl die Regierungsgeschäfte übernehmen würde. Es gab nicht sehr viele europäische Kommentatoren und Beobachter, die sich mit dem von moderaten Islamisten offen formulierten Grundsatz »ein Mann, eine Stimme, aber nur einmal« auseinandersetzten. Niemand stellte die Frage, was denn möglicherweise vier Jahre später geschähe, wenn sich in einem erneuten Wahlgang eine Mehrheit gegen ein islamistisches System aussprechen würde. Denn genau dies war es, was dieses »nur einmal« bezeichnete. In demokratischer Wahl an die Macht gekommen, würde ein islamistisches Regime seine demokratisch erfolgte Abwahl nie zulassen.

Ebenso wenig kam denselben Kommentatoren und Beobachtern Folgendes in den Sinn: Dass ihre routinierten Fragen, wie es denn um die Rechte der Frauen unter der Scharia tatsächlich stünde, wenn die FIS den zweiten Wahlgang gewinne, von Scheikh Madani und seinen Jüngern genauso beantwortet wurden wie Jahre zuvor von Ayatollah Chomeini. Jedem seiner Besucher hatte Chomeini, unter einem Kirschbaum im französischen Exil in Neauphle le Château sitzend, versichert, wie sehr doch gerade ihm die Emanzipation, die Gleichberechtigung der Frauen am Herzen läge. Seinem Nachsatz, dass dies natürlich in Übereinstimmung mit den islamischen Gesetzen zu geschehen habe, schenkte niemand Beachtung. Den Preis dafür zahlen die Frauen des Irans bis heute.

Das algerische Militär brach die Wahl 1992 vor dem zweiten Urnengang zur klammheimlichen Freude westlicher Regierungen ab. In den Regierungsstuben Europas wie in denen Washingtons war die Angst vor einem triumphalen Wahlsieg der Islamisten zu groß. Er hätte der Welt neben der

Islamischen Republik Iran den zweiten islamischen Gottesstaat beschert. Die algerischen Generäle schlugen mit äußer-
ster Brutalität zu. Scheikh Madani und die Führer seiner Bewegung wurden verhaftet. Zehntausende wurden in der
Gluthitze der Sahara in Wüstencamps konzentriert. Es waren nicht nur Islamisten, sondern auch Menschen, die einfach nur das Pech hatten, als solche verdächtigt zu werden.
Die Antwort war ein zelebriertes Menschenmorden, das
einem Ritus gleichkam. Die Killer der Islamischen Heilsfront (FIS) und der bewaffneten Groupe Islamique Armé
(GIA) steigerten sich in einen jahrelangen Blutrausch, dem
Hunderttausende Männer, Frauen und Kinder zum Opfer
fielen. Viele dieser Mörder im Namen Allahs hatten ihre
Mission unter der Führung ihres Emirs Osama Bin Laden
in Afghanistan gefunden, wo sie gegen die Schuwari, wie
sie die Rote Armee nannten, kämpften. Nach dem Abzug
der Sowjets aus Afghanistan waren sie in dem stolzen Bewusstsein in ihre Heimatländer zurückgekehrt, als einfa-
che Streiter Gottes die hochgerüstete Supermacht UdSSR
militärisch besiegt, gedemütigt und in den Staub geworfen
zu haben. Sie betrachteten ihren Sieg über die Rote Armee
in Afghanistan als Ursache für den Untergang des gottlosen kommunistischen Zarenreiches wie seiner Satrapen.
Und nur die Kraft ihres Glaubens, nur die Hilfe und der
Beistand Allahs hatte all dies ermöglicht. Für sie war das
zugleich Zeichen und Auftrag, gegeben von Allah selbst:
die islamischen Welten zu reinigen, die »heuchlerischen
und verderbten« Machthaber zu stürzen, »die Verderber
der Menschheit« auszumerzen.
    Die »Afghanis«, wie die Kämpfer in ihren Herkunftslän-
dern genannt wurden, waren Sunniten und hatten dennoch
die Kampfparolen des schiitischen Ayatollahs Ruhollah
Chomeini übernommen und verinnerlicht. Denn der Schiit
Chomeini hatte ihnen mit seiner geglückten Revolution gezeigt, dass die Kraft des einen, reinen Islams zum Erfolg
führen musste. Deshalb nahmen sie alle Hilfe an, die ihnen

aus Teheran angeboten wurde. In den achtziger Jahren reisten aus den muslimischen Ländern des Maghreb, aus Tunesien, Marokko, aus Algerien und Mauretanien Tausende durch den Iran nach Afghanistan. Geschützt und gedeckt von der neuen militärischen Elite des schiitischen Gottesstaates: den Instrukteuren der Pasdaran, der iranischen Revolutionären Garden. Die Pasdaran trainierten in den neunziger Jahren die Killer der algerischen Groupe Islamique Armé (GIA), rüsteten sie auf, unterstützten ihren Kampf.

Als in den neunziger Jahren das Heilige Töten in Algerien seinen blutigen Höhepunkt erreichte, tobte in Europa jedoch unter dem Diktat der Political Correctness eine ganz andere Auseinandersetzung: Der Islamismus und seine blutige Mission schien vielen nichts anderes als ein paranoides Konstrukt reaktionärer Kreise im Dunstkreis des amerikanischen Kapitols und natürlich der CIA. Den Konservativen und der CIA war, so die Argumentationslinie, mit dem Fall des Eisernen Vorhanges und dem Untergang der real existierenden sozialistischen Staaten ihr notwendiges Feindbild weggebrochen. Ganze Dossiers, ja Bücher unter dem Motto »Feindbild Islam« wurden geschrieben. Dabei wurde ignoriert, was sich im Nahen und Mittleren Osten zusammenbraute und was schon längst in den Banlieus um Paris, in den muslimischen Ghettos in London, in Mailand und Berlin vor sich hin gärte. Zwar war der schiitische Revolutionsführer Chomeini 1989 gestorben, die Strahlkraft seiner Botschaft blieb jedoch ungebrochen. Aus dem Erwachen vor allem junger Muslime, die nie wirklich in ihren neuen Gesellschaften angekommen waren, wurde eine islamistische Bewegung im Westen. Die wurde in den europäischen Staaten negiert, im besten Fall nur ignoriert. Der Schiit Chomeini, so war das in den muslimischen Ghettos westlicher Metropolen angekommen, hatte dem Westen, einem islamischen Che Guevara gleich, die Stirn geboten und ihnen, den muslimischen Immigranten, ihre Würde zurückgegeben.

Sunniten wie Schiiten registrierten sehr wohl, was im Libanon geschah. Die libanesisch-schiitische Hisbollah, ein Geschöpf der Machthaber in Teheran, wurde zur beispielgebenden Speerspitze dieser islamistischen Bewegung. Teherans radikale Machthaber hatten die Hisbollah Anfang der achtziger Jahre gegründet, ausgerüstet und trainiert. Schnell avancierte die Hisbollah zum Machtfaktor im libanesischen Bürgerkrieg und nach dessen Ende zur einzigen Miliz, die den bewaffneten Kampf gegen die verhassten Israelis weiterführte. Was im Westen Terror genannt wurde, schien den meisten Muslimen nichts als ein Befreiungskampf gegen die israelischen Besatzer des Südlibanons und gegen deren Schirmherren, die USA und die westlichen Staaten.

Mit einer Serie von Terroranschlägen quer durch Europa, die dort nur als isolierte Attacken wahrgenommen wurden, zeigten die schiitischen Terroristen der Hisbollah den Muslimen in aller Welt, wie sehr der Westen auch in seinem eigenen Haus zu treffen sei. Die Auftraggeber der Hisbollah saßen in Teheran, der iranische Staatsterrorismus agierte global. Er benutzte vorzugsweise Hisbollah-Mitglieder als Auftragskiller in Paris, Genf, Berlin, Buenos Aires, Wien und in London. Es wurden iranische Oppositionelle exekutiert und jüdische Einrichtungen angegriffen. In Buenos Aires wurde unter der professionellen Anleitung von iranischen Diplomaten die israelische Botschaft in die Luft gejagt. 1994 zerbombten Hisbollah-Kämpfer das jüdische Sozialzentrum AMIA der argentinischen Hauptstadt mit einer gigantischen Autobombe. Die jugendlichen Massen der islamischen Welten wurden aus ihrer Agonie aufgerüttelt – zeigte es ihnen doch, dass sie sich doch zur Wehr und den endlosen Demütigungen ein Ende setzen konnten, wenngleich sie nicht über die hochgerüsteten Armeen des Westens verfügten. Auf Europas Straßen demonstrierten sunnitische wie schiitische Muslime unbeschadet aller Gegensätze einhellig miteinander. In manchen Hinterhofmoscheen in Berlin wie andernorts rückten Schiiten und Sunniten enger zusammem im gemeinsamen Traum, miteinander gegen die aufzustehen, die sie so lange unterdrückt hatten.

Dass sich in Europa im Dunstkreis der Moscheen schon in den neunziger Jahren längst Parallelgesellschaften organisiert hatten, mit eigener Kultur, eigenen Koranschulen, eigenem sozialem Netz bis hin zur eigenen islamischen Rechtsprechung – wer dies thematisierte, riskierte als reaktionär, gar rassistisch abgestempelt zu werden. Es galt der Traum vom multikulturellen Miteinander. So hatte mein diplomatischer Freund es mir zehn Jahre zuvor an jenem warmen Frühlingsabend in Damaskus analysiert. Und als sei erst ein Tag vergangen, nahm er nun im Herbst 2004 den Faden nahtlos wieder auf.

»Der Westen, Europa mehr als die USA, wird eines Tages einen schmerzhaften Preis für seine Blindheit und für seine Naivität bezahlen«, sagte er an diesem Herbstabend fast spöttisch. »Der Westen steht seit einem Vierteljahrhundert in einer Auseinandersetzung mit dem System der Islamischen Republik Iran. Eine Auseinandersetzung, die er verlieren wird, weil er das politische Spiel der Mullahs nicht erkennt. Der Iran wird zur nuklearen Militärmacht aufsteigen. Nichts anderem dient sein Atomprogramm. Der Iran wird weiterhin den Terror als Staatsideologie betreiben, damit drohen und ihn bei Bedarf einsetzen. Kühl kalkuliert zur Durchsetzung eigener staatlicher Interessen. Machen Sie sich nichts vor: In diesem Konflikt hat Europa eine ganze Dekade verschenkt. Auf der politischen Bühne, in den europäischen Kanzleien hat man tatsächlich geglaubt, dass man aus iranischer Sicht den politischen Diskurs mit Europa auf Augenhöhe führen wolle. Wir haben offensichtlich aus unseren Erfahrungen mit den Geiselaffären des Libanons nichts gelernt. Stattdessen hat jede Regierung in Europa mit den islamistischen Terrorgruppen in ihren Ländern einen Waffenstillstand abgeschlossen. Die

Deutschen mit den algerischen Gruppen der FIS und der GIA ebenso wie mit der libanesischen Hisbollah und deren iranischen Hintermännern. Österreich ging sogar so weit, den Killern des kurdisch-iranischen Oppositionspolitikers Ghassemlou die sichere Heimreise zu gestatten – nachdem man sie in Wien verhaftet hatte. Dabei waren die Beweise der Österreicher für deren Täterschaft bombensicher. Die Killer Teherans waren Offiziere der Sondereinheit des Geheimdienstes der Al-Quds-Brigaden. Sie reisten in diplomatischer, in tödlicher Mission. Was alle europäischen Dienste wussten. Die österreichische Regierung hat genau das Gleiche gemacht, was alle anderen europäischen Regierungen angesichts des iranischen Staatsterrorismus praktizierten«, meinte der Diplomat: »Appeasementpolitik«.

Für meinen Gesprächspartner waren die verschiedenen Kreise des islamistischen Terrors ineinander verschränkt, allen religiösen und ideologischen Unterschieden zum Trotz. Mit der Islamischen Revolution im Iran war der Geist des Islamismus unwiederbringlich aus der Flasche entwichen. Der radikale Islamismus war über die Welt gekommen, gestärkt durch seinen unerhörten Sieg: den Sturz des Schahs und die Errichtung der Islamischen Republik. Er sog seine Kraft aus der Bezwingung der unbesiegbaren Roten Armee in Afghanistan. Und es war Chomeini, der die Tür weit aufgestoßen und diese Entwicklung ermöglicht hatte: Der Sieg seiner Islamischen Republik hatte den Islamismus erst zur progressiven Kraft werden lassen, auch wenn er in den achtziger Jahren zunächst damit gescheitert war, sein islamisches Modell in die ganze Welt zu exportieren.

»Der Imam Chomeini war und ist Vorbild über alle Grenzen zwischen Sunna und Schia hinweg«, sagte der Diplomat und klang dabei fast etwas resigniert. »Er hat«, fuhr er fort, »als Erster den Muslimen gezeigt, dass sie wieder siegen können. Er hat ihnen neues Selbstbewusstsein geschenkt. Dass die USA, nachdem die Hisbollah unter der

Führung iranischer Geheimdienstoffiziere 1983 zunächst die amerikanische Botschaft und dann den Stützpunkt der US Marines in die Luft gejagt hatte, fluchtartig den Libanon verlassen und nicht militärisch geantwortet haben, ist seither für jeden Islamisten, für jeden Jihadisten der Beweis, dass auch die USA militärisch zu besiegen sind. Das ist die Kraft, aus der sich die Bewegung speist.«

In der Anschauung des Diplomaten war der Islamismus keine ideologisch pervertierte Auslegung des Islams. Vielmehr bewegten sich die Denker des radikalen Islams durchaus auf den Grundlagen des Islams: dem Koran, den Hadithen – all dessen also, was den Glauben der Muslime ausmacht. In diesem Gebilde sah er weit gefasste Grenzen: »Sie dürfen den Islam niemals als ein starres Gerüst ansehen. Er bietet ihnen weite Möglichkeiten, ihren Glauben auszulegen und zu leben«, hatte er argumentiert. »Natürlich ist ein Islam, der in der Moderne angekommen ist, denkbar und lebbar.« Er hatte sich zurückgelehnt, und bei dem feinen Lächeln um seinen Mund war mir nie so recht klar, ob es nun zynisch oder einfach nur ein Lächeln war. »Theoretisch«, fuhr er fort, »theoretisch ist das tatsächlich möglich. Allerdings nur unter erhöhter Lebensgefahr für Leib und Leben. Jedenfalls in dieser Ecke der Welt. Denn hier wird nun einmal eine andere Interpretation des Islams gelebt. Was Chomeini und vor ihm auf dem sunnitischen Feld Seyyed Qutb und Abu al-Maududi an radikal-islamistischen Gegenmodellen zur real existierenden Welt der ›falschen und heuchlerischen Regime‹ der islamischen Welt entwickelt haben, ist keine Vergewaltigung des Islams.«

Der ägyptische Schriftsteller und Literaturkritiker Seyyed Qutb hatte sich in den 1950er Jahren nach einem Studienaufenthalt in den USA zu einem scharfen Kritiker des Westens gewandelt und wurde zum radikalen Vordenker des Islamismus. Er verachtete alle westlichen Lebensmodelle und zeichnete das Bild der islamischen Welten als das von Gesellschaften, die in den gottlosen Zustand der »Unwissenheit« *(Djahiliyya)* vor der Verkündung des Korans durch den Propheten zurückgefallen waren und sich von den Lehren des Islams entfernt hätten. Qutb rief die Muslime zum Widerstand auf, sowohl gegen die westlichen Kolonialisten und Imperialisten als auch gegen die »falschen« und »heuchlerischen« Regime der islamischen Welt. Sein Ziel war, für die Errichtung einer göttlich legitimierten Herrschaft zu kämpfen, und zwar global. Als Abdel Gamal Nasser, der ägyptische Staatspräsident, in den 1960er Jahren mit grausamer Härte gegen die ägyptischen Islamisten vorging, wurde Qutb verhaftet und 1966 am Galgen hingerichtet. Seine Ideen wie sein Martyrium, sein Sterben für Allah gelten den islamistischen Muslimen als Anleitung und Vorbild. Neben Seyyed Qutb war der Pakistaner Abu al-Maududi einer der wichtigsten Vorreiter des Islamismus. In seinem Werk »Der Islam und die moderne Zivilisation« stellt er unmissverständlich klar, dass seine Interpretation des Islams in diametralem Widerspruch zu den Prinzipien säkularer Demokratie steht.

»Sie können«, meinte der Diplomat, »Qutb und al-Maududi wie allen ihren Apologeten vieles vorwerfen, nur eines nicht: dass sie den Islam politisch ideologisieren und somit vergewaltigen. Was Qutb und all die anderen islamistischen Intellektuellen bis hin zu Chomeini lehrten, entspringt tatsächlich dem, was sie in den Grundlagen des Islams vorfinden. Der Islam gibt ihnen sehr wohl die Freiheit, unterschiedliche Sichtweisen bis hin zur Interpretation zu entwickeln. Sogar Osama Bin Laden kann sich zu Recht vollkommen auf seinen Glauben berufen, bei allem, was er macht. Denn«, und dabei hatte er aufgelacht, »was macht der Mann denn anderes, was haben Qutb und Chomeini anderes gemacht als eine Exegese dessen, worauf sie sich berufen: eine Exegese des Korans und der Scharia. Das ist das Schöne am Islam, und das ist für uns das unvorstellbar Grausame am Islam. Sie können durchaus zu Recht die zwingende Notwendigkeit, ein junges Mädchen zu steinigen oder aufzuknüpfen, herleiten, und sie können ein flammendes Pamphlet für die Emanzipation, die totale Gleichberechtigung der Frauen entwickeln. Chomeini und seine Nachfolger lassen im Iran Frauen steinigen. Avicenna hat ein fulminantes Traktat für die Gleichberechtigung der Frau verfasst, im zehnten Jahrhundert. Beides lässt die islamische Exegese zu. Sie befinden sich immer innerhalb der Grenzen dessen, was der Islam zulässt. Allerdings«, hatte er dann gemeint,»das, was seit mehr als hundert Jahren in den islamischen Welten geschieht, ist nicht das, was der Islam heute braucht. Der Islamismus und seit einem Jahrzehnt der Jihadismus treiben die islamischen Welten vor sich her. Beide sind in der Offensive. Nicht in der Offensive sind die Protagonisten eines aufgeklärten Islams, nicht die Vertreter der Denkschulen, die die Emanzipation der Frau fordern. Nicht die, die das verbindliche Prinzip *Rahma,* der Barmherzigkeit, das der Islam propagiert, einfordern. Nicht die, die ohne Wenn und Aber die Universalität der Menschenrechte anerkennen. Die sind entweder im westlichen Exil oder sie sind tot. Dies ist ein Krieg – und hier in diesem Land, hier in Teheran finden Sie viele der Quellen, aus denen dieser Krieg seine Kraft schöpft. Die islamische Revolution des Schiiten Chomeini ist ganz sicher nicht die Ursache und Quelle für das Entstehen des Islamismus wie des Jihadismus, aber sie hat dem Islamismus ganz zweifellos eine neue, eine ungeheure Schubkraft gegeben.«

Ich hatte ihn in den letzten zwanzig Jahren hier und dort getroffen, war immer bemüht gewesen, nicht allzu oft und allzu genau darüber nachzudenken, auf welchen Pfaden der Diplomatie genau er sich bewegte und ob er sich in seiner Laufbahn immer und ausschließlich nur auf den Wegen der Diplomatie bewegt hatte. Aber die Informationen, die er mir in all den Jahren überließ, hatten sich im Nachhinein immer als richtig und genau herausgestellt, bis in kleinste Details – auch wenn sie mir unglaubwürdig oder gar schlecht ins Kalkül zu passen schienen. Er hatte den

Großteil seines Lebens hier im Orient verbracht, er liebte ihn und seine Menschen, seine Kulturen, seine Vergangenheiten. Und auch wenn er in den Stunden unseres Gesprächs in diesem Herbst 2004 sich immer wieder seine kleinen Zynismen gönnte, sarkastisch über die Naivität westlicher Sicht der nahöstlichen Realitäten spottete, so steckte unter dieser harten Schale doch einer, der von der hohen Metaebene politisch-philosophischer Analyse die Menschen des Nahen und Mittleren Ostens nie aus den Augen verlor und erst recht nicht aus dem Herzen. Das war ihm anzumerken, wenn er über die seltsame Sicht europäisch guter Menschen sprach, für die die Scharia ein kulturelles System war, gewachsen und entwickelt aus dem islamischen Bewusstsein. Ein System, das man als anständiger Europäer zu ehren, mindestens zu respektieren hatte, denn alles andere wäre verdammenswerter eurozentristischer Kulturimperialismus gewesen.

»Hier gelten neun Jahre alte Mädchen als erwachsen, sie konnten bis vor kurzem verheiratet werden«, warf mein diplomatischer Freund bitter ein. »Nennen Sie das einen Fortschritt, wenn das Heiratsalter nun heraufgesetzt wurde? Auf 13 Jahre! In Europa werden Männer dafür mit jedem Recht der Welt als Kinderschänder ins Gefängnis geworfen.« Das Lächeln auf seinem Gesicht war verschwunden, er war nur noch böse, voll wütender Verachtung fuhr er fort: »Der Iran ist für Kinderschänder ein wahres Paradies. Hier werden Sie als Mann nicht bestraft, wenn Sie mit 13 Jahre alten Mädchen schlafen. Sie müssen sie bloß heiraten. Der Prophet Mohammed hat das vorgelebt, und darauf berufen sich die Machthaber hier in Teheran. Auf das leuchtende Vorbild des Propheten.«

Es stimmte, was da verbittert aus ihm hervorbrach. Die iranischen Gesetze sehen vor, dass 13 Jahre alte Mädchen verheiratet werden können. Getreu dem Vorbild des Propheten Mohammed, der sich die damals neun Jahre alte Aisha zur Frau genommen hatte und, glaubt man der islamischen Überlieferung, stolz darauf war, die Ehe umgehend vollzogen zu haben. Auf den Propheten Mohammed hatten sich die iranischen Machthaber nach der Revolution tatsächlich bezogen – und dieser hatte nach Ansicht meines diplomatischen Freundes nichts anderes getan, als sexuellen Missbrauch an einem Kinde zu begehen. Der Prophet Mohammed also ein Kinderschänder?

»So, wie Sie das formulieren, muss das für jeden Muslim – egal ob er seinen Glauben praktiziert oder säkular lebt – eine Beleidigung des Islams sein oder zumindest eine Provokation«, warf ich ihm gegenüber ein, auch wenn ich ahnte, worauf er hinauswollte. »Was er tat, tat er in einer anderen Zeit, mit anderen Wertmaßstäben.«

»Ich weiß«, hatte er nur gesagt, »das mag für Muslime so klingen und vielleicht ist es kulturanthropologisch sogar eine dumme Aussage. Aber dennoch: Nach unseren heutigen westlichen Werten hat er genau das getan. Auch der Islam, auch die Muslime müssen lernen, Kritik, auch wenn sie zugespitzt formuliert ist, auszuhalten. Zumal, wenn das damalige Verhalten des Propheten das heutige Handeln der Machthaber im Iran bestimmt.«

Der Prophet ein Pädophiler. Auch wenn dies in anderen Zeiten, vor 1400 Jahren, geschehen war. Auch wenn es damals eine andere Kultur gewesen war. Er beharrte darauf. Aus seiner europäischen Sicht änderte sich nichts an seinem Urteil, wenn heute schiitische Ayatollahs den sexuellen Missbrauch eines Kindes dadurch legitimieren, gar institutionalisierten, weil der Prophet zu seiner Zeit nichts anders getan hatte. Denn auf das Verhalten des Propheten hatten sich die Gesetzgeber der Islamischen Republik berufen, als sie nach der Revolution das moderne Familienrecht des Schahs in die islamische Steinzeit zurückformuliert hatten. Seinem Vorbild eifern die islamischen Richter der Mullahkratie in ihrer Rechtsprechung noch heute nach. Ebenso der Wächterrat. Der Wächterrat hat bei Gesetzen das letzte Wort. Er ist die Instanz im Gottesstaat, die alle Gesetze daraufhin überprüft, ob sie mit der Scharia und der islamischen Verfassung des Landes konform sind oder dieser zuwiderlaufen. Und der Wächterrat war schon immer von den islamistischen Hardlinern dominiert worden. Noch 2004 hatte sich der Wächterrat in gläubiger Argumentation auf den Kindesmissbrauch des Propheten vor 1400 Jahren verwiesen und so hergeleitet, dass im islamischen Gottesstaat Mädchen im Alter von neun Jahren als erwachsen gelten und deshalb verheiratet werden dürfen – gebrauchsfertig zum Geschlechtsverkehr, vollkommen legal. Das bis 2004 von Reformern und Moderaten dominierte Parlament hat oft versucht, dieses Gesetz und andere zu ändern, wurde aber vom Wächterrat regelmäßig abgeschmettert.

Und dann zählte er all das auf, was nach unseren heutigen westlichen Vorstellungen an Widerwärtigkeiten, Diskriminierung und Menschenverachtung in den Gesetzlichkeiten der Scharia steckt: dass die Zeugenaussage einer Frau halb so viel wert ist wie die eines Mannes, das Auspeitschen, das Steinigen, das Händeabhacken. Es war eine lange Liste. »Nein«, sagte er, und ich stimmte ihm zu, »die Scharia ist nichts, wovor ich Achtung haben möchte. Europa hat Jahrhunderte gebraucht, vergleichbare Widerwärtigkeiten abzuschaffen. Verlange niemand von mir, dass ich vor dem, was Europa zu Recht überwunden hat, nur deshalb Respekt haben soll, weil es hier in diesen Welten noch zum Alltag gehört.«

Es war spät geworden, und er sprach in müden Worten darüber, dass Teheran nicht der Spiegel der iranischen Realität sei. »Die finden Sie auf dem Land. Gehen Sie in die Dörfer, die kleinen Städte. Gehen Sie zu den Menschen, treiben Sie sich nicht nur auf dem Teheraner Parkett herum. Dort auf dem Land gehen 16, 17 oder 18 Jahre alte Mädchen ganz bestimmt nicht geschminkt, nicht im modisch schicken Manteau verhüllt auf die Straße. Außerhalb des Nordens von Teheran wird ein 16 Jahre altes Mädchen aufgeknüpft, wenn es am Abend Hand in Hand mit einem Mann, mit dem es nicht verheiratet ist, im Park spazieren geht. Fragen Sie doch Ihre Multikulturalisten, was ihnen die viel beschworenen Menschenrechte tatsächlich bedeuten? Was ihnen das Leben einer 16-Jährigen tatsächlich gilt? Wie sehr sie der sexuelle Missbrauch von Kindern hierzulande tatsächlich interessiert? Ich sehe keine Massendemonstrationen in Berlin oder München oder London und Paris gegen die Diktatur der Mullahs und deren permanente Beleidigung der elementarsten und universell gültigen Wertmaßstäbe. Die haben ihren Gott zu einem mörderischen Diktator verkommen lassen, und ihr schweigt! Ich lese keine offenen Briefe Ihrer Intellektuellen dagegen! Wo bleibt Herr Grass, Ihr deutscher Großdichter?« Er hatte sich in Rage geredet, ganz undiplomatisch, was ganz sicher der Tatsache geschuldet war, dass er alt und resigniert geworden war. Dann schwieg er sehr lange, ein bitteres, wütendes Schweigen. Er leerte sein letztes Glas Wein und brachte mich zur Tür.

Dort erzählte er mir vom Fall der Ateqeh Rajabi, der sehr viel Staub aufgewirbelt hatte im Iran. Zu wütenden öffentlichen Reaktionen war es gar gekommen. »Wenn Sie beispielhaft darstellen wollen, was es mit dem famosen Menschenrechtsdialog zwischen Europa und der Islamischen Republik Iran tatsächlich auf sich hat, fahren Sie nach Neka und schauen Sie, was dort passiert ist. Sie werden sehen, was es mit den islamischen Menschenrechten auf sich hat. Sie werden sehen, dass der Norden von Teheran nicht der Iran ist.« Er brachte mich zur Tür, gab mir die Namen einiger iranischer Kollegen, die den Fall penibel recherchiert hatten, und meinte mit feinem Sarkasmus: »Der Menschenrechtsdialog zwischen Europa und dem Iran ist ein Dialog zwischen Taubstummen.«

So kam es, dass ich mich einige Tage später in stockdunkler Nacht, ohne Ershad zu informieren, auf den Weg machte. Es schien mir auch richtig, den westlichen Korrespondenten, mit denen ich in Teheran in Kontakt stand, nichts von meiner nächtlichen Exkursion zu erzählen, denn über ihnen baumelte das Damoklesschwert des Entzugs ihrer Arbeitserlaubnis. Ich wollte nicht, dass sie von Ershad in Sippenhaft genommen werden.

Für jede Reise innerhalb des Irans, für jede Recherche, für jeden Gesprächspartner bedarf es eines Antrags bei Ershad. Dafür wurden drei halbprivate Medienfirmen etabliert, die sich um die Belange eines jeden ausländischen Journalisten kümmern. Was als Serviceleistung für Medienvertreter verkauft wird, ist hingegen nichts anders als der Versuch, die totale Kontrolle über alle westlichen Journalisten zu erlangen. Das Besondere daran: Die Arbeit eines jeden Journalisten, der ins Land kommt, wird nicht nur perfekt von Ershad dirigiert und kontrolliert. Er muss auch noch mit harten Devisen dafür bezahlen, dass Ershad dafür sorgt, dass ausschließlich von Ershad vorgefilterter und dirigierter Journalismus möglich ist. Alles ist kanalisiert. Alles ist unter Kontrolle.

Was nicht genehm ist, darf nicht recherchiert werden. Natürlich schlägt Ershad nie einen Wunsch ab. Im Gegenteil. Herr Schiravi, der freundliche Beamte, der bei Ershad mein Ansprechpartner ist, sagte mir nie, »das geht nicht«. Wir kannten uns seit Jahren und ich mochte ihn, denn er war ein Mann mit einem freundlichen Wesen. Er hatte ein junges Gesicht mit früh ergrauten Haaren und mit Augen, die, so schien es mir, immer traurig in die Welt schauten. Schiravi kam mir nie als ein Bürokrat und Paragrafenreiter vor, aber er konnte natürlich auch nicht über seine vorgesteckten Grenzen gehen. Er versicherte mir immer wieder, dass er sein Bestes täte, allen meinen Wünschen nachzukommen. Auch wenn der eine oder andere Wunsch schwierig, wenn nicht sogar heikel sei. Es bräuchte, so erklärte er dann immer, bedauerlicherweise nur etwas Zeit, um die damit verbundenen Schwierigkeiten aus dem Weg zu räumen. Aber dafür sei er ja schließlich da. Wir wussten beide, dass unsere Kooperation nichts anderes als Mickymausjournalismus zur Folge haben würde, und uns war beiden klar, dass es nie dazu kommen würde, jene schwierigen Wünsche zu realisieren. Er würde mich freundlichst von Tag zu Tag vertrösten und dann versichern, dass er sein Bestes täte und die Angelegenheit ganz sicher in spätestens ein oder zwei Tagen geklärt sei. Sie würde nie erledigt sein. Wir lächelten uns dann gegenseitig freundlich an. Ershad sah selbstverständlich die Notwendigkeit ein, dass ausländische Journalisten kritisch zu berichten hatten. Immerhin musste dem Leser zu Hause ein objektives und umfassendes Bild von den Zuständen im Iran geboten werden. Deshalb machte Ershad die Türen zu diversen halboffiziellen oder privaten Think Tanks, die es in Teheran gab, weit auf. Man konnte da durchaus kontroverse Diskussionen miterleben, wenngleich sie in einem unsichtbaren, aber genau abgesteckten Rahmen stattfanden. Potemkinsche Dörfer der journalistischen Art. Darüber hinaus bot Ershad jedem Reporter Treffen mit kritischen, gar oppositionellen Hilfsorganisationen und anderen Vereinigungen an sowie unzählige Pressekonferenzen, Treffen mit Politikern jeder Couleur, und bombardierte mich mit Angeboten, in Kontakt mit kritischen Menschenrechtsorganisationen zu treten. Nach der Logik von Ershad war das eine sinnvolle Maßnahme, denn bei so viel Programm hätten Journalisten kaum Zeit, unabhängig zu recherchieren, und gleichzeitig doch das Gefühl, ihrer Arbeit nachgehen zu können – ein wohl funktionierender Grauschleier der Scheininformation. Ich hatte Herrn Schiravi nie auf diese Probleme unserer Zusammenarbeit angesprochen. Es hätte nichts geändert und ihn nur unnötig in Verlegenheit gebracht. Aber immerhin, manchmal überraschte er mich damit, dass doch ein journalistisches Ansinnen wider alle Erwartungen ganz schnell genehmigt wurde. Meine Reise nach Neka verschwieg ich ihm und kontaktierte einen der Bekannten meines diplomatischen Freundes.

Cyrus holte mich abends vom Hotel ab, und so fuhren wir nach Neka. Auf der Fahrt erzählte er mir all die Irrungen und Wirrungen des Falles und warnte mich davor, dass nicht jeder der Gesprächspartner dort oben mich freundlich und geduldig empfangen würde, vor allem nicht die wenigen Freundinnen von Ateqeh Rajabi, die sie in ihrem kurzen Leben gehabt hatte und die zudem bereit wären, ausgerechnet mit einem westlichen Journalisten zu sprechen. Und so fand ich mich Stunden später in einem karg eingerichteten Wohnzimmer in Neka wieder und wurde von einem jungen Mädchen, sehr zur Verlegenheit ihres Vaters, als journalistischer Aasgeier beschimpft.

»Ihr seid wie die Vögel, die totes Fleisch fressen, an dem ihr euch mästet«, hatte sie geschrien. »Ihr gehört nicht hierher. Wir interessieren euch nicht wirklich. Geh nach Hause«, so hatte sie das in dieser Nacht in Neka gesagt. »Geh nach Hause, denn du hast hier nichts zu suchen. Du kommst nur her für deine Geschichte. Du kommst nicht her, um über mich zu schreiben. Du kommst nicht her, um über Ateqeh zu schreiben. Du kommst noch nicht einmal her, um irgendeine Ahnung zu haben, wie wir hier leben.«

Cyrus hatte den Kontakt zu ihr und ihrer Familie hergestellt, ebenso wie zu den anderen Leuten, solche aus den Teehäusern der Stadt, mit Männern und Frauen aus Neka. Er hatte darauf bestanden, dass ich meine Gesprächspartner niemals offen beschreiben dürfe. »Dir wird hier nicht sehr viel passieren, wenn Ershad oder sonst wer mitbekommt, was du treibst. Sie werden dir etwas Ärger machen, dich auf die schwarze Liste setzen und dich aus dem Land werfen«, hatte er lakonisch erklärt. »Die Leute in Neka müssen hier immer leben und müssen einen ganz anderen Preis dafür bezahlen, dass sie mit dir reden.«

Ich fragte ihn nicht danach, warum sie überhaupt mit mir sprechen wollten, zumal es den Leuten aus Neka nicht recht war, dass nach dem Tod von Ateqeh so viele Fremde in ihre Stadt gekommen waren, um sich über den Fall zu informieren. Aber das waren alles Leute aus den großen Städten des Landes gewesen, ich hingegen war ein Fremder aus dem Westen. Als ich jetzt der jungen Bekannten von Ateqeh Rajabi gegenübersaß, wartete ich ihren Ausbruch ab, fühlte mich mehr als nur unbehaglich, auch weil ich wusste, dass sie so Unrecht nicht hatte.

»Du und Leute deiner Art, ihr interessiert euch doch nicht wirklich für uns. Ihr kommt her und schaut nur zu. Wir sind wie Tiere für euch. Wie die im Zoo. Ihr kommt und schaut uns an. Wie wir hier leben. Und wie wir sterben. Ihr betrachtet uns, wie man sich Käfer anschaut. Wir sind aber keine Tiere im Zoo. Wir sind keine Käfer. Du kommst hierher und fragst mich, wie sie gestorben ist. Und warum. Und wie ich mich dabei gefühlt habe.« Ihr Vater hatte neben ihr gesessen und auf eine fast schüchterne Art und Weise versucht, auf sie einzuwirken, sie zurückzuhalten, es dann aber sehr schnell wieder aufgegeben. Sie hatte ihn angeschaut voller Wut und mit noch mehr Empörung im Blick. Und sich mir dann wieder zugewandt.

»Das willst du doch nicht wirklich wissen. Wie wir hier leben. Wie wir schwitzen. In diesem Käfig. Was wir uns wirklich wünschen unter diesem Käfig.« Sie deutete auf den schweren schwarzen Tschador, der an einem Bügel an der Wand hing. Sie hatte dagesessen, stolz und mit Wut. In Jeans gekleidet und mit einem T-Shirt, das so knapp bemessen war, dass es einen zum Wegschauen getrieben hat. Hier in diesem Land und in Neka sowieso. Aber dann erzählte sie mir die Geschichte der Ateqeh Rajabi, ihres kurzen Lebens und ihres Sterbens im Namen Allahs und im Namen der islamischen Gerechtigkeit.

Ateqehs Vater war arbeitslos und drogenabhängig gewesen. Früh war er aus ihrem Leben verschwunden, ihre Mutter starb, als Ateqeh noch ein kleines Kind war, und sie wuchs bei ihren über achtzig Jahre alten Großeltern auf. Auch wenn es in Teheran Leute gab, die sagten, dass Ateqeh Rajabi geistig behindert gewesen sei, stritten alle meine

Gesprächspartner in Neka dies heftig ab. »Ja. Sie war manchmal merkwürdig«, sagte der Vater ihrer Bekannten leise, »aber das hatte andere Gründe.« Was er damit meinte, erklärte mir Cyrus später. Ateqeh Rajabi war von Männern aus ihrer Familie mehrmals vergewaltigt worden. »Sexueller Missbrauch innerhalb der Familien ist kein öffentliches Thema in diesem Land«, meinte er, »auch wenn er Alltag ist. Mit wem willst du, mit wem kannst du als Mädchen darüber sprechen? Wo kannst du das? Willst du zur Polizei gehen? Es in der Schule melden? Vergiss es.« In weiten Teilen des Irans, vor allem in den ländlichen Gebieten, beschmutzen vergewaltigte Mädchen und Frauen den Ruf und die Ehre der Familie. Außerdem kann es passieren, dass sie bei der Polizei erneut das Opfer von Vergewaltigung werden.

Die Einzigen, mit denen Ateqeh Rajabi darüber sprechen konnte, waren die wenigen Freundinnen, die sie hatte. Einige von deren Eltern waren nicht gerade glücklich, dass ihre Töchter mit Ateqeh befreundet waren. »Sie hatte in der Stadt keinen guten Ruf«, sollte mir später in der Nacht ein Vater nochmals sehr verlegen sagen. »Wir hatten Angst, dass sie einen schlechten Einfluss ausübt, aber auch wenn es stimmen sollte, was der Richter ihr vorgeworfen hat – dafür hängt man niemanden.«

Als Ateqeh 15 Jahre alt war, war sie von der islamischen Justiz fünf Mal unter Anklage gestellt worden, Sex mit unverheirateten Männern gehabt zu haben. Jedes Mal wurde sie ins Gefängnis von Behshahr eingeliefert, vor Gericht zu je 100 Peitschenhieben verurteilt. Nach dem entsprechenden islamischen Strafrechtsparagraphen des Irans darf eine über Frauen verhängte Strafe nur von weiblichen Strafvollzugsbeamten vollzogen werden. Die Scharia schreibt zudem vor, dass der Person, welche die Strafe vollzieht, unter die Achsel des Armes, mit dem sie die Peitsche schwingt, ein Koran geklemmt wird. Der Sinn besteht weniger darin, die Schlagkraft zu mindern und dadurch weniger Schmerzen zu erzeugen, vielmehr soll der Delinquent gedemütigt werden. Bei Ateqeh wurde die Strafe fünf Mal durch Männer exekutiert, und sie schwangen das Kabel, mit dem sie auspeitschten, mit aller Macht, bis ihr das Blut vom Rücken spritzte. Dann vergewaltigten die Beamten der islamischen Sittenpolizei Ateqeh Rajabi. Ihre Freundin erzählte uns diese Geschichte in jener Nacht in Neka. »Sie war unschuldig, sie hat das, was man ihr vorgeworfen hat, nie getan«, sagte sie mit trauriger Stimme. »Sie haben sie ermordet.«

Als Ateqeh im Sommer 2004 am Abend im Stadtpark von Neka verhaftet wird, ist sie in Begleitung eines zehn Jahre älteren Mannes. Die Polizisten werfen ihnen vor, Händchen haltend durch den Park spazieren gegangen zu sein. Bei den Verhören gibt der Mann zu, in der Vergangenheit Sex mit Ateqeh gehabt zu haben. Die Aussage macht er nach der Zusage, dass man ihn freilassen würde. Der Fall kommt vor die Kammer des Richters Hadji Rajai. Ateqeh Rajabi wird jeder Zugang zu einem Anwalt verwehrt. In der Gerichtsverhandlung beschimpft Hadji Rajai das Mädchen in einem halbstündigen Sermon als »Hure, als Verderberin der Menschheit«, die noch weit schlimmer als eine Hure sei, deren Mutter ebenso eine Hure gewesen sei. Ateqeh, die von ihren Freundinnen als intelligent und liebenswürdig beschrieben wird, zerbricht, so scheint es, unter den wüsten Beschimpfungen des Richters, lässt in ihrer Hoffungslosigkeit alle Vorsicht fahren, wehrt sich und hält dagegen, dass nicht sie eine Hure sei, sondern vielmehr der Hadji Rajai ein Hurenbock. Dann geschieht Unerhörtes, nie Dagewesenes. Mit Tränen der Wut und der Angst reißt Ateqeh Rajabi sich den Tschador vom Leib, entblößt ihren Unterleib, deutet auf ihre Scham. »Komm her, du Hurenbock«, schreit sie dem Hadji Rajai ins Gesicht, »sieh selber nach, ob ich noch Jungfrau bin!« Sein Urteil lautet: Tod durch den Strang. Seine Urteilsbegründung: »Sie hatte eine scharfe Zunge.«

Der Gouverneur der Provinz belobigt den Richter Hadji

Rajai schriftlich für dessen Urteilsspruch. Die öffentliche Empörung in Neka ist groß, der Fall geht in die Revision zum Obersten Gerichtshof des Landes. Was anderen Ortes in Europa allemal Jahre braucht, entschied der Oberste Gerichtshof der Islamischen Republik binnen Wochen. Er bestätigt das Urteil – mit der Einschränkung, dass es erst vollzogen werden darf, wenn Ateqeh Rajabi 18 Jahre alt geworden ist. Diese Einschränkung treibt den Richter Hadji Rajai in hektische Betriebsamkeit. Immer wieder besucht er die greisen Großeltern des Mädchens, lockt und schmeichelt und droht, verspricht schließlich, dass das Urteil in einem Akt der Gnade nicht vollzogen würde, falls die Großeltern ihm bestätigen, dass Ateqeh Rajabi in Wahrheit schon 18 Jahre alt sei. Die geben schließlich aus Angst um das Leben ihrer Enkelin nach, der Hadji Rajai erwirkt umgehend die Zustimmung zum Vollzug des Urteils, und so kommt es, dass um 6 Uhr am Morgen des 15. August im Jahre 2004 christlicher Zeitrechnung Ateqeh Rajabi inmitten bärtiger Männer in Militäruniformen auf dem Todesgerüst unter einem Kran in der kleinen Stadt am Kaspischen Meer steht. Züchtig verhüllt, ganz so, wie es sich gehört und seine gute Ordnung hat.

Der Hadji Rajai hat es sich nicht nehmen lassen, ihr das Hanfseil eigenhändig um den Hals zu legen. Dann dauert es elf Minuten, bis das Zappeln der Beine der Ateqeh Rajabi endlich ein Ende hat.

Iran heute

Leben, lieben und sterben

Hossein Schariatmadari war ein ausgesprochen höflicher Mann. Mit weit ausgebreiteten Händen kam er auf mich zu – und ehe ich mich versah, hatte er mich umarmt, mich abwechselnd je zweimal auf die rechte wie die linke Wange geküsst und geleitete mich zu einem Sessel in seinem Empfangszimmer. Dort schenkte er mir Tee aus einer alten verbeulten Kanne ein. Der Tee schmeckte vorzüglich.

Wir hatten uns eine Woche zuvor im November 2004 eine halbe Stunde lang unterhalten, aber dann musste Hossein Schariatmadari ganz plötzlich aufbrechen. »Regierungsgeschäfte«, hatte er nur sehr kurz angebunden erklärt, mir seine Visitenkarte in die Hand gedrückt und mir im Wegeilen hingeworfen, dass wir uns wieder treffen könnten. Ich war etwas verwundert, denn ich wusste zwar, dass Herr Schariatmadari ein durchaus mächtiger Mann war, allerdings fragte ich mich, mit welchen Regierungsgeschäften der Chefredakteur einer Teheraner Zeitung wohl beschäftigt sein könnte. Herr Schariatmadari forderte mich dann noch auf, ihn anzurufen, um einen neuen Termin zu vereinbaren, und als ich ihn fragte, ob ich ein neues Treffen über Ershad ausmachen solle, lachte er kurz auf und meinte, dass das nicht nötig sei. Auf seiner Visitenkarte stand unübersehbar, dass er der Chefredakteur und Herausgeber von *Keyhan* sei. Daneben prangte ein weiterer Titel:»Persönlicher Repräsentant des Obersten Geistlichen Führers«, Ali Chamenei.

Keyhan ist das mediale Sprachrohr der islamistischen Hardliner des Regimes und die *Keyhan*-Gruppe die mächtigste Medienmacht im Gottesstaat. »Eine mediale Mafia der Mullahs«, so hatte ein befreundeter iranischer Journalist gesagt und behauptet, dass *Keyhan* nicht nur publizistisch mit mafiösen Methoden arbeiten würde. »Sie erstellen Listen mit den Namen reformerischer Zeitungen«, hatte er geklagt und dann erzählt, dass es in der Vergangenheit vorgekommen sei, dass der eine oder andere, dessen Name veröffentlicht worden war, nächtens überfallen und andere gar getötet worden seien.« Wer von Keyhan und Schariatmadari aufs Korn genommen wird, muss um sein Leben fürchten«, erklärte der Journalist. Nach den Parlamentswahlen im Januar 2004, bei denen die konservativen Strömungen des Landes einen überwältigenden Wahlsieg eingefahren hatten, waren in *Keyhan* wie in anderen islamistischen Zeitungen immer wieder Artikel, Editorials und Analysen erschienen, die für eine Militarisierung und radikale Islamisierung des gesellschaftlichen Lebens des Landes eintraten.

Tatsächlich hatte *Keyhan* in den Wochen zuvor eine Liste mit den Namen von sechs iranischen Internetjournalisten publiziert. Alle sechs hatten in der Vergangenheit aus ihrer Kritik an den Verhältnissen im Iran kein Hehl gemacht. In Begleitartikeln wurden die sechs beschuldigt, auf der Gehaltsliste fremder, feindlicher Mächte zu stehen. Details über die Auslandskontakte der betroffenen Redakteure wurden präsentiert, die in all ihren Einzelheiten nur den Schluss zuließen, dass die Verfasser der Artikel ganz offensichtlich von einem der iranischen Geheimdienste genauestens informiert worden waren. An diese Sache musste ich denken, als Herr Schariatmadari mich nun beim zweiten Treffen so überschwänglich empfangen und geküsst hatte. Mir war auch präsent, dass Herr Schariatmadari in der Vergangenheit jahrelang als hochrangiger Offizier der Revolutionären Garden und als leitender Mitarbeiter von deren Geheimdienst Karriere gemacht hatte. Herr Schariatmadari – das hatte mir einer, der einen dreijährigen Aufenthalt im Evin-Gefängnis, dem berüchtigtsten Folterkerker der Mullahs, überlebt hatte, erzählt – hatte jahrelang als Vernehmungsbeamter Verhöre von tatsächlichen oder auch nur vermeintlichen Oppositionellen geleitet. »Schariatmadari war einer der gefürchtetsten Folterer dort. Ich weiß, wovon ich rede, ich bin von ihm gefoltert worden«, hatte mir mein Informant erzählt und sich dann in seiner Wohnung bis auf die Unterhose entblößt. Sein Rücken, sein Bauch, seine Beine waren eine einzige von Narben und Brandmalen übersäte Kraterlandschaft. Das fiel mir unwillkürlich wieder ein, als mich der freundliche Herr Schariatmadari abküsste und in charmanter Tonlage zu plaudern begann. Obwohl Kollegen gezweifelt hatten, dass es zu einem zweiten Treffen kommen würde, hatte ich ihn angerufen, und er hatte mir sogleich für den nächsten Tag ein Treffen angeboten.

Herr Schariatmadari hatte sich ganz offensichtlich im Internet über Artikel, die ich in der Vergangenheit in Deutschland veröffentlicht hatte, sachkundig machen lassen, denn er begann sogleich damit, sich über die freiheitlichen Bedingungen auszulassen, unter denen die Menschen seines Landes lebten. »Wir haben hier im Iran einen Prozess der wahren, der islamischen Demokratie begonnen«, hob er an. »Die Menschen des Irans genießen Freiheit und Freizügigkeit im Innern und nach außen. Sie können ins Ausland reisen und sie können jederzeit von Ausländern besucht werden. Wir lassen sogar Journalisten unser Land bereisen, die uns feindselig gesonnen sind. Nehmen Sie sich selbst. Sie dürfen hier in unserer islamischen Demokratie frei reisen und frei arbeiten – und das, obwohl Sie nicht gerade ein Freund der Islamischen Republik und des Islams sind.« Mir war bei seinen Worten etwas unbehaglich geworden, ich bemühte mich jedoch, ihn weiter anzulächeln, während er ausführte, dass meine Artikel der Vergangenheit hetzerisch und verleumderisch gewesen seien. »Ich werfe ihnen das nicht vor«, sagte Herr Schariatmadari im

67

freundlichsten Ton, »ich stelle das nur fest. Sie betreiben keinen Journalismus. Sie betreiben übelste Propaganda gegen den Islam, gegen den Freiheitskampf unserer palästinensischen Brüder, und dennoch gestatten wir Ihnen, hier zu arbeiten. Das nenne ich tatsächliche Demokratie und Pressefreiheit«, meinte er auftrumpfend.

Dann rühmte er die Klugheit des iranischen Volkes, das »die dunkle Zeit der so genannten Reformer acht Jahre lang erdulden musste. Aber das iranische Volk hat bei den letzten Parlamentswahlen in diesem Jahr den Feinden des Staates und allen Verrätern an unserer Revolution die gebührende Antwort gegeben. Jetzt liegt es an uns, dass wir die Revolution des verstorbenen Imam Chomeini vollenden und den idealen islamischen Staat errichten.« Schariatmadari geiferte nicht. Er dozierte sachlich, und mir schien, dass er Wort für Wort all das glaubte, was er sagte.

Tatsächlich hatte der Wächterrat vor den Parlamentswahlen im Januar 2004 mehr als 2400 reformorientierte Kandidaten, unter ihnen 80 amtierende Parlamentsabgeordnete, von der Wahl ausgeschlossen. 130 reformorientierte Parlamentarier legten aus Protest dagegen zunächst ihr Mandat nieder. Der Bruder des damals noch amtierenden Staatspräsidenten Mohammed Chatami, der stellvertretende Parlamentschef und Reformpolitiker Mohammed Reza Chatami, beantwortete die Frage eines Reporters der spanischen Zeitung El País, ob es nach 25 Jahren Islamischer Republik nicht an der Zeit sei, eine säkulare Regierung ohne jede Beteiligung der religiösen Kräfte und Mullahs im Land zu bilden, mit »Ja«. Reza Chatami nannte die Wahl eine »Farce ohne Freiheit, ungerecht und illegal«. Der Sieg der Konservativen war somit vorprogrammiert. Die Reformer hatten in einem verzweifelten Aufruf die Wähler zum Wahlboykott aufgerufen, allerdings ohne Erfolg. Sie hatten ihren eigenen Parolen geglaubt, wonach eine Wahlbeteiligung von um die 30 Prozent eine schallende Ohrfeige für die Hardliner des Regimes sei und ein

Sieg für die Reformkräfte. Aber sogar in Teheran war die Wahlbeteiligung überraschend hoch. 50,6 Prozent der Iraner eilten trotz des Boykottaufrufs an die Wahlurnen.

Nach acht Jahren der Präsidentschaft von Mohammed Chatami und nachdem die Reformer in der *Madjlis*, dem iranischen Parlament, vier Jahre lang eine erdrückende Mehrheit innegehabt hatten, war die Frustration der iranischen Wähler zu groß geworden. Die überbordenden Erwartungen der Iraner an den moderat daherkommenden Chatami waren zerstoben. Spätestens seit Chatami, im europäischen Westen als fast liberale Ikone wahrgenommen, demonstrierende Studenten als »Aufrührer und Hooligans« beschimpft hatte, begann der Ernüchterungsprozess in der iranischen Gesellschaft, auch wenn die Reformer bei der Parlamentswahl 2000 eine deutliche Mehrheit im Parlament gewannen. Reformpolitik im Iran bedeutete kosmetische Politik, und auch die war zum Scheitern verurteilt. 90 Prozent aller Gesetzesinitiativen des von Reformern dominierten Parlaments kassierte der radikal-islamistische Wächterrat ein.

Schon nach Chatamis fulminantem erstem Wahlsieg bei der Wahl zum Staatspräsidenten im Jahr 1997 hatten die Menschen im Iran sehr schnell feststellen müssen, dass seine zaghaften Versuche, die Islamische Republik von innen her zu reformieren und mehr individuelle Freiheiten zu garantieren, am Widerstand der drei Machtsäulen der radikalen Eliten scheiterte. Die Justiz des Landes war fest in der Hand der Hardliner, der konservativ dominierte Wächterrat kassierte fast jedes Reformvorhaben, und die Revolutionären Garden sowie deren Geheimdienste stellten einen Staat im Staate dar, der jedes Abweichen von den Prinzipien der islamischen Verfassung verhinderte. Dennoch gaben die iranischen Wähler Chatami bei den Wahlen 2002 eine zweite Chance, aber Chatami scheiterte an der Wirklichkeit im Land – und an sich selbst. Das System der *Velayat-e-Faqih*, der »Herrschaft des Rechtsgelehrten«, konnte und wollte der Kleriker nicht einmal in Frage stellen, geschweige denn radikal verändern. Die begeisterte Zustimmung für den sanften, charismatischen Chatami schlug um in Frustration, gar Wut. Chatami, der es gewohnt war, dass die Menschen ihn liebten, musste bei seinen immer seltener werdenden Besuchen in der Teheraner Universität erleben, dass die, die ihm einst zugejubelt hatten, ihn nun ausbuhten, gar als Verräter beschimpften. Dass die Stimmung in der Bevölkerung kippte, zeigte im Jahr 2003 die Bürgermeisterwahl in Teheran. Der amtierende Bürgermeister, ein eher reformorientierter Politiker, wurde von den Hardlinern des Regimes der Korruption beschuldigt und abgesetzt. *Keyhan* machte sich bei dieser Kampagne zum Sprachrohr der Radikalen. Bei der Wahl trat ein bislang vollkommen unbekannter Mann auf, präsentierte sich als Kandidat der verarmten Massen, versprach Korruption zu bekämpfen und schwor selbst Hand anzulegen, »auch wenn ich eigenhändig die Straßen Teherans fegen muss«. Der Name des Mannes: Mahmud Ahmadinejad. Sein Wahlsieg war überzeugend, und sogar eingefleischte Gegner des Regimes sprachen nicht von Wahlbetrug.

Herr Schariatmadari rühmte in charmanter Gelassenheit die Weisheit der iranischen Wählerschaft und wischte jeden Einwand beiseite. Dass die Reformer im Iran letztendlich am Widerstand seiner politischen Freunde gescheitert waren und dass der Wächterrat die Freiheit jedes einzelnen Wählers beschnitten hatte, ließ er nicht gelten: »Die Freiheit des Individuums findet dort ihre Grenzen, wo die Gesetze der Scharia berührt werden«, wurde er nicht müde zu betonen. »Ich sage Ihnen nicht, wie Sie zu leben haben, also sagen Sie mir nicht, wie ich zu leben habe«, wies er mich in fast väterlichem Ton zurecht. Dann kam er darauf zu sprechen, was seit über einem Jahr die Gemüter im Iran bewegte und sich langsam, aber sicher zu einer internationalen Krise auszuweiten begann: den Streit um das iranische Atomprogramm. »Israel hat sich das Recht genommen, die Atombombe zu bauen, Pakistan ist Nuklearmacht, in Afghanistan stehen amerikanische Truppen, der Irak ist von den USA besetzt, Amerika hat rund um den Iran herum unzählige militärische Stützpunkte eingerichtet. Können Sie mir sagen, warum der Iran sich nicht bedroht fühlen soll? Können Sie mir sagen, warum wir uns nicht dagegen zur Wehr setzen sollen? Nordkorea hat die Atombombe, aber niemand in Washington spricht davon, Nordkorea anzugreifen.« Er ließ den Satz in der Luft hängen, lehnte sich zurück, grinste sardonisch und wartete auf die unvermeidliche Frage, die nun natürlich kommen musste. »Also dient das iranische Nuklearprogramm nicht einzig friedlichen Zwecken, wie Sie und ihre politischen Freunde immer behaupten.« Schariatmadari nahm einen Schluck Tee, ließ sich viel Zeit und antwortete doppeldeutig: »Es dient natürlich dem Frieden, hilft uns bei der Entwicklung des Landes, und wenn Sie es so sehen wollen, dann kann es uns eines Tages tatsächlich dabei helfen, den Frieden zu sichern und zu garantieren.«

»Wäre der Iran eine Nuklearmacht, dann kann ich es mir nicht vorstellen, dass irgendjemand in Washington auch nur ansatzweise daran denkt, den Iran anzugreifen.« Er lachte schallend auf: »Das haben Sie gesagt, nicht ich. Aber vielleicht haben Sie ja recht.« Für ihn war das iranische Atomprogramm eine Frage der nationalen Ehre und Würde. Zudem, so argumentierte er, hätte der Iran völkerrechtlich jedes Recht, den atomaren Kreislauf zu entwickeln und fertigzustellen. »Solange unser Programm friedlichen Zwecken dient, gesteht uns das Völkerrecht genau dies zu«, meinte er genüsslich.

Natürlich hatte Herr Schariatmadari Recht mit seiner Aussage, und das wussten auch alle Iraner. Was den Streit um das iranische Atomprogramm betraf, stand, so schien es mir, die Mehrheit der Iraner an der Seite ihrer Regierung – egal, ob sie sich der radikalen Richtung zugehörig fühlten oder ob sie in Opposition zum Regime standen. Jeder erzählte mir in diesen Tagen und Wochen im Iran, dass die Iraner nun einmal ein Volk seien, dem die nationale Ehre und Würde sehr viel bedeutete. »Wenn der Iran den Atomwaffensperrvertrag unterzeichnet hat, dann steht ihm nicht nur die friedliche Nutzung der Atomenergie zu, viel mehr noch: Die internationale Gemeinschaft ist verpflichtet, dem Iran bei der Fertigstellung des nuklearen Brennstoffkreislaufes zu helfen«, legte Schariatmadari nach. Dies gelte finanziell und technisch, wie mir am Tag zuvor ein Universitätsdozent in Teheran erklärt hatte und dabei wusste, dass das, was er da sagte, völkerrechtlich gesehen selbstverständlich stimmte. Tag für Tag waren die iranischen Zeitungen voll von Berichten, Kommentaren und Leserbriefen, die alle nur eines aussagten: Der Iran hat das unbedingte Recht, die Atomenergie friedlich zu nutzen. Niemand hatte sonderlich viel Verständnis für die Ängste des Westens, dass eines schönen Tages aus dieser friedlichen Nutzung eine militärische werden könne. Im Gegenteil: Immer wieder war das eine Argument zu hören, von Anhängern des Regimes wie auch von Gegnern: »Wenn Israel sich das Recht genommen hat, eine Atommacht zu werden, wo ist dann das Problem, wenn der Iran dasselbe macht?«, hatte der Universitätsdozent gefragt. »Die Mullahs sind zwar verrückt. Aber so verrückt sind sie nun auch wieder nicht, eine Atombombe auf Israel zu werfen. Die Mullahs predigen zwar dem iranischen Volk den Tod und das Martyrium im Namen Gottes, aber so verrückt, selbst zum Märtyrer bei einem israelischen atomaren Gegenschlag zu werden, ist niemand aus der Riege dieser Schmarotzer«, hatte er gelassen festgestellt und seinen Whiskey genossen.

Ich hatte auch Herrn Schariatmadari auf dieses Thema angesprochen, aber er wiegelte freundlich ab. »Lassen Sie es gut sein«, meinte er altväterlich. »Ich weiß, dass Sie es immer wieder versuchen wollen. Aber Sie bekommen von mir nicht, was Sie hören wollen.« Während unserer kleinen Konversation tauchten immer wieder Redakteure seiner Zeitung auf, legten ihm ihre Manuskripte auf den Tisch, und während wir uns unterhielten, redigierte er schnell und sicher deren Artikel, machte hier Anmerkungen, übte dort Kritik. Dann kam er auf den Irak und die Verbrechen der Amerikaner zu sprechen. So nannte er die Besatzung des Iraks. »Das ist ein Verbrechen, viel schlimmer als das, was Ihr Adolf Hitler angeblich alles getan haben soll. Das, was die USA im Irak machen, ist Massenmord an Muslimen, und im Gegensatz zu dem, was Ihr Herr Hitler alles getan haben soll, sind alle Verbrechen der Amerikaner, der Briten wie der Italiener beweisbar. Und die Deutschen beteiligen sich an diesem Massenmord.« Auf meine erstaunte Nachfrage und die Bemerkung, dass zumindest die Deutschen wie ihre Regierung sich massiv gegen den Irakkrieg gewandt hatten, schnaufte er nur und zählte all die kleinen und großen Unterstützungsleistungen auf, die Deutschland angeblich für die Durchsetzung und Fortführung des Krieges im Irak geleistet hätte. Von Überflugrechten, direkter wie indirekter finanzieller Unterstützung des Krieges bis hin zur Ausbildung irakischer Polizisten (er nannte sie Kollaborateure) – die Liste seiner Vorwürfe gegen Deutschland war lang. »Wie wird Ihre Regierung, wie wird Ali Chamenei darauf reagieren?«, fragte ich ihn. Er schnaufte verächtlich auf. »Wir werden zu gegebener Zeit unseren blutenden muslimischen Brüdern im Irak zu helfen wissen«, meinte Herr Schariatmadari und zitierte den geistlichen Führer Chamenei, dessen außenpolitischer Berater er war: »Die Gläubigen des Islams und das irakische Volk werden sicherlich auf die Verbrechen der USA eine entsprechende Antwort geben«, hatte der eigentliche Machthaber im Land in den letzten Monaten immer wieder gesagt. Herr Schariatmadari lag viel daran, klarzustellen, dass es irgendwann nicht mehr nur bei diesen Worten bleiben würde.

»Alle Verantwortlichen des Staates sowie die Massen der

muslimischen Gläubigen im Iran müssen sich darauf vorbereiten, eine gebührende Antwort auf die Verbrechen der USA und deren Unterstützer und Verbündete vorzubereiten. Unschuldige Kinder und schutzlose Männer und Frauen sind in Nadjaf, Saereh, Nasriyeh dem Vandalismus, dem Massenmord amerikanischer, britischer, italienischer Militärs ausgesetzt. Deshalb ist es logisch, wenn die Angehörigen dieser Vandalen und Mörder in ihren eigenen Ländern, in ihren eigenen Häusern bestraft werden. Die Angehörigen dieser Mörder müssen in ihrer Heimat den bitteren Geschmack dessen schmecken, was die irakische Bevölkerung in ihren Häusern im Irak Tag für Tag erleben muss. Dasselbe müssen sie bei sich zu Hause, in den USA, in England, in Italien zu spüren bekommen.« Er sagte dies in ruhigem Ton und sehr gelassen. »Sind wir etwa nicht in der Lage, in eurem sicheren Zuhause, dort, wo ihr lebt, euch die Sicherheit wegzunehmen?«, fragte er dann und gab die Antwort sogleich selbst. »Gehen Sie davon aus, wir sind es. Wann immer wir wollen, wo immer wir wollen.«

Herr Schariatmadari gab unumwunden zu, dass er mehr als nur erfreut war, dass der Erzfeind der Islamischen Republik, Saddam Hussein, nicht mehr an der Macht war. Und er hatte kein Problem damit, offen einzugestehen, dass in den Monaten vor dem Krieg die Situation im Iran mehr als nur angespannt gewesen war. Die radikalen Machthaber im Land waren mehr als nur beunruhigt über die Aussicht, dass ein Krieg und damit der sichere Sturz Saddam Husseins direkte Auswirkungen auf die Machtverhältnisse innerhalb des Irans hätte. In unzähligen iranischen Internetblogs wurde darüber spekuliert, ob durch den Krieg nicht auch die Macht innerhalb der Islamischen Republik kollabieren könne. Eine zumindest theoretisch mögliche Demokratisierung des Iraks könnte, so schrieben es junge Blogger auf ihren Seiten, der Demokratiebewegung im Iran Auftrieb geben und die Macht der Mullahs schwinden lassen. Herr Schariatmadari sagte ganz offen, dass viele junge

Iraner am Vorabend des Krieges so dachten und hofften. »Träumer und Verrückte, Feinde des Volkes«, meinte er, und zum ersten Mal war nun in seiner Stimme so etwas wie Verachtung zu hören. »Die letzten eineinhalb Jahre haben diesen Heuchlern, diesen Agenten der USA gezeigt, dass sie keine Chance hatten. Die Zukunft wird ihnen zeigen, wie chancenlos sie sein werden in ihrem satanischen Krieg gegen die Gesetze Allahs und die Islamische Republik Iran. Wir werden sie züchtigen und wir werden sie bestrafen, wie es ihnen gebührt«, meinte er. Schariatmadari war ein Folterer gewesen, einer, der die Macht über Leben und Tod skrupellos ausgeübt hatte, einer, der dies immer wieder tun würde. Er hatte kein Problem damit gehabt, unschuldigen Menschen in Amerika, in Europa und auch in Deutschland Tod und Terror anzukündigen, und mir war klar, dass er all dies Wort für Wort so gemeint hatte, wie er es formuliert hatte. Ich hatte mir überlegt, ob ich ihn nach seiner Tätigkeit als Folterer fragen sollte, es zunächst bleiben lassen und mich dann doch dazu entschieden. Aber Herr Schariatmadari hatte sich entspannt zurückgelehnt und mich mit sehr, sehr kalten Augen angestarrt, sehr lange.

»Was wissen Sie denn schon, was Folter ist?«, hatte er gefragt und ansatzlos weiterdoziert: Über die Wahlen zum Staatspräsidenten, die 2005 stattfinden sollten, und darüber, wer von den Kandidaten, die in diesen Tagen öffentlich gehandelt wurden, die meisten Aussichten auf einen Sieg hätte. Es war klar, dass der Wächterrat von seinem Recht Gebrauch machen würde, allzu reformbegeisterte Kandidaten von der Wahlliste zu streichen. Das Reformerlager würde keinen Kandidaten zur Wahl aufstellen können, der Aussichten auf den Sieg hätte. Noch hatte sich keiner der möglichen Kandidaten der Konservativen klar dazu geäußert, ob er zur Wahl antreten wolle. Die meisten Chancen wurden allerdings in allen Lagern dem früheren Staatspräsidenten Ali Hashemi Rafsandjani eingeräumt. Rafsandjani war ein treuer Wegbegleiter des Revolutionsführers gewesen, hatte innerhalb der Mullahkratie rasch Karriere gemacht und skrupellos jeden Gegner der schiitischen Theokratie aus dem Weg räumen lassen. Nach der Revolution hatte er es innerhalb einiger weniger Jahre geschafft, ein Milliardenvermögen anzuhäufen, und so glaubensfest er sich auch gab, so wenig schien es ihn zu stören, dass seine Kinder bei ihren Reisen ins westliche Ausland es recht angenehm fanden, das dortige Dolce vita in vollen Zügen zu genießen. Dem Westen galt Rafsandjani als Pragmatiker, mit dem man immerhin trotz all des Blutes, das an seinen Fingern klebte, auf dem politischen Parkett vernünftig verhandeln konnte.

Herr Schariatmadari hatte nur die Schultern gezuckt. »Herr Rafsandjani ist ein Mann, der nur bei der Wahl antritt, von der er vorher weiß, dass er sie auch ganz bestimmt gewinnen wird«, meinte er. »Aber falls Herr Rafsandjani glaubt, bei der Wahl zum Staatspräsidenten antreten zu wollen, dann kann es sein, dass er sich zum ersten Mal in seinem Leben irrt.« Ein Jahr später, als scheinbar aus heiterem Himmel der vollkommen unbekannte Mahmud Ahmadinejad die Wahl gegen Rafsandjani mit deutlichem Vorsprung gewann, sollte ich mich an diese Aussage von Herrn Schariatmadari erinnern und mich fragen, ob, und wenn ja, welche Rolle er selbst im Vorfeld gespielt hatte.

Ahmadinejad war von dem Kreis der radikalen Islamisten um den Obersten Geistlichen Führer Ali Chamenei und mit dessen voller Billigung ins Rennen um das Amt des Staatspräsidenten geschickt worden. Die Revolutionären Garden des Irans, die Prätorianergarde der radikalen Kleriker, gegen die in der Islamischen Republik keine Veränderung durchzusetzen ist, die Organisation der Basiji, eine neun Millionen Mitglieder zählende Organisation, die im ganzen Land ihre Zellen hat und deren Komitees neben vielen anderen Funktionen die strikte Einhaltung der islamischen Sitten und Moralgesetze überwacht, standen hinter Ahmadinejads Kandidatur. Herr Schariatmadari war in beiden Organisationen eine der einflussreichsten Personen.

Aber in jenem Herbst 2004 meiner Reise spielte Ahmadinejad im öffentlichen Geschacher um das mögliche Kandidatenkarussell noch keine Rolle. Er amtierte als Teheraner Oberbürgermeister, fegte tatsächlich wie versprochen hin und wieder eigenhändig die Straßen der Metropole, fuhr Tag für Tag in seinem alten verrosteten Auto zu seinem Amtssitz, und auch die schärfsten Kritiker der konservativen Machteliten mussten zugeben, dass er alles in allem seinen Job recht gut machte.

Auf dem Heimweg von meinem Gespräch mit Schariatmadari chauffierte mich der Taxifahrer am Amtssitz des Staatspräsidenten Mohammed Chatami vorbei. Der war in diesen Tagen im Oktober 2004 endgültig als Gefangener der enttäuschten Erwartungen seiner Anhänger erstarrt. Chatami hatte erleben müssen, dass in den Tagen zuvor einer der treuesten seiner Eleven, der Vizepräsident Mohammed Ali Abtahi, endgültig resigniert das Handtuch geworfen hatte und aus seinem Amt geflohen war. Abtahi hatte bis zum Schluss an die tatsächliche Reformierbarkeit der Theokratie geglaubt und in seinen Reformbemühungen viel weiter gedacht als Chatami. Angesichts des Grabenkrieges, in den ihn die Hardliner aus dem Umfeld der wahren Machthaber des Gottesstaates gezwungen hatten, hatte er sich eingestehen müssen, dass sein Projekt gescheitert war: sein Traum von einer islamischen Demokratie. Abtahi war all die Jahre ein enger Freund und politischer Weggefährte von Staatspräsident Chatami gewesen – auch wenn er an dessen Zaghaftigkeit verzweifelt war. Abtahi hatte an das System geglaubt. Aber dann hatten die ersten Zweifel an ihm genagt, auch wenn er es so brutal nie offen aussprach: Ihm war natürlich klar, dass das System der *Velayat-e-Faqih* und Demokratie niemals zusammenpassen würden.

Am Abend nach seiner Demission hatte mich Abtahi im Arbeitszimmer seines »Zentrums für interreligiösen Dialog« empfangen. Nicht im würdevollen Ornat seines Standes, mit Turban und dem langen Gewand des schiitischen Geistlichen, sondern barfüßig und im Trainingsanzug, über dessen Hosenbund sein mächtiger Bauch herausquoll. Abtahi war müde, in seinem runden pausbäckigen Gesicht, aus dem sonst immer die Augen so listig schauten, hingen die Wangen nun schlaff herunter. Die zermürbenden Kämpfe um Macht und Reform hatten ihre Schatten hinterlassen. »Wir haben verloren und es wird Jahre dauern, bevor wir wieder eine Chance haben werden. Mein Land geht einer langen dunklen Nacht entgegen. Die Völker des Irans werden einen schmerzhaften Preis für unsere Niederlage bezahlen. Und nicht nur die.« Ich hatte ihn verständnislos gefragt, was er genau damit ausdrücken wolle. »Es gibt in diesem Land zwei Probleme, die eine rote Linie darstellen, die man bei seiner Kritik nie überschreiten darf: Das eine ist die Stellung des Obersten Geistlichen Führers – und das andere ist das nationale nukleare Projekt. Gäbe es in unserem Land eine tatsächliche islamische Demokratie, hätten der Staatspräsident und das vom Volk gewählte Parlament die Macht, dann könnte in unserem Streit mit Europa und dem Westen durchaus eine für beide Seiten befriedigende Lösung gefunden werden. Auf einem ausschließlich politischen Weg. So aber gehen wir alle – wir hier im Iran, aber auch der Westen – zwangsläufig und sehenden Auges in eine Eskalation des Streites um das Atomprogramm.«

»Heißt das, Sie befürchten eine mögliche militärische Eskalation?« Abtahi antwortete schwer atmend und mit tiefer Resignation in der Stimme: »Wir haben in diesem Land sehr, sehr mächtige rechtsextremistische Gruppen, die den Iran in eine faschistische Religionsdiktatur umwandeln wollen. Möge Allah uns, aber vor allem auch Ihnen im Westen gnädig sein, wenn diese Leute die Macht zurückerobern. Diese Leute fordern schon lange, dass wir sehr eng mit den sunnitischen Terrororganisationen, seien es Al Qaida oder andere, zusammenarbeiten. Sie werden dann die nukleare Trumpfkarte genauso spielen wie die des globalen Terrors. Gegen den gemeinsamen Feind, gegen den Westen und im Westen. Wenn irgendwer, die USA oder auch Israel, irgendwann mit Luftschlägen gegen unsere nuklearen Anlagen vorgeht, dann werden diese Rechtsextremisten genau das machen. Sie werden eng mit Al Qaida kooperieren. Sie sind dazu in der Lage und sie haben genau die Mittel, von denen Al Qaida und andere heute nur träumen können.« Abtahi kannte sich im Labyrinth der islamistischen Strömungen und Gruppierungen bestens aus, und nun hatte er endgültig aufgegeben. Zum Schluss unseres Gesprächs gab er mir einen Namen mit auf den Weg. Mahmud Ahmadinejad. Ich glaubte ihm kein Wort. Ich sollte lange nichts mehr von ihm hören, bis ich am Tag der Wahl Ahmadinejads zum Präsidenten spät in der Nacht eine Mail von Abtahi bekam: »Ich habe verzweifelt gekämpft. Wir alle sind vernichtend geschlagen worden.«

Herrn Schariatmadaris Drohungen und Herrn Abtahis Resignation gingen mir nicht mehr aus dem Sinn, als ich im Laleh-Hotel ankam, wo ich abgestiegen war. In der Lobby saßen an diesem Donnerstagabend im Herbst 2004 gelangweilt wirkende Frauen, schlürften ihren Tee und nahmen eher amüsiert die Blicke einiger westlicher Reisender zur Kenntnis. Diese waren offenkundig verblüfft ob der Tatsache, dass kaum eine der Frauen tief verschleiert, gar krähengleich geduckt und in sich zusammengesunken, demütig den ihr gebührenden Platz einnahm, den die islamische Verfassung des Landes und die Scharia ihnen unumwunden zuweisen. In der Vorhalle des Fünf-Sterne-Hotels präsentierten sich an diesem Tag, wie schon seit Jahren auch, Frauen jeden Alters. Stolz und selbstbewusst machten sie ihre Scherze über manche finstere Blicke, die ihnen von offensichtlichen Anhängern der Mullahs zugeworfen wurden. Ich lümmelte mich in einen tiefen Sessel und fragte mich, wie lange den Frauen diese relative Freiheit noch zugestanden werden würde, wenn Herr Abtahi Recht behielte und Herrn Schariatmadaris Freunde wieder für islamisches Recht und islamische Ordnung sorgen würden.

Sanfte Klaviermusik tönte aus Lautsprechern, Richard Clayderman gab Beethovens »Für Elise«, und der verstorbene Imam Ruhollah Chomeini würde sich im Grabe umgedreht haben, hätte er gesehen, wie einer der Rezeptionisten am Empfang so gar nicht leise und erst recht nicht verschwörerisch einen französischen Gast mittleren Alters darauf hinwies, dass seine Vergnügungen der kommenden Nacht sich wahrlich nicht auf den Konsum religiöser Erbauungssendungen zu beschränken brauchten, die der hoteleigene Medienservice zu bieten hatte. An der Rezeption des Laleh-Hotels, wie auch in anderen Fünf-Sterne-Häusern der iranischen Hauptstadt, konnte es allein reisenden Geschäftsmännern aus westlichen Ländern des Öfteren widerfahren, dass freundliche Hotelangestellte sie auf die Dienste gewisser Damen hinwiesen, deren Vorzüge priesen und sich sogleich anboten, die notwendigen Geschäftsverhandlungen die kommende Nacht betreffend in die Wege zu leiten – gegen einen kleinen Obolus natürlich. Wer die dann sofort nachgeschobene Versicherung ernst nahm, wonach dieser Geschäftsabschluss ohne jedes Risiko sei, lief allerdings Gefahr, sich unter Umständen für die nächsten Jahre die ständige konsularische Betreuung durch die Diplomaten seiner Botschaft zuzuziehen. Natürlich war Prostitution in der Islamischen Republik strengstens verboten. Den Frauen dieses Berufsstandes drohte die Todesstrafe, bestenfalls wurden sie zu 100 Peitschenhieben verurteilt. Dennoch gab es Prostitution, und seit sich Aids in den Provinzen wie in den Städten des Gottesstaates rasant ausbreitete, wurde das Thema auch öffentlich diskutiert.

Zu Zeiten des Schahs Reza Pahlevi hatte es allein im Teheraner Stadtteil Shahreh-Now Hunderte von Bordellen gegeben, in denen die Frauen ganz legal ihrer Arbeit nachgehen konnten. Nun gab es stattdessen Einrichtungen, die schamhaft »Anstandshäuser« genannt wurden. Die noch von Reformern dominierte Regierung hatte die auch »Wohltätigkeitshäuser« genannten Institutionen angeregt – und zwar aus der zwingenden Notwendigkeit heraus, dass für immer mehr junge Mädchen und Frauen Prostitution der einzige Weg war, sich den Lebensunterhalt zu verdienen. Mindestens 400 000 Frauen gehen heute auf den Straßen des Landes diesem Geschäft nach. Es muss den herrschenden Sittenwächtern des Gottesstaates ein wahrhaftiger Gräuel gewesen sein, als sie ausgerechnet im Bezirk des heiligen Pilgerzentrums in Meshed unweit der afghanischen Grenze ein Bordell ausfindig machten. Bei meinem Besuch im Februar 2003 hatte ich mir das Gebiet um das Chomeini-Mausoleum in Teheran angeschaut, wo es damals einen »Straßenstrich« gab. Die Armut hatte viele Frauen, unter ihnen Witwen aus dem ersten Golfkrieg, dort hingetrieben. Deren Zuhälter knatterten auf Mopeds um das Mausoleum herum und hielten nach Freiern Ausschau. Wurden Freier und Zuhälter handelseinig, dann wurden die tief verschleierten Frauen an einen vereinbarten Platz gebracht. Damit alles seine rechte, also religiöse Ordnung hatte, wurde ein Vertrag über eine »Ehe auf Zeit« abgeschlossen. Die Einrichtung solcher Zeitehen existiert nur im schiitischen Islam, dem 90 Prozent der Iraner angehören. Diese Zeitehe, *Mut'a* – was so viel wie Freude oder Vergnügen bedeutet – oder *Sigheh* im Persischen, war im vorislamischen Arabien nur eine von mehreren Formen der Ehe. Ein Schiit kann so viele Zeitehen eingehen, wie er mag.

Sexualität wird im Islam ausschließlich aus männlichem Blickwinkel interpretiert. Die weibliche Sexualität gilt dem Koran entsprechend als reines Handels- oder Tauschobjekt. Bei einer muslimischen Heirat sollen der Mann als Käufer und die Frau oder ihr Vormund als Verkäufer der Ware Sexualität sich über die Bedingungen des Vertrags und den Brautpreis einigen. Danach hat der Mann als nunmehriger Besitzer vollständiges und alleiniges Recht auf das Objekt. Da die männliche Sexualität als nicht unterdrückbar und eruptiv angesehen wird, stellt die Religion Regeln zur Gewährleistung der gesellschaftlichen Ordnung bereit. Die Frauen müssen sich also verhüllen, um den Männern nicht die Ruhe zu rauben und sie in Versuchung zu führen. Wie ruhelos diese dennoch auf der Suche nach dem sexuellen Erlebnis durch die Straßen Teherans und all der anderen Städte des Gottesstaates streichen, darüber hatten mir in den Tagen und Wochen meines Aufenthalts immer wieder Frauen geklagt. Abhilfe bietet das Instrument der Ehe auf Zeit. Ob sie auf Monate, Tage oder nur Stunden geschlossen wird – alles ist geregelt, vor allem die finanzielle Abfindung. Wichtig ist, dass ein Mullah den Vertrag mit seiner Unterschrift absegnet. Sexualität hat im schiitischen Islam einen durchaus positiven Stellenwert. Der – legale – Beischlaf gilt als Akt des Glaubens, während Junggesellentum als widernatürlich betrachtet wird.

Die sexuellen Nöte seiner Landsleute vor Augen, hielt der damalige Präsident Hashemi Rafsandjani an einem kalten Novembertag 1990 eine erstaunliche Freitagspredigt. Vielleicht zum ersten Mal in der islamischen Geschichte hatte ein religiös-politischer Führer die weibliche Sexualität anerkannt, indem er anregte, Frauen sollten eine Beziehung eingehen können, wenn sie das Verlangen danach spürten. Rafsandjani sprach bis dahin Unerhörtes: »Nehmt zum Beispiel den sexuellen Instinkt, den Gott uns gegeben hat. Manche meinen, es sei gut, wenn wir uns der Befriedigung unserer Nöte enthalten und unsere sexuellen Wünsche unterdrücken. Nun, dem ist nicht so, es ist falsch. Es ist antiislamisch.« Als Beispiel nannte er die vielen Kriegswitwen. »Hätten wir eine gesunde Gesellschaft, wäre ihre Lage anders. Dann könnten sie sich einem ihrer Verwandten oder Freunde im Vertrauen nähern und ihn einladen, sie für begrenzte Zeit zu heiraten.« Das meiste Aufsehen allerdings erregte sein Vorschlag, dass junge Menschen, die sich nicht trauten, einen Mullah für ihre Zeitehe aufzusuchen, das nicht tun müssten. »Sie können sich in gegenseitigem Einverständnis mit einem privaten Vertrag arrangieren, um für einen oder zwei Monate zusammen zu sein.« Seine Predigt sorgte für regelrechten Aufruhr, der sich auch in den Medien niederschlug, oft in Form von Leserbriefen. Pro und Contra hielten sich ziemlich die Waage. Ein Leser verteidigte die Zeitehe mit dem Argument: »Selbst wenn wir annehmen, dass sie eine Art von Korruption ist, ist sie mit all ihren Regeln viel restriktiver und vernünftiger als Prostitution.« Die damals führende Frauenzeitschrift *Zan-e Ruz* (Moderne Frau) dagegen zog vehement gegen solche Ideen ins Feld. »Wenn ein Mann und eine Frau für ein paar Monate zusammenleben möchten, was unterscheidet uns da noch vom Westen?«

Was ebenso lange wie die real existierende Prostitution totgeschwiegen wurde, ist das Problem der Abtreibung. Sie wird gewöhnlich im Rahmen der Familienplanung praktiziert, ist im Übrigen aber strikt untersagt. Ich hatte die Geschichte eines Teheraner Gynäkologen gehört, der einem Journalisten einen riesengroßen Stapel Patientenkarten auf den Tisch gelegt hatte. »Das sind alles Mädchen zwischen zwölf und fünfzehn Jahren, bei denen ich einen Abort vorgenommen habe.« Er wisse, was den Mädchen bevorstünde, würde er ihnen nicht helfen. Dies vor Augen, plädierte die stellvertretende Innenministerin Ashraf Borudjerdi im Jahr 2002 für die »Anstandshäuser, in denen Frauen auch eine gynäkologische Minimalbetreuung und Beratung gewährleistet werden sollten: »Manche Leute meinen, über solche Themen zu diskutieren sei tabu. Aber sie sind Bestandteil der realen Gesellschaft, und sie zu verschweigen löst die Probleme nicht.« Selbst der Leiter des Imam-Chomeini-Forschungsinstituts gab den geplanten Häusern seinen Segen. »Wegen der Dringlichkeit der Situation ist es von großer Wichtigkeit, dass wir sie einrichten«, äußerte Ayatollah Mohammed Mousavi-Bodjnurdi in einem Interview. Das erzkonservative Justizministerium konterte sofort: »Die Justiz hält solche Vorschläge für völlig verdienstlos und warnt davor, die Öffentlichkeit zu verstimmen.«

Ich wollte mich mit einem Mann treffen, der beide Gesichter der Mullahkratie repräsentierte, einen Ayatollah, der früher fest in das reaktionäre System der konservativen Justiz integriert gewesen war und dann in das Lager der Reformer überwechselte. Mein Treffen mit dem Groß-Ayatollah Saanei hatte ich ordnungsgemäß über Ershad angemeldet, einer seiner Schüler hatte am Telefon auf diesem Vorgehen bestanden. Meine von Ershad zugewiesene Begleiterin holte mich im Hotel ab. Für den Termin beim Groß-Ayatollah hatte sie sich ihren schweren schwarzen Wolltschador umgelegt. Unser Fahrer hatte bei ihrem Anblick nur spöttisch gegrinst und bemerkt, dass das wohl nicht nötig sei; denn Saanei, das wisse doch jeder, sei zwar ein sehr alter, aber auch ein sehr liberaler Mann. Er hatte kurz gestockt. »Für einen Ayatollah«, hatte er dann nachgeschoben.

Saanei war 76 Jahre alt und lebte in der Heiligen Stadt Ghom. Mit neun Jahren hatte er seine religiösen Studien begonnen, hatte die Jahrzehnte währende Ausbildung zum schiitischen Theologen absolviert und war recht schnell in der schiitischen Hierarchie nach oben geklettert. Auch wenn es im Islam keine dem Christentum vergleichbare Priesterkaste gibt, hatte sich im Verlauf der Entwicklung der Schia doch so etwas wie eine geistliche Kaste herausgebildet – mit einer genau festgelegten Rangfolge, die jedem Geistlichen, abhängig von seinem Wissenstand, seinen Platz zuwies. Saanei war ganz oben angekommen, war als Groß-Ayatollah ein *Marja-e-Taqlid,* eine »Quelle der Nachahmung«. Über Jahre war er ein gelehriger Schüler des Ayatollah Chomeini gewesen. Er war im Widerstand gegen den Schah aktiv und hatte nach der Revolution im zwölfköpfigen Wächterrat maßgeblich an der Ausarbeitung der iranischen Verfassung mitgearbeitet. In dieser Funktion hatte er das säkulare Strafrecht sowie das vom Schah säkularisierte Familienrecht des Landes durch die Gesetze der Scharia ersetzt. In den 1980er Jahren hatte der

Groß-Ayatollah als Generalstaatsanwalt der Islamischen Republik die Blutgerichtshöfe mitverantwortet. Nach der Revolution waren sogleich im ganzen Land Revolutionsgerichte wie Pilze aus dem Boden geschossen. Zehntausende wurden im Schnellverfahren abgeurteilt, oft genug im Minutentakt. Sie wurden zum Tod verurteilt, durch Genickschuss, am Strang oder durch Steinigung hingerichtet oder zu langjährigen Gefängnisstrafen verurteilt. Saanei hatte dieses System durchaus mitgetragen. Aber dann hatte er sich nach Ghom zurückgezogen, um sich ganz dem Studium des Korans und der Scharia hinzugeben.

Es muss seinen ehemaligen Weggenossen wie ein Paukenschlag in den Ohren geklungen haben, als Saanei nach dem überraschenden Wahlsieg von Mohammed Chatami 1997 mit einer ganzen Serie von *Fatwas*, also religiösen Gutachten, an die Öffentlichkeit trat. Es waren *Fatwas*, die eine ausgesprochen liberale Sprache trugen und den islamistischen Mullahs und Ayatollahs des Landes aufzeigten, wie weit der Koran tatsächlich zu interpretieren ist. Saanei avancierte schnell zu einem der führenden Vertreter des Reformerflügels im Land, dem sogar Studentinnen, feministische Aktivistinnen sowie säkulare Oppositionelle ihre Hochachtung zollten – auch wenn der Groß-Ayatollah nie an den Grundfesten der Islamischen Republik, dem Prinzip der *Velayat-e-Faqih*, rüttelte.

Auf dem Weg nach Ghom gerieten wir in das Teheraner Verkehrschaos, und obwohl es noch früh am Morgen war, lag schon eine bleierne Hitze über der Stadt, gemischt mit Industrieabgasen und dem Benzingestank unzähliger PKWs, Busse und Lastkraftwagen, die sich im ständigen Stop and Go durch das Straßengewirr quälten. Überall liefen recht freizügig gekleidete Frauen umher, in pinkfarbenen Manteaus und solchen von blassrosa bis violett. Während die Trägerinnen damit der islamischen Kleiderordnung Genüge taten, konterkarierten sie die Vorschriften durch die auffälligen Farben und extrem körperbetonten Schnitte. Bei vielen Frauen fiel der Kopfumhang recht lässig bis auf den Hinterkopf. Niemand in den Straßen Teherans regte sich über diesen Verstoß gegen Sitte und Moral auf. Das war schon seit Jahren so, oft genug auch so berichtet worden, was bei manchen Journalisten dazu führte, die gesellschaftlichen Realitäten der Islamischen Republik mit Verblüffung wahrzunehmen, ganz so, als sei das Land in einem Aufbruch in eine neue freiheitliche Ära begriffen. Dass es sich außerhalb des Nordens Teherans als Frau nicht so scheinbar freizügig leben ließ, diese unter Mohammed Chatami herrschende Realität wurde gerne verdrängt.

Meine Begleiterin von Eshad saß neben mir, eingehüllt in ihr schweres Körperzelt, und schwitze fürchterlich, während wir uns durch den Süden Teherans plagten. Auf der Fahrt nach Ghom kamen mir meine Gespräche mit Herrn Schariatmadari und Herrn Abtahi wieder in den Sinn, und ich fragte mich, wie es hatte kommen können, dass innerhalb von nicht ganz zwei Jahren die Stimmung im Land so sehr gekippt war. Die Reformen waren im Machtkampf zwischen Reformern und Hardlinern des Regimes zerrieben worden. Präsident Chatami hatte noch nicht einmal den Einfluss eines Regierungssprechers. Seit 2000 waren allein hundert unabhängige Zeitungen und Zeitschriften verboten worden. Die Massaker an den Studenten 1999 und die darauf folgenden Unruhen, die blutig niedergeschlagen worden waren, waren allen noch im Bewusstsein. Ebenso wie die Tatsache, dass ausgerechnet der Hoffnungsträger der Studenten, Präsident Chatami, die Protestierenden nicht nur im Stich gelassen hatte, sie vielmehr öffentlich verurteilte. Die Menschen hatten sich in einer Art Status quo eingerichtet, den der iranische Dichter Abbas Marroufi so beschrieb: »Unsere Generation ist mit Büchern und Flugblättern in den Untergrund gegangen und musste Hinrichtung oder Exil erleiden – diese Generation geht mit Sex, Whisky und Drogen in den Untergrund.« Das war hart geurteilt, kennzeichnete aber die Stimmung unter der Jugend des Landes, und auch in der Heiligen Stadt Ghom wurden von den Jugendlichen nicht nur fromme Studien betrieben.

Ghom liegt auf dem Weg zwischen Teheran und Isfahan etwa 150 Kilometer von der Hauptstadt entfernt. Aus der Wüstenoase hat sich in den letzten Dekaden eine Stadt mit knapp 900 000 Einwohnern entwickelt. Wer sich Ghom von Teheran aus über den neu ausgebauten Highway nähert, sieht schon von weitem die fluoreszierende Hitzeglocke, die sich schwer über die Stadt legt. Der Ayatollah Chomeini hatte nach seiner Machtergreifung alles getan, um Ghom zum eigentlichen Zentrum der 200 Millionen Schiiten zu machen. 50 000 Mullahs aus aller Welt lebten und studierten hier. In dem engen Gassengeflecht, das sich um das Mausoleum der Fatima erstreckt, eilen Tag für Tag unzählige Studenten aus aller Herren Länder zu ihren Studierstuben in den Koranschulen und religiösen Akademien.

Aber obwohl sich in Ghom das Mausoleum von Fatima – der Schwester des achten Imams der Schiiten, Ali Reza – befindet, hatte die Stadt in der fast zwölfhundert Jahre währenden Entwicklung der Schia nie die Bedeutung von Nadjaf und Kerbala im Irak erreicht. Fatima war im Jahre 816, als sie sich auf dem Weg zu ihrem Bruder nach Meshed befand, schwer erkrankt und in Ghom gestorben. Es war Imam Reza selbst, der den Gläubigen einen Platz im Paradies verhieß, wenn sie sich auf eine Pilgerreise zum Mausoleum seiner Schwester nach Ghom begäben. Neben Fatima haben zudem drei Töchter des neunten Imams der Schiiten ihre letzte Ruhestätte in Ghom gefunden. Die Heerscharen der Pilger in die Heilige Stadt haben den Ort zu einem reichen Flecken Land werden lassen, denn der religiöse Massentourismus schwemmte Millionenbeträge in die Kassen der Ayatollahs, die über die Unsummen religiöser Einnahmen frei verfügen können. Ich hatte Ghom nie gemocht, hatte die Stadt immer nur als eine Stadt der

Frommen und Bigotten wahrgenommen, öde und lebensfeindlich, ein Ort, aus dem mir Lachen und Lust und Freude verbannt schienen. Aber dieses Mal, gleich am Stadteingang, hielt Ghom mir eine Überraschung bereit. Ich hatte den Fahrer gebeten, sehr langsam durch die Straßen zu fahren. In der brütenden Mittagshitze schlurften Massen verhüllter Frauen mit abweisend verschlossenen Gesichtern durch die verstaubten Straßen der Heiligen Stadt, hielten mit den Zähnen den Zipfel ihres schwarzen Gefängnissackes fest, auf dass nur ja nicht ein heißer Windstoß ihr Haar entblößen könne und so den sexuellen Frieden der Männer der Stadt ins Ungleichgewicht bringen könne. Aber zu meinem Erstaunen sah ich sehr viele junge Frauen in hellen, farbenfroh gehaltenen Manteaus. Natürlich nicht solche, wie sie in Teheran zu bewundern waren, aber immerhin. Überall waren kleine Gruppen von Frauen, die munter schwatzen, gar lachten und Locken ihrer Haarpracht freigaben. Aber mein Staunen geriet mir vollends zur Verblüffung, als ich in der Heiligen Stadt mehrere Schilder sah, auf denen in kitschig schrillen Bildmalereien immer wieder vor einem gewarnt wurde: davor, Aids keine Chance zu geben.

Im Büro des Groß-Ayatollah Saanei wurden wir freundlichst empfangen. Mehrere Dutzend Studenten saßen auf Stühlen nebeneinander, warteten und lasen in heiligen Schriften oder ganz einfach nur in der Tageszeitung, fragten aufmerksam, woher ich käme, was ich so triebe, und luden mich ein, sie wann immer ich wolle bei sich zu Hause oder in den religiösen Akademien zu besuchen. Saanei ließ nicht lange auf sich warten. Für sein Alter war er noch rüstig und recht leichtfüßig. Seine nackten Füße steckten in Plastiksandalen und sein sandfarbenes religiöses Gewand spannte sich über seinem Bauch. Ein einfacher Drehventilator in seinem Arbeitszimmer verschaffte uns etwas Kühlung, einer seiner Schüler brachte uns Tee. Kaum hatte Saanei sich bei uns für unseren Besuch bedankt, skizzierte er

in ungewöhnlicher Deutlichkeit und bar jeder sonst üblichen Rücksichtnahme die politische Situation im Land.
»Die politische Situation in unserem Land ist festgefah-
ren. Es gibt mächtige Gruppen hier, die jeden Reformpro-
zess im Iran mit allen Mitteln unterdrücken. Das iranische
Volk leidet unter dieser Unterdrückung, denn wir sind vom
Weg einer wahren Demokratie abgekommen«, begann der
Groß-Ayatollah das Gespräch. Ich war mehr als nur irritiert. Ich hätte eher erwartet, dass er, wenn überhaupt, sich
nur zwischen den Zeilen zu einer Kritik an den radikalen
Machthabern hinreißen lassen würde, und fragte ihn, wie
genau er das meine. »Die letzte Parlamentswahl war keine
demokratische Wahl«, erklärte er. »Denn im Vorfeld der
Wahl sind von bestimmten Gruppen im Land fast alle re-
formerischen Kandidaten von der Wahl ausgeschlossen
worden.« Mir war zwar klar, welche Gruppen er meinte,
aber ich fragte dennoch nach. Ich wollte aus seinem Mund
hören, wen genau er meine, aber der Groß-Ayatollah lächelte nur feinsinnig und meinte: »Sie wissen sehr genau,
wen ich meine.«
    Saanei war erst in seinen späten Jahren zum Reformer
geworden. Ich wusste, dass seine Ansichten zwar ver-
gleichsweise liberal waren. Dennoch würde er niemals den
Rahmen der islamischen Verfassung, die eine Regierung
der Geistlichkeit und Loyalität zum religiösen Führer vor-
schreibt, sprengen wollen. Das wollte er nicht, das konnte
er auch nicht. Dennoch fragte ich ihn, ob der von ihm gerade kritisierte Ausschluss der reformorientierten Parla-
mentskandidaten von der Wahl nicht im System der islamischen Verfassung des Landes begründet liege, in dem die
»Herrschaft des Rechtsgelehrten«, des Obersten Geistlichen Führers, festgeschrieben war. »Der Oberste Geistliche
Führer, Groß-Ayatollah Ali Chamenei«, antworte Saanei,
»ernennt den Wächterrat und gibt ihm gewissermaßen die
Direktiven vor.« Saanei lächelte, er ahnte, welche Frage
nun kommen würde. »Mir scheint«, parierte ich, dass die

Institution des Obersten Geistlichen Führers vergleichbar mit dem Anspruch des Papstes ist, unfehlbar zu sein.« Saanei neigte den Kopf, und so wie er das tat, war mir nicht ganz klar, ob er damit Zustimmung oder Skepsis signalisieren wollte. »Sie stellen sehr politische Fragen, ohne sie direkt zu formulieren, aber lassen Sie mich eines zuerst feststellen. Herr Ali Chamenei ist kein Groß-Ayatollah!« Was er sagte, stimmte, und es kam einer Zurechtweisung des starken Mannes in Teheran gleich.

Chamenei war jedoch 1989 in den Rang eines Groß-Ayatollahs erhoben worden, aus ganz einfachen Gründen: Es war die einzige Möglichkeit, ihn zum Obersten Geistlichen Führer zu machen, denn dieser kann nur aus der Riege der Groß-Ayatollahs stammen. Das Ganze war ein politisches Komplott, denn Chamenei hatte keineswegs jene Unterrichtsklassen der schiitisch-theologischen Ausbildung besucht, die für die Erlangung des Ranges eines Groß-Ayatollahs nötig sind. Mit ätzendem Spott lassen sich bis heute schiitische Geistliche darüber aus, dass mit zwielichtigen Methoden ein Soldat es über Nacht zum Generalsrang gebracht habe. Saanei hielt auf meine Nachfrage an seiner Einschätzung fest: »Der Oberste Geistliche Führer des Irans ist ein Mensch – und jeder Mensch kann irren. Herr Chamenei kann irren, er kann Fehler machen, wie Sie und ich. Seine Stimme ist genauso viel wert wie die des einfachsten Bauern. Er ist genauso wenig unfehlbar wie Sie und ich. Niemand ist unfehlbar. Auch der Imam Chomeini war nicht unfehlbar.« Das waren deutliche Worte der Kritik, und tatsächlich hatten sich an einigen religiösen Akademie in Ghom in den letzten Jahren mehrere Ayatollahs ähnlich geäußert.

Saanei war einer der eifrigsten Schüler Chomeinis gewesen, und mit Stolz zeigte er einen Brief her, in dem Chomeini geschrieben hatte, dass Saanei ihm »wie ein Sohn sei«. Er stellte das Prinzip der *Velayat-e-Faqih* noch nicht einmal ansatzweise in Frage, verteidigte es gar vehement.

Die Ursache der Repression und der Unterdrückung im Land sah er darin, dass machthungrige Radikale die islamische Verfassung falsch auslegten. Er nannte keine Namen, aber es war klar, über welche Zirkel er sprach. Für ihn war eines der großen Probleme seines Landes die Unterdrückung der Frauen. Er rechtfertigte zwar energisch die Pflicht der Frauen, sich zu verhüllen, aber er verdammte jede Diskriminierung, wenngleich er im Schleierzwang keine sah. »Nach dem Islam sind alle Menschen gleich, Männer wie Frauen, Muslime wie Nichtmuslime. Niemand darf wegen seines Geschlechts, seiner Rasse, seines Glaubens diskriminiert werden. Allah hat den Menschen die gleiche Seele gegeben. Wenn alle Menschen die gleiche Seele haben, dann haben alle Menschen die gleichen Rechte und dürfen nicht, weil sie Frau sind, benachteiligt werden«, dozierte er.

Saanei hatte mehrere *Fatwas* zum Prinzip des Blutgeldes verkündet. Nach islamischem Recht kann der Mörder eines Menschen der Hinrichtung entgehen, wenn die Familie des Opfers eine Geldzahlung für den Getöteten akzeptiert. In der Praxis des Irans ist das Blutgeld für ein weibliches Opfer um die Hälfte geringer als für ein männliches. Theologisch und rechtlich verbindlich, hatte Saanei kategorisch in seinen *Fatwas* festgeschrieben, dass für Männer und Frauen das gleiche Blutgeld zu gelten habe.«

»Was heißt das genau?«, wollte ich von ihm wissen. Saanei schien nur auf die Frage gewartet zu haben. »Das bedeutet, dass nicht nur in der Frage des Blutgeldes Männer und Frauen dieselben Rechte haben. Jede Frau kann jede Arbeit verrichten, jeden Beruf ausüben.« »Auch Ihren?«, hakte ich nach. »Natürlich, eine Frau kann auch meinen Beruf ausüben, warum nicht? Eine Frau kann auch zum Obersten Geistlichen Führer werden.« Ich hörte ihm zu und fragte mich, ob einiges von dem, was er mir sagte, nicht einzig der Tatsache geschuldet war, dass ich ein westlicher Journalist war, dessen Erwartungen es zu erfüllen galt. Die Schia kennt das Prinzip der *Taqîya,* der Verstellung, was nichts mit Lüge zu tun hat, sondern schlicht die Verschleierung der wahren Überzeugungen und Absichten meint, um das Überleben der Schia zu garantieren. Ich erinnerte mich an ein Gespräch in Teheran, das ich mit einer ehemaligen Parlamentsabgeordneten, die Mitglied des Frauenausschusses des Parlaments gewesen war, geführt hatte. Sie hatte mir erzählt, dass sie zwar in vielem Saanei nicht zustimmen könne, und seine Reformen gingen ihr nicht weit genug. Allerdings, so hatte sie beharrt, sei Saanei wahrhaftig bis hin zur Selbstkritik.

»Ich habe«, sagte er mir, »nach der Revolution lange Jahre die Leiden des Volkes nicht wahrnehmen wollen. Es hat Jahre gedauert, bis ich gelernt habe, die Schmerzen des Volkes ob seiner Unterdrückung zu teilen.« Ich glaubte ihm das, aber dennoch begannen wir uns im Kreis zu drehen. Er beharrte darauf, dass das Verfassungsprinzip, das er mit ausgearbeitet hatte, dem Land bei richtiger Auslegung Freiheit und Demokratie bescheren könne. Ich argumentierte, dass dieses Prinzip genau dies verhindere – trotz aller Reformen. Denn die Einschränkung der islamischen Verfassung beruhte ja darauf, dass das festgeschriebene Recht des Einzelnen niemals die Gesetze der Scharia verletzen dürfe.

»Machen Sie die Sündhaftigkeit des Menschen dafür verantwortlich, wenn die Scharia falsch ausgelegt wird, nicht die Scharia selbst«, entgegnete Saanei. Ich merkte, dass ich mit meiner Argumentation nicht weiterkam, blieb aber fast trotzig bei den Vorzügen meiner säkularen Sicht. Saanei lächelte milde. »Sehen Sie«, wies er mich sanft zurecht, »das ist der Unterschied zwischen Ihnen und mir. Ich teile Ihre Meinung nicht. Ich gestehe Ihnen das Recht zu, nach ihrer Überzeugung zu leben, frei nach ihrer Überzeugung und Entscheidung. Was für Sie gut ist, muss nicht für mich gut sein. Sie hingegen teilen meine Überzeugung auch nicht, gestehen mir aber nicht das Recht zu, nach meiner eigenen

Überzeugung frei zu leben. Sie können meine Entscheidung nicht akzeptieren. Sie verlangen von mir, dass ich nach Ihren, nicht nach meinen Überzeugungen lebe. Mir als Muslim ist ein solches Handeln streng verboten. Nach dem Gesetz der Scharia.« Er war ein alter Mann, und es war Zeit zu gehen. Er forderte mich auf wiederzukommen, zu jeder Zeit, die mir beliebte. Ich glaubte ihm.

Auf dem Weg zurück nach Teheran versuchte ich die Welt des Ayatollah Saanei mit der Wirklichkeit der Menschen des Irans in Verbindung zu bringen. Saanei hatte selbst auf eines der großen Rätsel der Islamischen Republik hingewiesen. 70 Prozent der Iraner sind unter 30 Jahre alt. Niemand wusste wirklich zu sagen, wo es diese Jugend des Landes hintreiben würde – auch wenn im Ausland immer darauf hingewiesen wurde, dass eines schönen Tages es die Jugend sein würde, die in ihrem Streben nach Modernität das System der Religionsdiktatur ins Wanken bringen würde. Es stimmt schon, in Teheran flanieren die jungen Männer und Frauen, die Studenten und Studentinnen an jeder islamischen Kleiderordnung vorbei über die Boulevards der Stadt, flirten und schimpfen auf die Mullahs, und zwar in aller Offenheit. Es ist die Generation der viel beschriebenen Internetblogger, die sich im World Wide Web den virtuellen Genüssen der westlichen Lebensweise hingibt. In mittlerweile weit mehr als 70 000 Blogs schreiben sich die jungen Iraner ihre Wut, die Frustration, den Hass, die Angst und ihre Depressionen vom Leib. Über Satellit können sie vom Hardcore-Porno über amerikanische Daily Soaps und Musiksender bis hin zu regimekritischen Fernsehsendern jeder Couleur alle denkbaren Programme empfangen, die den Mullahs verhasst sind. Aber Hamid, den ich Tage zuvor in Teheran kennengelernt hatte, hatte nur giftig aufgelacht, als wir darüber sprachen.

»Klar, all das gibt es. Aber glaubst du wirklich, dass deine 70 000 Blogger und all die Hardcore-Porno-Gucker, die Soap-Opera-Besoffenen, die Musikfreaks und ich weiß

93

nicht, wer noch alles, dies alles nur lange genug konsumieren müssen, um ganz schnell, ganz bald eine neue Revolution zu veranstalten und die Mullahs zum Teufel jagen? Du glaubst wirklich, dass all das, was du da eben beschrieben hast, die Macht der Mullahs wirklich ins Wanken bringt?« Er war wütend, er kannte all die Argumente westlicher Besucher, die darauf setzten, dass diese junge Generation das Land von innen heraus verändern würde. Denn diese Jungen lebten zwar unter dem Schleier der Mullahkratie, aber dennoch zugleich im Global Village. Würden sich die Ayatollahs diesem Einfluss auf ewig entziehen können?

Aber Hamid sagte nur. »Weißt du, wie viele Heroinjunkies es hier gibt? Mehr als 4 Millionen. Wie viele Alkoholiker, wie viele Aidskranke? Millionen. Geh in die Provinzen und such dir dort deine Blogger. Oh ja – gut möglich, dass du dort ein Internetcafé findest, ganz sicher auch einen Blogger. Aber glaub nicht, dass der sich unbedingt mit dir über Frauenrechte und deine Demokratie unterhalten will. Gut möglich, dass der gerade in seinen Blog über Freuden und Wonnen der Scharia schreibt.« Er war verbittert, mit seinen 38 Jahren wusste er, dass sein Leben vorbei war, ehe er es gelebt hatte. Hamid schlug sich als freier Grafiker durch, mehr schlecht als recht. Mehr als umgerechnet 150 Euro verdiente er selten. Um ins Ausland zu gehen, sei er zu alt, hatte er erzählt. Mit Frau und Kind, wie soll das gehen in Europa oder Amerika. Also war er geblieben, in einem Land, das er liebte, dessen Herren er hassen gelernt hatte, und er war ehrlich genug, sich selbst gegenüber einzugestehen, dass dieser Hass ganz sicher seiner Enttäuschung entsprang. Denn als die Revolution begann, da war er ein Kind. Als er 13 Jahre alt war, da liebte er die klerikalen Herren. »Mit 21«, erzählte er, »sind mir die Augen aufgegangen« über dieses korrupte menschenverachtende System. »Nichts Weltbewegendes hat das ausgelöst. Irgendwann habe ich ganz einfach nur diese feiste Selbstgerechtigkeit satt gehabt.« Hamid war sehr müde, wie ausgelaugt. »Aus diesem Land«, so klagte er, »kommt so schnell von innen her keine Veränderung. Vielleicht nach den nächsten 27 Jahren. Aber nicht jetzt. Wer gehen kann, der geht, der sollte gehen. Nie hier bleiben.«

Was Hamid beschrieb, war eine andere Realität, und natürlich stimmte es, dass es bei einer so jungen Bevölkerung durchaus passieren konnte, dass diese Jugend irgendwann, vielleicht nie, vielleicht morgen schon die Kleriker und ihre Kaste in die Moscheen zurücktreiben würde. Aber niemand unter diesen jungen Leuten hatte die andere Zeit, die Zeit vor der Revolution gekannt. Sie waren alle gleichgeschaltet erzogen worden. Sehr viele von ihnen sollten nach etwas mehr als einem Jahr nach meinem Besuch im Iran einem ganz bestimmten Mann und dessen Visionen zujubeln. Nachdem Ahmadinejad zum Staatspräsidenten gewählt worden war und landesweit seine Veranstaltungen in den Provinzen und Dörfern des Gottesstaates abhielt, versprach er der Jugend keine Arbeitsplätze, Wohnungen oder ein besseres Einkommen, sondern etwas anderes: seine Vision. Die von der Vollendung der Revolution im Geiste des verborgenen zwölften Imams. Und dort in den Dörfern und in den kleinen Städten, dort weit, weit weg von den schicken Vierteln im Norden Teherans, dort jubelten die Jungen, in die im Westen so viele Hoffnungen projiziert wurden, ihrem neuen Messias begeistert zu.

Iran gestern

Revolution: Sehnen, träumen
und was daraus wurde

Er sitzt da wie angegossen. Bewegungslos. Bar jeder Regung. Seinem Gesicht ist nichts anzumerken, kein Gefühl: nicht Freude, erst recht kein Triumph. Die Boeing 747 der Air France hat in den Tagen zuvor auf Abruf und ständig startklar auf dem Flughafen Orly von Paris gestanden, aber seine Berater waren unschlüssig, wann genau der beste Zeitpunkt sei, nach all den Jahren des bitteren Exils endlich nach Hause zurückzukehren. Die Angst war zu groß. Die Angst, dass irgendwer – entweder aus eigenem Entschluss oder auf Befehl – die Maschine abschießen wollte, wenn sie denn tatsächlich in den Luftraum des Irans eindringen würde. Trotz all der Frauen, die an Bord waren. Trotz der 150 westlichen Journalisten, die den Alten auf seinem Weg zurück begleiten wollten. Es hatte Gerüchte gegeben, dass er möglicherweise bei seiner Ankunft auf dem Flughafen der Hauptstadt verhaftet würde, auch wenn dort schon seit zwölf Stunden bewaffnete Anhänger patrouillierten. Ihn selbst hat das alles jedoch nicht interessiert, nicht die Ängste seiner Begleiter, nicht die Sorgen seiner Familie, seiner Frau Batul, seines Sohnes Ahmed. Er hat die Maschine betreten, und seine rabenschwarzen Augen schienen das Heer der aufgeregten Reporter um ihn herum, deren Mikrofone, Kameras und Tonbänder nicht wahrzunehmen. Ihre hysterische Gier, irgendeinen Kommentar oder Satz von ihm zu erhaschen, ließ ihn kalt. Er ist nur zu seinem Platz gegangen, hat sich niedergelassen, in gottergebener Gelassenheit, und als die eigens für ihn und seinen Tross gecharterte Boeing gestartet ist, da steht der

Ayatollah Ruhollah Chomeini auf, verneigt sich in tiefer Ehrfurcht gen Mekka und verrichtet sein Morgengebet. Die »Seele Gottes«, das ist die Bedeutung seines Vornamens, hat sich auf ihren Weg nach Hause gemacht. Denn der Schah, der Satan, ist vertrieben, ist schmählich geflohen – nach all den Dekaden von Ayatollah Ruhollah Chomeinis unermüdlichem Kampf wider die Mächte der Verderbtheit, der Finsternis, der Gottlosigkeit im Iran. Es ist der 1. Februar 1979; der Tag, der eine weltpolitische Zeitenwende markiert, und der einzige Mensch, der dies vermutlich weiß, ist Chomeini in seiner Unerschütterlichkeit. Jemand fragt ihn, was in ihm vorgeht, jetzt endlich nach Hause zurückzukehren nach sechzehn Jahren des bitteren Exils. »Nichts«, sagt er nur.

Sie haben ihn nicht abgeschossen. Wer holt schon 150 westliche Journalisten vom Himmel? Sie haben ihn nicht bei seiner Ankunft am Flughafen Mehrabad in Teheran verhaftet. Wie denn auch, wenn die zwei bis drei Millionen Menschen, die seine Ankunft so sehnsüchtig erfleht haben, sonst in schiere Raserei verfallen wären.

Zwei bis drei Millionen Menschen. Die Bettler und die Barfüßigen, all die Verlorenen aus dem Süden Teherans, aus den Provinzen und Dörfern des Landes. Unzählige Frauen, junge Studentinnen, Bauersfrauen, Anwältinnen, gar Richterinnen, Intellektuelle und Arbeiter, Doktoren und Bankangestellte, Nationalisten und tief Gläubige, Linksislamisten und Anhänger der kommunistischen Tudeh-Partei. Alle sind sie gekommen. Ihm ihre Ehrerbietung zu erweisen, ihm kundzutun, dass er und nur er ihre Hoffnung ist. Sie sind in den Tagen und Wochen zuvor nächtens wie auf ein Kommando auf die Dächer ihrer Häuser gestiegen, haben »Allah akbar« – Gott ist groß – geschrien, so lange, bis sie heiser waren. Sie haben, als sei's ein Anfall von Massensuggestion, geglaubt, sein Gesicht wie das des in der großen Verborgenheit verschwundenen zwölften Imams im Mond zu sehen, waren sicher, gesehen zu haben, wie beide Gesichter zu einem verschmolzen sind. Was für eine Blasphemie für einen wahrhaft gläubigen Schiiten! Das mag der eine oder andere nur für sich selbst und still und heimlich gedacht haben. Denn es galt den anderen zu stürzen, zu verjagen, den Schah, der die iranischen Völker so lange hat darben, ja bluten lassen, der sie so lange in Knechtschaft gehalten hat, in seiner und (mindestens genauso schlimm) in der Knechtschaft der Fremden, der Briten zuerst und dann der USA. Was niemand für möglich gehalten hat, niemand vorher prognostiziert hat, ist eingetreten. Die Macht des Schahs ist zertrümmert worden, und die zwei oder drei Millionen, die nun am Flughafen versammelt sind, die Straßen säumen, sie verstopfen, stehen für all die Millionen Iraner, die in den Monaten zuvor die Revolution geübt und dann vollzogen haben. Kaum gelandet, war Chomeini zum Friedhof der Märtyrer, nach Behescht e Zara in den Süden Teherans geeilt, hatte die Intellektuellen und die Liberalen, die ihm in der Teheraner Universität einen Empfang geben wollten, ignoriert und in brutaler, zynischer Sprache den Massen auf dem Friedhof kundgetan, was sie erwarten würde: islamische Gerechtigkeit in einer Islamischen Republik. Ein dabei anwesender Freund erzählte mir später, wie ihn an jenem Tag auf dem Friedhof der Märtyrer eine Ahnung beschlichen habe, dass hier gerade die eine Diktatur gegen eine andere eingetauscht wurde.

Unter »Tod dem Schah!«-Rufen sind die Iraner in den Monaten zuvor in die Straßen der Hauptstadt wie in die der Provinzen geströmt, zu Tausenden, zu Zehntausenden, zu Hunderttausenden, sind furchtlos und sehenden Auges auf die Reihen der schussbereiten Polizisten und Soldaten des verhassten Herrschers zugeschritten, in Zehner-, in Zwanziger-, in Dreißiger-Reihen. Junge Burschen, fast Kinder noch, haben ihre Hemden aufgerissen, die Brust entblößt, haben darum gefleht, für Allah sterben zu dürfen, denn so hatte Chomeini ihnen dies vorgegeben. Auf ihrem

Weg direkt vor die Läufe der Maschinengewehre des Schahs sangen sie ihre Lobpreisungen Allahs und des Martyriums. »Sterben für Allah, das sagt uns Ruhollah.« Sie sind gestorben, zu Tausenden. Während der Massaker in den Straßen von Tabriz und Meshed, Teheran und Isfahan und wo immer sonst noch. Aber das war es ihnen wert, denn sie wollten frei sein.

Sie haben die Folterkerker gestürmt, die Gefängnistore geöffnet, die Gefangenen befreit, die Gefolterten. Sie haben, noch während der Schah zwischen Fliehen und Bleiben hin und her geschwankt ist, angefangen, nicht nur frei zu denken, sondern frei zu schreiben, zu kommentieren, zu reportieren. In Zeitungen, in Illustrierten, in Rundfunk- und gar in Fernsehsendungen. Die Presse, die Meinung, die Gedanken waren frei und schienen erst der Anfang dieses Frühlings der Freiheit zu sein, für den sie gekämpft hatten und der nun mit der Rückkehr des Ayatollah Chomeini in den Iran erst recht seinen Aufschwung nehmen und nimmer enden würde. »Wir sind alle freiheitsliebende Muslime, wir haben unser Geschick in die Hände Chomeinis gelegt!«, so skandierten sie in die Welt hinaus, und »Chomeini ist der Führer der Freien, der Imam unserer Zeit« und »habt keine Furcht, oh ihr Schiiten, denn euer Imam, er wacht über euch!«.

* * *

Der erste Stein wurde von einem Jungen geworfen. Das geschah zwei Jahre, vier Monate und sechs Tage nach diesem 1. Februar 1979, und ich könnte es auf die Minute genau terminieren. Die Minute, in der der Junge sein Ziel verfehlte. Er war zwölf, vielleicht dreizehn Jahre alt, auf keinen Fall aber älter. Der Junge bückte sich erneut, nahm einen anderen Stein, wog ihn prüfend in seiner Hand. Der Stein war nicht größer als sein Handteller. Dann spannte sich sein Oberkörper, und der Junge lehnte sich weit zurück, den rechten Arm über seine Schulter zur Seite hin weggespreizt, fast wie bei einem Kugelstoßer im sportlichen Wettkampf, und ein heftig gekeuchtes »Ya'Aaallah« brach aus ihm heraus, als er den zweiten Stein warf. Dieses Mal traf der Junge sein Ziel. Und als sei dies ein Zeichen für all die anderen gewesen, bückten sich die Männer und Frauen und all die anderen jungen Burschen, die in einem vielleicht dreißig Meter Durchmesser zählenden Kreis nebeneinander gereiht standen, hoben ihre Steine auf und schleuderten sie in die Mitte des Kreises. Dorthin, wo aus dem Boden heraus, als sei ein schmaler Baumstumpf in dreißig oder vierzig Zentimeter Höhe gekappt worden, etwas aus der Erde herausragte. Und dieses Etwas war von einem grauen Mehlsack umschlossen. Einige der Steine trafen. Andere fielen kraftlos seitwärts zu Boden. Das schmutzige Grau des Mehlsacks färbte sich unmerklich und sehr langsam nur, veränderte sich hin zu einer erst nur rostfarbenen Tönung, aber je häufiger die Steine ihr Ziel trafen, umso mehr wechselte der Mehlsack sein Farbe. Ging ins Rote. Von schmutzigrot fast ins Burgunderfarbene hinein. Der warme Wüstenwind, der von Südosten her kam, trieb feine Sandkörner über den Platz. Die Sandkörner klebten sich in den Poren des Mehlsackes fest. Die Steine fanden nun immer häufiger ihr Ziel. Es riss den Mehlsack zur Seite, er zuckte hin und her. Von links nach rechts, von vorne nach hinten. Was an diesem Tag während meiner zweiten Reise in die Islamische Republik Iran, die ich im Mai 1981 angetreten hatte, geschah, das dauerte von seinem Beginn bis zu seinem Ende zweieinhalb Stunden.

Sie schrie nicht. Sie brüllte nicht. Kein Kreischen oder auch nur ansatzweise Vergleichbares. Das Einzige, was zu vernehmen war, war ein Keuchen. Vergleichbar dem Keuchen eines Asthmatikers, der unter seinem Anfall leidet. Hassan und ich, wir standen dabei. Es hatte ihm das Leben aus dem Gesicht getrieben, er stand da, starr wie eine Leiche, blass und wie festgenagelt. Später sollte er mir erzählen, dass er sich bis zu diesem Tag niemals in seinem Leben so sehr verachtet hatte. Dafür, dass er an jenem Tag dort gewesen war, dass er zugeschaut hatte. Und zugehört. Das Keuchen auf dem Wüstenacker ging irgendwann in ein Wimmern über, einem Zirpen gleich. Es zirrte und klirrte in der Luft, hallte nach, ein vibrierendes Geräusch, das ich in den Haarwurzeln zu spüren meinte, vom Kopf herunter bis in die Zehenspitzen hinein. Die ganze Zeit über, die es bis zu seinem Ende brauchte, meinte ich, ihre Augen vor mir zu sehen. Ihr Gesicht. Was natürlich nicht stimmte, denn ihr Kopf und der ganze Oberkörper war mit diesem Mehlsack bedeckt.

Wir waren in einem namenlosen Wüstenkaff am Rand der Großen Salzwüste gestrandet. Unser LKW, mit dem wir auf dem Weg von Teheran nach Meshed im Osten des Landes auf meine Bitte hin einen Abstecher an den Rand der Großen Salzwüste unternommen hatten, war mit einem Achsenschaden stehen geblieben. Hassan, der mir bei meiner Reise von den iranischen Behörden als ständiger Begleiter zugeteilt worden war, hatte sich auf den Weg ins nächste Dorf gemacht, um Hilfe zu holen. Die Dorfbewohner waren ausgesprochen freundlich und neugierig. Sie begutachteten den Schaden und boten nach einigem Hin und Her an, den Wagen abzuschleppen. Was sie dann unter vielem Lachen und Kommentaren darüber, was einen um Himmels willen dazu treiben könne, seinen Weg nach Meshed zu verlassen, um einmal in seinem Leben die Große Salzwüste gesehen zu haben, auch taten. Denn das war tatsächlich der einzige Grund, warum ich Hassan um diesen Gefallen gebeten hatte. »Du spinnst«, hatte er nur gesagt, war aber meiner Bitte nachgekommen. Ich hatte versucht, ihm zu erklären, dass mich, seit ich ein Junge gewesen war, Wüsten und besonders die Große Salzwüste fasziniert hätten; ich hatte irgendwann einmal einen Film darüber gesehen. »Einen Film darüber zu sehen ist etwas anderes, als dort leben zu müssen«, war seine knappe Erwiderung. Die Dorfbewohner luden uns ein, über Nacht bei ihnen zu bleiben. Es würde nämlich, wie sich herausstellte, einige Tage dauern, den Schaden halbwegs zu beheben. Wir blieben also – und verbrachten den Abend mit ihnen. Sie waren neugierige Menschen, fragten nach dem Woher, dem Wohin, und sie brauchten sich überhaupt keine Mühe zu geben, freundlich zu sein – sie waren es. Warmherzig und aus dem Bauch heraus offen. Am Abend saßen wir beim Dorfschmied, und sie reichten uns Hühnchen mit Safranreis und Joghurt und es schmeckte.

Am nächsten Tag kam Hassan auf mich zu, schaute mich merkwürdig an. Er schien mir seltsam bedrückt, druckste herum, und als ich mich erkundigte, was mit ihm sei, da fragte er mich, ob ich einer Gerichtsverhandlung beiwohnen wolle. Ich sagte eher gedankenverloren ja, und so fanden wir uns im großen Raum einer Lehmbaracke wieder, die den Polizeiposten des Wüstenmeilers darstellte. Drinnen standen vielleicht vierzig Leute dicht an dicht zusammen. Die, die keinen Platz mehr gefunden hatten, drängelten sich von draußen an die Fenster heran, auf dass ihnen nichts von dem entginge, was drinnen gleich geschehen würde. Von der Wand starrte mit grimmigem Blick der Imam Chomeini.

Hassan hatte mir den Fall, den es zu verhandeln gab, geschildert. Die 17-jährige Ehefrau eines Dorfbewohners war von diesem beschuldigt worden, die Ehe gebrochen zu haben. Nach dem Gesetz der Scharia ist das ein Straftatbestand, der mit dem Tod bestraft werden muss. Ruhollah Chomeini hatte nach seiner Revolution das islamische Recht zu einem der Eckpfeiler der Islamischen Republik Iran gemacht, und nach den Gesetzen der Scharia sollte an diesem Tag der mutmaßliche Ehebruch verhandelt werden. Es gab im Dorf natürlich keinen Gerichtshof, keinen Richter, keinen Staatsanwalt. Es gab nur einen jungen Burschen, dessen zerschlissene Militäruniform ihn als jemanden auswies, der die Staatsgewalt repräsentierte. Die islamische. Er war Mitglied eines der vielen Revolutionskomitees, die es in diesem zweiten Jahr der Revolution überall im Land gab. Er hieß Reza, worunter er sehr litt. Der verhasste Schah, den der Ausbruch der Revolution 1978 so sehr in Bedrängnis gebracht hatte, dass er am 16. Januar 1979 von seinem Volk mit Schimpf und Schande aus seinem Kaiserreich verjagt worden war, hatte denselben Namen getragen. Ich konnte Rezas Problem nicht so recht nachvollziehen, denn immerhin war Reza auch der Name des achten Imams der Schia, und die Tatsache, dass dessen Mausoleum sich in Meshed befand, erhob die Stadt unweit der iranisch-afghanischen Grenze zur heiligsten Stadt des Irans. Aber Reza war dies ein nur schwacher Trost. Reza hatte gelernt, seinen Namensvetter, den Schah, zu hassen, und sollte nun die Anklage vertreten. Der Richter würde ein Mullah sein, der eigens aus dem nächsten Dorf, in dem ein solcher lebte, herbeigekommen war. Natürlich gab es in diesem gottverlassenen Wüstenkaff auch keinen Rechtsanwalt, weshalb die Angeklagte sich selbst zu verteidigen hatte.

Der Fall schien kompliziert. Der Ehemann warf seiner Frau Ehebruch vor, was seine Mutter zu bezeugen wusste. Denn die Angeklagte hatte ihrer Schwiegermutter bestätigt, dass tatsächlich ein Geschlechtsakt an ihr vollzogen worden war, und zwar nicht durch den eigenen Ehemann. Hatte sogar Ort und Zeitpunkt, an dem dies geschehen war, benannt und den Namen dessen, der diesen Akt an ihr vollzogen hatte. Sie vergewaltigt hatte. Der, den sie beschuldigte, hatte dies natürlich bestritten, wusste gar einen Dorfbewohner zu benennen, der bestätigen konnte, dass der Beschuldigte zum genannten Zeitpunkt mit ihm, dem Zeugen, zusammen gewesen sei. Das war der Tatsachenbestand, den Reza, der Polizist, Komiteemitglied und Staatsanwalt in Personalunion war, ermittelt hatte und der nun in einem ordentlichen Gerichtsverfahren verhandelt werden würde.

Nach den Gesetzen der Scharia ist die Vergewaltigung einer

Frau eine Tat, die bestraft werden muss. Für Ehebruch gilt, dass vier männliche Zeugen ihn bestätigen müssen. Wird eine Frau nach einer Vergewaltigung schwanger, gilt dies aber zunächst nur als Beweis, dass die Frau die Ehe gebrochen hat. Die vergewaltigte Frau muss beweisen, dass sie tatsächlich vergewaltigt wurde. Leugnet der beschuldigte Mann die Tat, kann ihn die Frau des Verbrechens überführen, indem sie vier Männer benennt, die diese Tat bezeugen. Ist ihr dies nicht möglich, wird die Frau der Verleumdung dessen, den sie der Vergewaltigung beschuldigt hat, angeklagt. Eine Tat, für die sie nach der Scharia mit 80 Schlägen bestraft werden muss. Der Angeklagten drohten also an diesem Tag im Mai 1981 im Fall eines Schuldspruches zwei Strafen. 80 Schläge wegen Verleumdung eines zu Unrecht von ihr Beschuldigten sowie zusätzlich der Tod durch Steinigung wegen Ehebruchs. Denn konnte sie die behauptete Vergewaltigung nicht durch die Bestätigung von vier männlichen Zeugen belegen, dann lag auch keine Vergewaltigung vor. Vielmehr hatte sie selbst die Ehe gebrochen. Dieser Analogieschluss ist nach den Gesetzen der Scharia zwingend logisch. Würde sie hingegen durch das Zeugnis von vier männlichen Zeugen die Vergewaltigung beweisen können, dann drohten ihrem Ehemann 80 Schläge, da er seine Frau zu Unrecht beschuldigt und sie somit verleumdet hatte. Der Strafkodex, nach dem der Fall 1981 verhandelt wurde, ist derselbe, der bis zum heutigen Tag in der Islamischen Republik Iran gültig ist. Artikel 82 b des Strafgesetzbuches der Islamischen Republik Iran schreibt vor, dass Ehebruch durch Steinigung bestraft werden muss. So ist, nachdem im Mai 1997 Mohammed Chatami sein Amt als Staatspräsident des Irans angetreten hatte, im Land der Vollzug von 25 »rechtmäßigen« Steinigungen dokumentiert worden. 17 davon an Frauen. Wie viele wilde Steinigungen vollzogen wurden, ist unbekannt.

Sie stand im Raum der Polizeistation, der an diesem Tag zum Gerichtssaal umfunktioniert worden war. Sie war klein, und soweit ihr schwarzer Baumwolltschador es erkennen ließ, war sie eine zierliche Person. Ihr Gesicht war vollkommen verhüllt. Nur die Augen waren zu sehen. Augen, die tief in ihren Höhlen lagen, schreckhaft starr nach vorne stierten, wo der Mullah hinter einem Tisch thronte. Der Mullah war ein etwa 50 Jahre alter Mann mit einem schwarzen Turban auf dem Kopf. Sein geistliches Gewand starrte vor Dreck, und er hatte nur noch ein paar vereinzelte Zähne im Mund, bräunlich schwarze Stummel. Als er mich durchaus freundlich mit Handschlag begrüßte, musste ich mich beherrschen, nicht vor seinem fauligen Mundgeruch zurückzuweichen. Hassan hatte ihn gefragt, ob ich, ein Besucher aus einem westlichen Land und ungläubig dazu, der Verhandlung beiwohnen könne. Er hatte sofort zugestimmt.

Die Verhandlung dauerte nicht ganz fünfzehn Minuten. Reza trug die Anklage vor, benannte seine Zeugen. Den Ehemann und dessen Mutter. Die bestätigten das, was Reza vorgetragen hatte, und der Mullah fragte die Angeklagte, ob sie etwas zu erwidern habe. Hassan stand neben mir und übersetzte leise und mit monotoner Stimme, was da vor sich ging. Er hatte mir erzählt, welche Möglichkeiten es in diesem Gerichtsverfahren geben konnte, welche Konsequenzen, welche Richtersprüche in Frage kämen. Mein Hirn hatte all dies verstanden, auch das, was daraus erwachsen konnte. Dennoch schien mir all dies seltsam unwirklich, sodass ich dieser Veranstaltung eher verblüfft und sonderbar unbeteiligt beiwohnte. Dies hier, nichts anderes sagte mir mein Gefühl, nichts anderes diktierte mir mein Verstand, dies hier war nicht wirklich, dies hier geschah nicht wirklich, denn es konnte nicht geschehen. Immerhin lebte ich, immerhin lebten wir im letzten Viertel des zwanzigsten Jahrhunderts. Auch wenn es ein Jahrhundert der Revolutionen gewesen war, mit barbarischen Kriegen und in dem DAS Menschheitsverbrechen gedacht und durchgeführt worden war, so war dies immerhin auch das

Jahrhundert, indem genau aus diesem Grund heraus, wenn auch erst danach und also zu spät, die einzig mögliche Antwort darauf gefunden worden war: nie wieder! Die Würde des Menschen ist unantastbar. Dies war die Lehre, der ich anhing. Das war der Grund, warum ich voll Genugtuung, beinahe Freude, zwei Jahre zuvor den Sturz jenes Parvenüs auf dem Pfauenthron, des Schah Reza Pahlevi, so sehr begrüßt hatte – wusste ich doch, was in dessen Folterkerkern vorgegangen war. Und dass eine Revolution, eine authentische gar, der man zudem auch noch selbst beiwohnen konnte – am Fernsehgerät zwar nur oder als Zeitungsleser, aber immerhin –, diesen massenmordenden Herrscher hinweggefegt hatte, schien mir nur ein ausgleichender Akt historischer Gerechtigkeit zu sein. Dessen eigenes Volk, die Bauern, die Arbeiter, die Intellektuellen, die Denker und Dichter, Männer und Frauen waren aufgestanden und hatten ihren blutdürstigen Monarchen hinweggefegt. Um etwas Neues zu bauen, etwas bisher nie Dagewesenes in der mehr als 5000-jährigen Geschichte ihres Landes. Mit dieser Gewissheit stand ich an jenem Tag im Mai 1981 in diesem Polizeiposten in jenem namenlosen Wüstenkaff am Rande der Großen Salzwüste und wohnte diesem islamisch revolutionären Gerichtsverfahren bei. Und deshalb war ich seltsam unbeteiligt angesichts dessen, was ich sah, und dessen, was Hassan mir übersetzte. Sie würden diese Dinge nicht wirklich tun. Sie waren freundliche Menschen. Hatten mich aufgenommen. Mir geholfen. Sie würden es nicht tun. Ich war 23.

Sie stritt den Ehebruch ab, hatte aber keine Zeugen. Erst recht keine vier. Der Mullah beendete das Beweisverfahren. Reza plädierte auf schuldig. In zwei Fällen: Der Verleumdung, des Ehebruches. Er beantragte 80 Schläge für die Verleumdung. Die Todesstrafe für den Ehebruch: Steinigung. Der Mullah hörte ihm zu und sprach das Urteil, wie Reza es vorgeschlagen hatte. Beide Urteile seien sofort zu vollstrecken.

Ich hörte es und war doch wie benommen, vernahm die zustimmenden Kommentare der Männer und der Frauen in diesem Gerichtsaal. Von draußen hörte ich die Rufe: »Allah akbar«, Gott ist groß, wurde dann von dem Strom der nach draußen Eilenden mitgerissen und fand mich etwa 150 Meter weit von der Polizeistation entfernt auf einem Wüstenacker wieder, wo sie einen Pfosten in die Erde gerammt hatten. Sie banden sie an diesem Pfosten fest, und dann trat einer aus der Menge der Gaffer vor, las irgendeine gottverdammte Sure aus dem Koran vor, lobpreiste seinen Gott und begann sie in dessen Namen auszupeitschen. Bei jedem Hieb erhob sich ein kollektives Seufzen tiefster Inbrunst aus der Menge der vielleicht 300 Menschen, die dicht an dicht zusammengedrängt diesem Akt der Gerechtigkeit beiwohnten. »Allah akbar«, Gott ist groß.

Sie zuckte unter den Peitschenhieben zusammen, schrie auf, begann zu kreischen, konnte irgendwann nur noch wimmern. Der Tschador war zerfetzt. Ihr Rücken blutig. Dann nahmen sie sie vom Pfosten ab, trugen sie ein paar Meter weiter, zu der Stelle, an der einer ein Loch gegraben hatte. Sie stülpten ihr diesen grauen Mehlsack über, steckten sie in dieses Loch, schütteten es dann zu. Dann traten zwei weitere aus der Menge hervor und begannen mit stampfenden Fußtritten, den frisch ins Erdloch geschütteten Sand festzustampfen.

Der Vollzug einer Steinigung ist nach den Gesetzen der islamischen Scharia genau reglementiert. Männer werden bis zur Hüfte in den Boden eingegraben. Frauen hingegen bis über die Brust. Die Arme der Männer bleiben frei. Die der Frauen nicht. Gelingt es einem der Delinquenten, sich während des Vollzugs der Steinigung selbst zu befreien, gilt dies als ein Akt der Gnade Gottes – er ist also freizulassen. Denn Gott ist groß. Dies galt auch an jenem Tag im Mai 1981, genauso wie es auch heute im Iran noch gilt. So steht es bis heute nämlich im Artikel 102 des iranischen Strafge-

setzbuches. Dort ist auch die Größe der Steine genau festgelegt, die zur Steinigung verwendet werden dürfen. Sie
dürfen auf keinen Fall so groß oder so schwer sein, dass
der Delinquent sogleich getötet wird, wenn der Stein ihn
trifft. Sie dürfen aber auch auf keinen Fall so klein und so
leicht sein, dass die Steine ihren eigentlichen Zweck verfeh-
len. So steht es bis heute im Artikel 104 des Strafgesetzbuches der Islamischen Republik Iran.
Dann wurde der erste Stein von diesem Jungen geworfen.
Der Junge aber verfehlte sein Ziel. Als ihm der zweite Versuch gelang, da priesen sie erneut ihren Gott. »Allah akbar«, Gott ist groß, und dann, dann taten sie es dem Jungen
gleich. Das Ganze dauerte zweieinhalb Stunden. Danach
war sie endlich tot.

Hassan und ich, wir blieben danach noch zwei Tage in
diesem Dorf. Die Leute waren sehr freundlich, sie verkös-
tigten uns, sie halfen uns, sie reparierten unseren LKW.
Hassan und ich sprachen während dieser zwei Tage kein
Wort miteinander. Dann machten wir uns auf unseren Weg
nach Meshed, hin zum Mausoleum, hin zum Schrein des
achten Imams der Schiiten. Wir hatten im Chassis des
LKWs zwei Flaschen Wodka versteckt, dort, wo niemand
sie hätte finden können. Hassan bat mich anzuhalten. Ich
hielt an. Er stieg aus. Nahm die beiden Wodkaflaschen. Be-
hielt die eine für sich. Reichte mir die andere. Wir tranken.
Ich fuhr. Irgendwann schauten wir uns an: »Dafür also
habt ihr eure Revolution gemacht«, fuhr ich ihn mit der
wütenden Verachtung an, die Betrunkenen mitunter eigen
ist. Hassan schwieg und trank. »Nein«, sagte er dann eine
Ewigkeit später. »Dafür nicht. Dafür haben wir unsere Revolution nicht gemacht. Aber davon kannst du natürlich
keine Ahnung haben. Du redest nur. Du hast hier nicht gelebt, du lebst hier nicht, du wirst hier nie leben. Du kommst
und du gehst. Und egal was passiert. Du bist immer auf der
sicheren Seite. Erzähl mir also nicht, was wir getan haben
und was wir hätten besser machen sollen.« Wir waren müde

in dieser Nacht auf unserem Weg nach Meshed. »Wir haben den Schah weinen sehen«, hatte Hassan mir in jener Nacht erzählt. »Wir wollten den Schah verjagen. Wir wollten etwas anderes, etwas ganz anderes. Das hier wollten wir nicht.«

∗∗∗

Im Herbst 1977 zirkulierte in Teheran eine Tonbandkassette. Ihr Titel: »Eine religiöse Ansprache«. Zu Beginn wird feierlich verkündet, wer die Ansprache hält: »Der Oberste Geistliche Führer aller Völker des Islams, der Zerschmetterer der Idole, der Demütiger des Satans, der ruhmreiche Bewahrer des Glaubens, die einzige Hoffnung der Unterdrückten, das erhabene Oberhaupt, der Verweser des Islams und der Moslems, der Stellvertreter des Verborgenen Imam, Seine Heiligkeit Groß-Ayatollah Hadsch Seyyed Ruhollah Mousavi Chomeini, Gott gebe ihm ewiges Leben.« Was folgt, kommt von der Machart wie ein plumpes Blendwerk aus der Desinformationsküche des berüchtigten Geheimdienstes des Schahs, der SAVAK, daher; eigens angefertigt, den zu diskreditieren, der sich seit 1963 als lautstarker Kritiker des Schahs hervorgetan hatte. Die Tonbandansprache, von einem Schauspieler gesprochen, beschreibt die Strategie des Schahs, zusammen mit den »Juden und Kreuzverehrern den Islam herabzusetzen und dann zu beseitigen«. Als Beweis wird angeführt, dass der Schah ein Bild von Ali, dem vierten Kalifen der Muslime, des ersten Imams der Schiiten, hat anfertigen lassen, das diesen mit blauen Augen und blondem Bart zeige. Der Schah sei die zentrale Figur einer Verschwörung des Westens wie der Juden, die nur ein Ziel habe: den Muslimen die Gesetze der Kreuzzügler aufzuzwingen. Die Muslime, die die »Verbrechen des Schahs gegen den Propheten und seine Nachkommen« hinnähmen, würden als Höllenstrafe ihr ewiges Leben im Paradies verlieren.

Intellektuelle in Teheran werten die Kassette sogleich als Fälschung, denn immerhin gilt der exilierte Ayatollah Chomeini als Intellektueller. Er würde ganz gewiss niemals auf diese Art und Weise an die archaischen Instinkte der iranischen Massen appellieren. So beschreibt das Jahre später der iranische Autor Amir Taheri, der zum Zeitpunkt des Auftauchens der Kassette Chefredakteur der englischsprachigen Tageszeitung *Keyhan* war. Aber die Kassette ist echt, keine Fälschung, keine Desinformation, und sie verfehlt ihre Wirkung nicht. Im Gegenteil. Die ungebildeten iranischen Massen saugen ihre Botschaft begierig in sich auf. Es folgt ein beispielloser pfeilgerader Absturz, der ungebremste Fall des Schah Reza Pahlevi und seines Hauses der Pahleviden. Von den Höhen gottgleicher Macht hinunter in die Niederungen eines nur mühsam zu findenden Platzes im Exil, an dem der Schah und seine Familie, zwar noch immer unermesslich reich, aber ungeliebt und noch viel weniger geachtet, bis zu seinem Tod in Irrelevanz verharren wird. Denn all die Weltenlenker, die Mächtigen, mit denen er so lange und, wie er glaubte, auf Augenhöhe umgegangen ist, sie werden ihn kaum mehr als ein Jahr, nachdem diese Tonbandkassette zum ersten Mal in seinem Kaiserreich herumgereicht worden ist, fallen lassen. Alle bis auf einen, den ägyptischen Präsidenten Anwar al Sadat. Und der wird seine Gastfreundschaft, die er dem Schah gewährt, 1981 teuer bezahlen. Er wird getötet werden von radikalen Islamisten, deren geistige, politisch-religiöse Heimat die Gedankenwelt des Ayatollah Ruhollah Chomeini ist.

Der Schah wähnt sich 1977, im 36. Jahr seiner Regentschaft, auf dem Höhepunkt seiner Machtvollkommenheit. Sechs Jahre zuvor hat er sich in einer fast orgiastischen Inszenierung des 2500-jährigen Jubiläums der Gründung des persischen Großreiches durch Kyros II., den Großen, selbst zu dessen Nachfolger hochstilisiert. Den endlosen Feiern, die die Macht und Glorie des kaiserlichen Irans demonstrieren sollten, wohnten mehr als 70 Staatsoberhäupter bei. Aus Europa reisten ein halbes Dutzend Monarchen an; die neuen Zaren der sozialistischen Staaten – inklusive des Vorsitzenden des Obersten Sowjet, Nikolai Podgorni – gaben sich die Ehre. Griesgrämig ob seines Tischnachbarn dinierte der direkt neben Josip Broz Tito aus Jugoslawien. Es waren Jubiläumsfeiern, die in ihrer selbstherrlichen Gigantomanie nur eines dokumentierten: dass der Schah jeden Bezug zu seinem Volk, dessen Religion und Tradition verloren hatte. Für ihn war diese pompöse Inszenierung ein sehr wohl kalkulierter Rückgriff auf die Herrlichkeit des längst vergangenen persischen Weltreiches der Antike. Ganz bewusst spielte der Schah auf die vorislamischen Riten der Religion des Zarathustra an, die im Persien jener Zeit der dominierende Glaube war. Obwohl der Islam die Anhänger Zarathustras als »Familie des Buches«, also Schutzbefohlene betrachtet, deren Glaube zu akzeptieren ist, hatte Chomeini in seiner Schrift *Kaschf al Asrar* (»Schlüssel zu den Geheimnissen«) schon früh ausformuliert, wie sehr er diese Ungläubigen verachtete. »Die Flammen, die aus den Feuertempeln Persiens schlagen und von den Anhängern Zarathustras und Mazdaks genährt werden, müssen erlöschen, denn sonst führt euch der feuervergötzende Pöbel zurück zu den heidnischen Bräuchen der Magier«, hatte Chomeini geschrieben. Reza Pahlevis Inszenierung vorislamischer Herrlichkeit muss ein unerhörter Affront für einen Ayatollah wie Ruhollah Chomeini gewesen sein. Aber Schah Reza verschwendete keinen Gedanken daran. Im Gegenteil.

Es war ihm eine Genugtuung, dem ihm zutiefst verhassten Ayatollah auf diese Weise seine Verachtung zu demonstrieren. Der Hass beruhte auf Gegenseitigkeit und hatte sich von Seiten Chomeinis 1963 Bahn gebrochen. In den Jahren davor hatte der Ayatollah zu seiner Grundüberzeugung gefunden, dass Allah selbst ihn zu einer ganz besonders heiligen Mission auserkoren habe: den Islam, der in Agonie darbte, zu neuer Größe zu führen. Er sah sich in Kontakt mit dem verborgenen, dem zwölften Imam der Schiiten und dadurch mit Allah. Nur eine Regierung aus schiitischen Geistlichen würde das Land führen können. Es war die Zeit, in der Chomeini seinen Grundsatz formulierte,»dass durch das Blut der Jugend der Baum des Islams wieder in voller Kraft erblühen wird«. Zwei Dekaden später jagte der greise Prediger ohne jedes Wimpernzucken eine ganze Generation iranischer Kinder und Jugendlicher durch die Minenfelder an der irakisch-iranischen Frontlinie.

Der Schah hatte seiner Herrschaft im Jahre 1963 durch seine»Weiße Revolution« einen reformorientierten Anstrich verpassen wollen. In einer Volksabstimmung sollten die Iraner über eine Landreform zugunsten der Bauern, die Privatisierung staatlicher Betriebe sowie das aktive und passive Wahlrecht für Frauen abstimmen. Nur 3 Prozent der Bevölkerung besaßen über 90 Prozent des anbaufähigen Bodens. Grundbesitz bedeutete Reichtum, und es waren Mullahs und Ayatollahs, die als Großgrundbesitzer unermesslich reich waren. Eine Front aus Feudalherren, Mullahs und Stammesfürsten lief gegen die»Weiße Revolution« des Schahs Sturm. Chomeini tobte – vor allem aus einem Grund. Ihm, dem die Abschaffung des Schleiers zwanzig Jahre zuvor als ein Plan vorkam, aus»Muslimfrauen Huren zu machen«, trieb die Vorstellung, dass Frauen größere Rechte und Freiheiten oder gar das aktive wie passive Wahlrecht gewährt werden könnten, in schiere Raserei. Ihm war klar, dass der nächste Schritt darin bestehen würde, das islamische Familien- und Scheidungsrecht zu modernisieren und damit die Frauen unabhängiger zu machen.»Die herrschenden Kreise«, schrieb er,»haben die heiligen Regeln des Islams verletzt und gieren geradezu danach, die Gebote des Korans mit Füßen zu treten.«

In Ghom kam es am Nowruz, dem iranischen Neujahrsfest, 1963 zu Unruhen. Die Regierung organisierte gewaltsame Gegendemonstrationen, brachte mit Bussen einen

Mob von 3000 bezahlten Demonstranten nach Ghom, die in die religiösen Seminare einfielen und sie verwüsteten. Sadeq Chalchali, der nach der Revolution Chomeinis »Blutrichter« werden sollte, führte dessen Anhänger gegen den von der Schahregierung herbeigekarrten Mob an. Was folgte, waren die blutigsten Straßenschlachten, die das Land seit Jahrzehnten gesehen hatte. Chomeinis Hoffnung, über Ghom hinaus Massenproteste zu organisieren, zerschlug sich jedoch zunächst. Truppen des Schahs schlugen den Aufstand nieder. Das Reformprogramm des Schahs wurde in einem Volksentscheid mit großer Mehrheit gebilligt, Chomeini schien isoliert. Er initiierte jedoch eine neue Kampagne gegen Juden, Ausländer, Anhänger der Bahai-Religion, indem er sich direkt an die Massen ungebildeter Iraner wandte: »Erinnert die Leute an die Gefahr, die Israel und seine Agenten bedeuten«, hämmerte er seinen Agitatoren ein. »Ruft ihnen die Katastrophe ins Gedächtnis, die dem Islam von Seiten der Juden und Bahai-Anhänger drohen.«

Der Schah inszenierte eine staatliche Kampagne gegen die Kaste der Mullahs und strich die geheimen staatlichen Zuwendungen, die einigen ausgewählten schiitischen Geistlichen gewährt wurden, was diese gegen ihn aufbrachte. Als 63 militante Mullahs verhaftet wurden, scharten sich zum ersten Mal alle bedeutenden Ayatollahs um Chomeini, und in Teheran ertönte der Schlachtruf der Demonstranten: »Es lebe Chomeini!«

In Ghom drohte Chomeini in seinem Seminar dem Schah in aller Schärfe: »Soll ich Sie, Herr Schah, zu einem Heiden erklären, sodass man Sie aus diesem Land verjagt? Herr Schah, erhabener Herr Schah. Ändern Sie Ihr Verhalten. Hören Sie auf mich. Hören Sie nicht auf Israel. Israel ist nicht gut für Sie, Sie arme, erbärmliche Kreatur.« Nie ist der Schah aggressiver attackiert worden. Chomeini wurde von Soldaten des Schahs verhaftet und nach Teheran ins Qasr-Gefängnis eingeliefert. Im ganzen Land kam es zu

Massendemonstrationen, über die Hauptstadt verhängte der Schah das Kriegsrecht. Chomeini war zum unumstrittenen Führer der Opposition avanciert, als er 19 Tage später freigelassen wurde. Alle anderen Groß-Ayatollahs erkannten ihn nun als einen der ihren an. Reza Pahlevi wurde von seinen Höflingen gedrängt, dem Treiben des religiösen Agitators endgültig ein Ende zu bereiten. Man könne einen »Unfall« arrangieren, Chomeini in eine der abgelegenen Provinzen verbannen oder ihn ins Ausland deportieren. Nach einem Jahr des Zögerns ließ der Schah seinen Todfeind verhaften und wies ihn am 4. November 1964 in die Türkei aus, von wo der Ayatollah im Januar 1965 in die heiligste Stadt der Schiiten, ins irakische Nadjaf, weiterreiste. Dort schien Chomeini nur noch ein Mullah unter vielen zu sein, die Machtposition des Schahs hatte sich konsolidiert, die Unruhen der vergangenen Jahre stellten sich, so schien es, als ein Sturm im Wasserglas dar.

Dass die Macht des Schahs in den darauf folgenden Jahren nur noch auf tönernen Füßen ruhte, war in den 1970er Jahren niemandem klar: weder im Iran noch sonst wo auf der Welt. Schließlich tafelte der Schah mit den Mächtigen der Welt, dinierte und diskutierte mit ihnen. Als Gleicher unter Gleichen. Ihnen allen hatte er stets gerne sein Ohr geliehen, seit er, ein blutjunger Bursche noch, 1941 den Thron seines Vaters besteigen musste. Den hatten die Alliierten, allen anderen voraus die Russen und die Briten, ins südafrikanische Exil verbannt, denn seine Vorliebe für Adolf Hitlers Pläne war allzu groß gewesen. Sein Sohn, der 21-jährige Reza, ein schüchterner, trotz der ihn umgebenden Pracht und Herrlichkeit ein in sich selbst zerrissener, zutiefst unsicherer Zeitgenosse, war von Beginn seiner Herrschaft an all diesen Mächtigen, ihren Ratschlägen und Einflüsterungen erlegen und – viel schlimmer noch: gefolgt. Aber irgendwann in diesem kaiserlichen Leben, irgendwann in diesen Jahren seiner Herrschaft, da muss es ihm wohl so vorgekommen sein, dass sich nun die Rollen vertauscht hatten, dass nun die Mächtigen ihm ihr Ohr zu leihen hatten, auf dass er, der Schah in Schah, der König der Könige, ihnen einige Dinge einzuflüstern hatte. Der Schah träumte in diesen letzten Jahren nicht nur davon – er war tatsächlich zutiefst davon überzeugt, dass er, der Weltpolitiker, auserkoren sei, sein Land binnen einer Dekade in die Spitze der führenden Nationen dieser Welt zu führen. Politisch, militärisch, ökonomisch.

Selten hat Hybris zu so viel Verblendung geführt. Selten ist allerdings einem Herrscher von seinen ausländischen Staatsgästen die Gewissheit vermittelt worden, wie bedeutsam, gar weltpolitisch wichtig er doch sei. Als Herrscher einer regionalen Supermacht. Was kein Wunder war, lockten doch Milliardenaufträge für ausländische Unternehmen. Jahr für Jahr sprudelte Öl im Wert von 60 Milliarden Mark aus den schier unerschöpflichen Quellen des Landes – was die Kassen der Schahfamilie, von deren Höflingen und der Neureichen füllte. Die Milliarden, die in die Wirtschaft gepumpt wurden oder auch nur in pompöse gigantische Industrieprojekte, schufen letztendlich nur eine lokal begrenzte Atmosphäre des Wohlstandes. Das iranische Volk in den Provinzen und auf dem Land profitierte nicht davon.

Der Schah, getrieben von der eigenen Bedeutsamkeit, schwelgte in Phantasien, in denen er die Lösung für die Weltprobleme fände. Unerschütterlich schien seine Macht, und das war sie auch, zumindest auf den ersten Blick betrachtet. Er war der Oberkommandierende einer der modernsten Armeen der Welt. Ein hochgerüstetes Heer von einer halben Million Mann, das von den westlichen Waffenschmieden mit allem ausgestaltet worden waren, was die High-Tech-Waffenindustrie produzieren konnte. Dazu kam eine Gendarmerie von 75 000 Mann, die für die Provinzen zuständig war, sowie eine weitere 65 000 Köpfe zählende Polizeitruppe, die die Städte und Dörfer kontrollierte. Die USA hatten 41 000 militärische und 21 000 zivile Berater in den Iran gesandt. Diese unterlagen in nichts, was sie taten, der iranischen Jurisdiktion, genossen quasi diplomatische Immunität.

Das eigentliche Instrumentarium jedoch, das die Macht des Schahs im Innern garantieren sollte, war ein undurchsichtiges Konglomerat verschiedener Geheimdienste. Der berüchtigste war die SAVAK, die »Organisation zur Information und zum Schutz des Landes«, mit etwa 500 000 offiziellen wie inoffiziellen Mitarbeitern. Die SAVAK hatte im Laufe der Jahre eine Blutherrschaft errichtet, die beispiellos war. In den Gefängnissen und Folterkerkern der Geheimpolizei waren Zehntausende tatsächliche oder auch nur vermeintliche Regimegegner inhaftiert. Die Methoden, mit denen verhört wurde, standen denen der Heiligen Katholischen Inquisition im christlichen Mittelalter in nichts nach.

Der Iran war ein Kaiserreich der Angst, das nur nach außen hin glänzte. Proteste erlebte der Schah, wenn überhaupt, nur bei Staatsbesuchen im Ausland. Empört und voller Verachtung nahm Reza Pahlevi bei seinem Staatsbesuch in Deutschland am 2. Juni 1967 die 2000 wütenden Demonstranten in Berlin gegen sein Terrorregime zur Kenntnis. Unbeschadet aller abgefeuerten Tomaten und Farbbeutel erreichten der Schah und seine Frau die Deutsche Oper, dann kam es allerdings zu dem Ereignis, das die politische Situation in der Bundesrepublik nachhaltig verändern sollte. Die Studenten, die vor der Oper ausharrten, wurden von »Greiftrupps« der Berliner Polizei während der Operation »Füchse jagen« durch die Straßen getrieben und verprügelt. Der Student Benno Ohnesorg wurde von einem Berliner Kriminalobermeister in einem Hinterhof gestellt und erschossen – und sein Tod war ein Fanal, das die deutsche Studentenrevolte von 1968 auslöste. Der Schah echauffierte sich. Nicht über den Tod des Studenten. Sondern über den Empfang mit Tomaten und Farbbeuteln. Ihm muss das als ein unerhörter Akt der Majestätsbeleidigung vorgekommen sein, denn ihre Kaiserliche Hoheit war es seit Jahr und Tag gewöhnt, auch im Westen die ihm gebührende Huldigung zu empfangen. Auf den Titelseiten der Hochglanzmagazine. Auf denen produzierte der Schah weltweit Schlagzeilen. Als Urlauber in Gstaad und in St. Moritz, als internationaler Jetsetter. Aber auch im Iran deutet nichts darauf hin, dass das Land vor revolutionären Umwälzungen steht. Die Ayatollahs verhalten sich ruhig, der Schah schwelgt in seiner Bedeutsamkeit, und im irakischen Nadjaf ergeht sich Ayatollah Chomeini in religiösen Betrachtungen. Dass er in aller Stille, planvoll und zielgerichtet im Kaiserreich längst ein eng geflochtenes Netz von islamistischen Zellen aufgebaut hat und nur auf den richtigen Zeitpunkt zum Losschlagen wartet – niemand im Kreis der Höflinge des Schahs kann sich das vorstellen. Am allerwenigsten der Schah selbst.

Im Dezember 1977 drucken Teheraner Tageszeitungen einen handgeschrieben Brief mit dem Titel: »Eine Fatwa des Imams Chomeini«. In dieser erklärt der Ayatollah, dass er, legitimiert durch seine religiöse Autorität, die Verfassung des Schahs für nichtig erkläre und den Schah abgesetzt habe. Chomeini nennt den Schah einen *Taghut,* einen Abgesandten der teuflischen Mächte, der für alles Satanische, das Böse, steht. Chomeini stellt sich selbst als Vertreter der Sache Allahs, des Guten dar und fordert die Gläubigen auf, im ganzen Land Schulen und Universitäten zu boykottieren. Chomeinis Brief war der Mehrheit aller Mullahs im Land zugekommen und er sollte zu einem der wichtigsten Schriftstücke der Revolution werden. Er war eine offene Kriegserklärung an den Schah. Reza Pahlevi raste vor Wut, als er von dem Brief hörte, und fragte seine Höflinge, warum sie »noch immer dieses Ungeziefer herumkriechen ließen«. Chomeini hatte den König aller Könige zum *Mahdur ad Damm,* zum Todeswürdigen, erklärt, dessen sofortige Hinrichtung ohne Gerichtsverfahren unbedingte Pflicht eines jeden Gläubigen sei.

Der Schah schlägt zurück, indem er zwei Schmähbriefe gegen Chomeini in Auftrag gibt und deren Endfassungen selbst redigiert. Chomeini, so die beiden vorgeblich privaten Verfasser der Machwerke, sei ein homosexueller indischer Dichter, ein geistig Verwirrter, der seit langen Jahren im Dienste der britischen Kolonialisten stehe. Die Mullahs seien ein »Volk von Parasiten, die widernatürliche Unzucht treiben, Wuchergeschäfte machen und die meiste Zeit betrunken sind«. Am 7. Januar 1978 veröffentlicht die Tageszeitung *Ettela'at* einen der beiden Briefe. In der Heiligen Stadt Ghom löst der Brief sogleich eine Explosion des Volkszornes aus. Der Bazar wird geschlossen, ganze Straßenzüge werden in Brand gesetzt, und Tausende Mullahs und Gläubige gehen auf die Straße. Ghom ist am Abend praktisch in der Hand der fanatischen Demonstranten. Die Polizei eröffnet das Feuer. Mindestens sieben Demonstranten, schulpflichtige Kinder, werden erschossen und so zu Märtyrern. Hunderte werden verhaftet, nachdem Armee-Einheiten in die Stadt eingerückt sind. Die Unruhen in Ghom pflanzen sich in den folgenden Monaten wie die unterirdischen Schockwellen eines Tsunamis durch das ganze Land fort. Am *Arbain* – dem 40. Tag, nachdem die sieben Demonstranten in Ghom zu Märtyrern geworden sind – werden die vorgeschriebenen Trauerfeiern begangen. In den großen Provinzstädten des Kaiserreiches, in Yazd, in Schiraz, Tabriz, Isfahan und in Ahwas, ziehen Zehntausende Demonstranten durch die Straßen, schreien ihren Hass auf den Schah heraus, skandieren ihre Lobpreisungen Chomeinis und brandschatzen Büros von Frauenorganisationen, von Behörden und Banken. Auch Kinos, Bordelle und Schnapsläden werden angezündet. Der Schah lässt die Unruhen blutig niederschlagen, allein in Tabriz werden 14 Menschen getötet. So eröffnet sich ein ständig wiederkehrender Kreislauf vierzigtägiger Trauerfeiern, die wieder neue Märtyrer produzieren, was ganz im Sinne Chomeinis ist:»Der Islam ist ein Baum der Ewigkeit«, hatte Chomeini gepredigt,»er braucht Märtyrerblut zum Gedeihen.« Dass die Herrschaft des Schahs von etwas weitaus Gefährlicherem als ein paar Unruhen bedroht ist, entgeht allen in- wie ausländischen Beobachtern. Der Leiter des CIA-Büros an der Teheraner Botschaft der USA meldet Beruhigendes nach Washington: Der Iran sei nicht in einer vorrevolutionären, gar revolutionären Stimmung. Was nicht verwunderlich ist. Obwohl die CIA ein dichtes Netz eigener Mitarbeiter sowie unzählige iranische Informanten hat, ist sie zu falschen Analysen geradezu verdammt. Nur ein einziger CIA-Beamter am Teheraner Standort spricht ein paar Brocken der Landessprache. Richard Helms, ehemaliger CIA-Chef und nun Botschafter der Vereinigten Staaten in Teheran, hat seinen Spionen verboten, in Kontakt mit der religiösen Opposition zu treten, sie zu überwachen. Ein Memorandum der CIA gibt Entwarnung:»Chomeini ist ein Verallgemeinerer, eine Art ›Philosoph auf dem Thron‹, der der Ansicht ist, er könne die Korruption beseitigen und sich dann in seine Schule in der Heiligen Stadt Ghom zurückziehen.«

Die Kette der Massendemonstrationen reißt nicht ab. Aus Nadjaf agitiert der Ayatollah nun in aller Offenheit.»Unsere Bewegung«, predigt er,»ist bisher nur ein zartes Pflänzchen. Sie braucht das Blut von Märtyrern, um zu wachsen, bis sie ein starker Baum ist.« Das Blut von ganz besonderen Märtyrern. Chomeini schickt Frauen und, viel wichtiger, Kinder ins Feuer der Schah-Soldaten.»Besonders wichtig ist es, wenn ein Kind stirbt«, hämmert Chomeini seinen Anhängern ein.»Wenn ein Kind umgebracht wird, zeigt sich die wahre Natur des zionistischen Regimes des Schahs.«

Im Herbst 1978 bekommt Reza Pahlevi ausgerechnet von seinem Erzfeind, dem starken Mann im Irak, Saddam Hussein, ein Hilfsangebot. Der schickt eigens seinen Halbbruder Barsan Takriti nach Teheran. Der Schah solle standhaft bleiben, und Saddam sei bereit, jede, aber auch jede Hilfe zu leisten. Die Botschaft ist unmissverständlich. Saddam bietet nichts weniger als einen »Unfall« an, der das Problem mit dem lästigen Hetzer eliminieren würde. Der Schah lehnt ab und bittet Saddam, den im irakischen Exil lebenden Chomeini des Landes zu verweisen. Frankreich bietet dem Ayatollah Asyl, der nimmt an und nutzt die sichere Ferne für seine genialen Schachzüge. In der Nähe von Paris, im kleinen Dörfchen Neauphle le Château, kauert der Ayatollah unter einem Kirschbaum und veranstaltet eine Medienkampagne sondergleichen, gibt die Rolle des Gütigen aus dem Morgenland. In unzähligen Tonbandansprachen wendet er sich »an mein leidendes, doch tapferes Volk« und wirkt auf viele Beobachter im Westen, auch wegen seiner extrem bescheidenen Lebensweise und seiner schier unerschöpflichen Energie, als eine Art persischer Mahatma Gandhi. Seine Botschaften werden vom persischen Dienst der BBC Tag für Tag im Iran ausgestrahlt. Für Andrew Young, den persönlichen Freund und Ratgeber Jimmy Carters und ständigen Vertreter der USA bei den Vereinten Nationen, ist Chomeini nichts weniger als ein »Heiliger des zwanzigsten Jahrhunderts«. Und Chomeini, der sich in seinen Botschaften an die Iraner so gerne als ein »Nichts« oder als »euer Diener«, als »ein bloßer Suchender« bezeichnet, weiß dieses Bild in Interviews westlichen Journalisten gegenüber geschickt zu verstärken. Er inszeniert seine Askese geradezu; das macht es ihm einfacher, seine wahren Absichten zu verschleiern. Getreu dem uralten schiitischen Prinzip der *Taqîya*, der Verstellung, stellt Chomeini, im Pariser Exil sitzend, jedem seiner Besucher das als sein politisches Programm vor, was der jeweilige Gast von Chomeini gerade hören will. Er verspricht das Ende von Armut und sozialer Ungerechtigkeit. »Rede- und Meinungsfreiheit gehören zu den elementarsten Rechten der Menschen«, diktiert er den Journalisten in den Notizblock. Was seine tatsächlichen Ziele sind, verschleiert Chomeini wohlweislich. Zwar erklärt er in Interviews, was sein Ziel für den Iran ist:» Was wir wollen, das ist die Republik. Die Richtung einer Islamischen Republik. Ohne einen Monarchen. Nach einem Volksentscheid und regiert nach den islamischen Gesetzen. Nach den islamischen Prinzipien in Wirtschaft und Kultur. Unabhängig von jeglicher ausländischer Einflussnahme.« Was das jedoch bedeutet, wird kaum hinterfragt – weshalb jede politische Strömung glaubt, Chomeini vertrete ihre Programmatik, stünde ihr zumindest nahe. Kommunisten der Tudeh-Partei wie säkulare und religiöse Nationalisten, Linksislamisten, sogar Verfechter einer säkularen Demokratie sind sich in einem einig: Der Ayatollah ist die Galionsfigur, hinter der sich die unterschiedlichsten Oppositionsströmungen vereinen. Ein Symbol des Widerstands gegen den Schah, das jede politische Strömung für sich zu vereinnahmen sucht.

Dass der Ayatollah seine eigene Agenda verfolgt, nehmen die wenigsten wahr. Seine Vision einer Welteroberung durch den» Heiligen Krieg« ist ein uralter Gedanke Chomeinis, den er schon 1942 zu Papier gebracht hat:» Diejenigen, die den Jihad studieren, werden verstehen, weshalb der Islam die gesamte Welt erobern will. Alle durch den Islam eroberten Länder oder Länder, die von ihm in Zukunft erobert werden, werden das Zeichen immerwährender Rettung tragen.« Fast niemand aus dem Kreis der wenigen, die sich ernsthaft mit Chomeinis Schriften, mit seinen politischen Visionen beschäftigt haben, kann um die Jahreswende 1978/79 Sätze wie diesen ernst nehmen.

Am wenigsten der Schah. Seine Günstlinge und Höflinge beginnen sich jedoch bereits abzusichern. Wer die Zeichen der Zeit richtig zu deuten weiß oder ganz einfach nur vorsichtig ist, verlässt das Land. Im Kaiserreich des Reza Pahlevi setzt um diese Zeit ein wahrer Massenexodus ein. 100 000 Menschen verlassen das Land. Die Reichen lösen eine ungeheure Kapitalflucht ins Ausland aus. Knapp sechs

Milliarden Mark werden im Winter 1978 auf sichere Konten transferiert. Der Schah sitzt verbittert und schmollend in seinem Palast. Die Ratten, so klagt er, verließen das sinkende Schiff. Die wenigsten wissen, dass Reza Pahlevi zu diesem Zeitpunkt schon längst unheilbar an Krebs erkrankt ist. Er zaudert, weiß sich nicht zu entscheiden. Nur sehr zögerlich wird ihm klar, dass sein Volk ihn aus der kaiserlichen Realität in die der wirklichen Welt gestoßen hat. Chomeinis Anhänger demonstrieren zu Hunderttausenden in den Straßen. Der Schah bittet die Generalität, eine Militärregierung zu bilden, und entschuldigt sich gleichzeitig bei seinem Volk für all die Korruption und Grausamkeiten und nennt als Erster, was auf den Straßen seines Kaiserreiches geschieht, eine Revolution. Seine Fernsehansprache verpufft. Streiks lähmen das Land, die Ölförderung bricht zusammen, die Wirtschaft des Landes kommt zum Stillstand, und der Schah verharrt in Unentschlossenheit. Soll er seine Generäle mit aller Grausamkeit den Massenaufstand durch ein unerhörtes Blutbad zusammenkartätschen lassen? Der Schah zuckt davor zurück. Zumal die kaiserliche Armee durchaus in Falken und solche, die schon längst ihre Kontakte zu den Aufständischen geknüpft haben, gespalten ist. Im Dezember dämmert dem Schah, dass er Gefangener im eigenen Palast ist. Seine Zeit ist abgelaufen. Er will nur noch weg. Am 16. Januar 1979 verlässt Reza Pahlevi zusammen mit seiner Frau Farah Dibah und seiner Familie das Land. Innerhalb weniger Stunden haben die jubelnden Massen alle Zeichen der untergegangenen Dynastie der Pahlevi beseitigt.

Elf Tage nach seiner triumphalen Rückkehr am 1. Februar 1979 nach Teheran greift Chomeini nach der Macht. Der Stabschef der Armee erklärt die Armee für neutral. Am 11. Februar 1979 kommt es zur einzigen Schlacht dieser Revolution. »Die Unsterblichen« – die einzige schahtreue Eliteeinheit – liefern sich heftige Kämpfe mit Kadetten der Luftwaffe, die es gewagt haben, Chomeini mit militärischem Gruß ihre Ehrerbietung zu erweisen. Die Schlacht kann den Fortgang der Revolution nicht stoppen. Am Abend ist der letzte Premier des Schahs geflohen. Bewaffnete Anhänger der Revolution verhaften wahllos Generäle, Politiker, Beamte des Schahs. Der Imam Chomeini hat eine provisorische Regierung eingesetzt, kündigt eine Volksabstimmung und allgemeine Wahlen an.

Ayatollah Ruhollah Chomeinis schiitische Revolution begründet den ersten schiitischen Gottesstaat. Nach seiner Machtergreifung vernichtet er mit heiligem religiösem Furor jede Opposition im Land. Niemand kann ihm vorwerfen, dass er seine Gefolgschaft hintergangen habe. Alles, was Chomeini in seiner Gottesdiktatur in die Realität umsetzte, hatte er vorher in seinen Schriften angekündigt. Diese nicht gelesen zu haben sollte Zehntausende das Leben kosten. Denn es stand darin geschrieben, was ihnen bevorstand.

* * *

Nach Tagen auf staubigen Straßen waren Hassan und ich in Meshed angekommen. Hassan hatte uns in einem Hotel unweit der Imam-Reza-Ali-Moschee einquartiert. Am nächsten Tag besuchten wir eine Ausstellung, die den gefallenen Märtyrern der Revolution und denen des Krieges gegen den Irak gewidmet war. Im Jahr zuvor hatte Saddam Hussein seine Armeen in den Iran getrieben, Tod und Blut und Sterben über das Land gebracht. Seit Monaten tobten in den Wüsten im Westen des Landes blutige Schlachten – und dieser Umstand hatte wohl die schiitische Revolution gerettet. In einer Wahl hatten 1979 mehr als 90 Prozent der wahlberechtigten Iraner die neue, die islamische Verfassung der nun Islamischen Republik gebilligt. Damit hatten sie das Prinzip der *Velayat-e-Faqih,* der »Herrschaft des Rechtgelehrten«, freudig akzeptiert, und dieser Rechtsgelehrte war Ruhollah Chomeini. Die Verfassung war wie maßgeschneidert für den alten Mann, gab sie ihm doch allumfassende Vollmachten. Der Imam Chomeini war Oberster Geistlicher Führer und als solcher nicht nur Oberkommandierender der Armee, er konnte vielmehr die Mitglieder des Wächterrates ernennen. Der Oberste Geistliche Führer ernannte darüber hinaus auch die Richter im Obersten Gerichtshof der neuen Republik, er kontrollierte alle Machtebenen des Staates. Chomeini hatte alle Bedingungen geschaffen, um dort anzukommen, wo er all die Jahre hingestrebt hatte: in eine Position der Unfehlbarkeit – auch wenn dies den schiitischen Glaubensgrundsätzen widersprach, weil nur die »vierzehn Unfehlbaren«, der Prophet Mohammed, dessen Tochter Fatima und die zwölf Imame der Schia vor Irrtum und Sünde gefeit, also unfehlbar sind.

Für Chomeini galt es die Macht abzusichern: gegen die widerstrebenden Interessen der verschiedenen Strömungen der Allianz, die den Schah aus dem Land getrieben hatten, Kommunisten, säkulare Nationalisten, Linksislamisten. Chomeini sollte sich in den zwanzig Monaten nach seiner Rückkehr als ein wahrer Meister in der Kunst entpuppen, die widerstrebenden Gruppen gegeneinander auszuspielen und sie eine nach der anderen zu vernichten. Chomeini ließ tatsächliche oder auch nur vermeintliche Anhänger des Schahs erbarmungslos töten, ebenso solche, die jahrelang in dessen Folterkerkern gefangen waren, die die Revolution gegen den Schah mitgetragen hatten, aber nun Chomeinis Konzept einer Gottesdiktatur ablehnten. Der Kampf nahm phasenweise bürgerkriegsähnliche Ausmaße an, denn die verschiedenen Organisationen hatten sich in den Wirren der Revolution aus den Depots der iranischen Armee mit ausreichend Waffen versorgt.

Der Überfall Saddam Husseins auf den Iran war für Chomeinis Revolution ein Gottesgeschenk. Die Mobilisierung der iranischen Massen, vor allem der Jugend des Landes, war das einigende Band. Angesichts der mörderischen Aggression gegen ihr Land scharten sich die meisten Iraner hinter das Regime. Die einzige tatsächlich noch relevante Oppositionsgruppe waren 1981 die Volksmudjaheddin, aber deren mörderische Serie von Bombenanschlägen führte dazu, dass sie sich zunehmend selbst isolierten. Der spektakulärste Terroranschlag, der ihnen zugeschrieben wird, war das Bombenattentat in Teheran am 18. Juni 1981, bei dem 72 Regierungsvertreter und Parlamentsabgeordnete den Tod fanden.

Wir besuchten die Ausstellung zum Andenken der gefallenen Märtyrer der Revolution in Meshed, die das Massaker in überdimensional großen Schwarzweiß- und Farbfotografien dokumentierte und in allen scheußlichen Einzelheiten zeigte. Ein Motiv fiel mir besonders auf: 72 Särge, die als Treppe angelegt worden waren und zur Al-Aqsa-Moschee in Jerusalem, dem drittwichtigsten Heiligtum der Gemeinschaft der Muslime, emporführten. Der Kurator der kleinen Ausstellung führte uns stolz durch die Räume, erklärte mir die Bedeutung dieser blutigen Ikonografie, wies immer wieder auf ein zweites wichtiges Motiv hin: Die Darstellung des Märtyrertodes von al Hussein, dem zweiten Imam der Schiiten, dessen Tod erst die theologische Entwicklung der Schia ausgelöst hatte. Es war kein Zufall, dass das propagandistische Regime die Zahl der Toten des Bombenanschlags mit 72 Getöteten angab. 72 Gefährten des zweiten Imams al Hussein waren am 10. Oktober 680 von den Truppen des Kalifen Yazid unweit von Kerbala abgeschlachtet worden.

Der Leiter der Ausstellung hieß Hussein und er war natürlich stolz darauf, diesen Namen zu tragen. Er hatte in den USA Ingenieurwissenschaften studiert und war, so erzählte er mir, angewidert von dem »verderblichen Leben dort, von all der Pornographie«, im Sommer 1979 in den Iran zurückgekehrt. Er hasste die USA. »Sie sind die Feinde, die Verderber der Menschheit«. Als Beweis zitierte er ausgerechnet den ehemaligen Justizminister der USA, Ramsey Clark. Der war, obwohl Präsident Carter das ausdrücklich verboten hatte, nach Teheran gereist, um in der Affäre um die amerikanischen Geiseln, die 1979 in der US-Botschaft von Anhängern Ruhollah Chomeinis 444 Tag in Geiselhaft gefangen waren, zu vermitteln. Nach seiner Rückkehr in die USA hatte Clark öffentlich erklärt: »Die USA-Iran-Politik, die voller Provokationen, Drohungen und Erpressungen gewesen ist« könne nur als ausgesprochene Gesetzlosigkeit und Willkür gewertet werden.« Wir predigten Demokratie und unterstützten Tyrannei, wir predigten Freiheit und unterstützten SAVAK, wir predigten Menschenrechte und duldeten Folterungen.« Natürlich dauerte es nicht lange und Hussein kam auf die »Operation Ajax« zu sprechen, die der Agent und Sohn des ehemaligen Präsidenten, Kermit Roosevelt, 1953 im Auftrag der CIA organisiert hatte. Es war ein Staatsstreich, der die USA lumpige 300 000 Dollar kostete und ihnen die Wut, ja den Hass vieler Iraner bis auf den heutigen Tag einbrachte.

1951 hatte die gewählte Regierung Mossadegh die Verstaatlichung der anglo-iranischen Ölfelder beschlossen. In einer Volksabstimmung hatten 99,4 Prozent der Iraner dem zugestimmt. Großbritannien initiierte ein internationales Embargo gegen den Iran, dem Land drohte der Staatsbankrott. Die britische Ölindustrie fürchtete den Verlust der Ölfelder und verlangte vom britischen Premier, den amerikanischen Präsidenten Eisenhower um Unterstützung anzugehen. Jener malte in Gesprächen mit Eisenhower das Gespenst einer drohenden kommunistischen Machtübernahme an die Wand und orakelte, dass die USA das iranische Kaiserreich an den Klassenfeind verlieren würden. Also organisierte die CIA eine verdeckte Operation. Der Schah war in den Urlaub nach Rom enteilt, was nichts anderes als eine kopflose Flucht war. Die CIA mobilisierte, finanzierte und bewaffnete dessen Anhänger. Dem Schah ergebene Armee-Einheiten besetzten dann am 19. August 1953 unter dem Kommando von General Zahedi die iranische Hauptstadt und verhafteten den Premierminister Mossadegh. Der wurde wegen Hochverrats angeklagt und inhaftiert. Der Schah wusste, wer ihm den Thron gerettet hatte. »Ich verdanke meinen Thron Gott, meinem Volk, meiner Armee – und Ihnen«, hatte sich der Schah brav bei Kermit Roosevelt bedankt. Hussein hatte mir diese Episode während unseres Rundgangs durch die Ausstellung in allen Einzelheiten erzählt, ganz so, als sei er dabei gewesen. »Wir müssen uns vor den Feinden des iranischen Volkes schützen. Wie damals bedrohen die USA auch heute unsere Revolution. Sie haben Saddam den Auftrag gegeben, unser Land zu überfallen. Sie sind die Feinde unserer Revolution.«

Hussein lud mich ein, am Mittag einer Demonstration der Basiji beizuwohnen. Basiji bedeutet »die Mobilisierten«. Die Gruppierung ist jene revolutionäre Volksmiliz, zu deren Gründung Ayatollah Chomeini 1979 aufgerufen hatte. Chomeinis selbsterklärtes Ziel war es, eine 20 Millionen Mann starke Armee aufzubauen, »eine Armee für die gesamte Welt«. Ihre Mitglieder waren zwölf, dreizehn Jahre alte Jungen, aber auch sechzig, siebzig Jahre alte Männer. Und so jung und auch so alt waren dann die etwa 500 Uniformierten, die am Mittag über den Boulevard vor dem Platz des Imam-Ali-Reza-Mausoleums marschierten. Sie hatten als Zeichen ihrer Opferbereitschaft Stirnbänder, auf denen die Suren des Korans gepinselt waren, um den Kopf gebunden. Die Jüngelchen glühten vor Stolz und trugen schwer an der Last ihrer Gewehre. Sie paradierten den Boulevard herab, schmissen sich auf Kommando auf den Asphalt, und unter »Kerbala, Kerbala wir kommen«-Rufen zielten sie auf einen imaginären Feind. Am nächsten Tag würden sie gen Westen in den Krieg ziehen, auf die Schlachtfelder in den Wüsten, aber ohne Gewehre. Sie würden als menschliche Minenräumkommandos verheizt werden, mit einem Schlüssel um den Hals, der ihnen die Pforte zum Paradies öffnen sollte. Sie wussten, dass sie sterben würden, und sie warteten stolz und freudig darauf.

Die halbamtliche iranische Tageszeitung *Ettela'at* sollte den Tod dieser Kindermärtyrer so besingen:»Früher sah man freiwillige Kinder, Vierzehn-, Fünfzehn-, Sechzehnjährige. ... Sie gingen über Minenfelder, ihre Augen sahen nichts, ihre Ohren hörten nichts. Und wenige Augenblicke später sah man Staubwolken aufsteigen. Als sich der Staub wieder gelegt hatte, war nichts mehr von ihnen zu sehen. Irgendwo, weit entfernt in der Landschaft, lagen Fetzen von verbranntem Fleisch und Knochenteile herum.« Später habe man die Methode jedoch verfeinert, schrieb *Ettela'at*:»Vor dem Betreten der Minenfelder hüllen sich die Kinder in Decken ein und rollen auf dem Boden, damit ihre Körperteile nach der Detonation der Minen nicht auseinander fallen und man sie zu den Gräbern tragen kann.« Die Kinder, die begeistert und in religiöser Verzückung in den Tod gingen, wurden zum Vorbild der ersten Selbstmordattentäter der Hisbollah im Libanon. Die Basiji begreifen sich bis heute als Sturmabteilung (SA) der islamischen Revolution. Die Organisation hat nominell neun Millionen Mitglieder. Männer, Frauen, Kinder. Alte und Junge, Akademiker und Bauern. Wie viele ihrer Mitglieder sich tatsächlich mit der Ideologie der Basiji identifizieren, ist unklar. Denn die Mitgliedschaft bietet ungeheure Vorteile, etwa bei der Zulassung zum Studium, bei der Wohnungs- oder Arbeitsplatzsuche. Seit dem Amtsantritt des neuen Staatspräsidenten Mahmud Ahmadinejad, der stolz auf die »Kultur des Martyriums der Basiji« ist, geben sich allerdings viele Basiji wieder mit neuem Eifer als »Sittenpolizei« und versuchen, die Einhaltung der islamischen Prinzipien in der iranischen Gesellschaft zu überwachen.

Hassan und ich, wir entfernten uns und gingen in Richtung des Mausoleums, wo am Eingang ein bewaffneter Wächter stand. Er fragte mich, ob ich Muslim sei, und verwehrte mir den Einlass. Nur Gläubigen sei der Eintritt gestattet, meinte er und betrachtete mich wie ein unappetitliches Insekt. Ich fragte ihn, ob er nicht eine Ausnahme machen könne. Er verneinte, und da ritt mich der Teufel oder ich weiß nicht was, und ich sprach langsam und in deutlichen Worten die *Schahada*, das Glaubensbekenntnis zu Gott: »la ilaha illa llah wa aschhadu muhammada-r-rasulu-ullah.« – »Ich bezeuge, dass es keinen Gott gibt außer dem einen Allah, und Mohammed ist sein Gesandter und Prophet.« Der Wächter erstarrte, schien sehr verblüfft, aber dann breitete sich ein glückseliges Lächeln über seinem Gesicht aus. Er riss mich an seine Brust, umarmte mich und küsste mich ab. Wir durften eintreten.

Das Mausoleum war ein wunderbarer Prachtbau mit einer imposanten Kuppel. Überall saßen Männer auf den Teppichen, waren wie in sich selbst versunken, einige beteten oder lasen in den heiligen Büchern, andere kauerten im Kreis und murmelten leise miteinander, sodass ein sanftes Brummen den Gebetsraum auszufüllen schien. Wieder andere schlenderten nur einfach hin und her. Es war angenehm kühl und wir setzten uns beide auf den Boden. Mir schien, als sei eine wunderbare Ruhe über mich gekommen, selten hatte ich eine kontemplativere Atmosphäre erlebt als hier an diesem Ort in Meshed.

Aber in mir arbeitete es, denn ich konnte die besinnliche Stimmung an diesem Ort mit den Erfahrungen meiner Reise nicht zusammenbringen. Die Steinigung eines Mädchens in einem namenlosen Kaff am Rande der Großen Salzwüste. Die freudige Opferbereitschaft der Kinder in den Straßen von Meshed, bevor sie sich auf ihren Weg in die Minenfelder weit weg im Westen machten, wo der sichere Tod auf sie wartete, der Tod, den sie sich so sehnsüchtig wünschten. Und diese schier unglaubliche Atmosphäre der Ruhe, der absoluten Kontemplation, der Ahnung von Frieden. Dass all dies sehr viel mit dieser Religion des Islams, mit der der Schiiten zu tun hatte, konnte ich nur irgendwie und auch nur sehr blass erahnen. Mehr aber auch nicht.

Ahmadinejad

Seine Vision vom Goldenen Zeitalter

»Vernichtung!«, »Vernichtung!«, »Vernichtung!«, dröhnt es aus viertausend Kehlen. Viertausend Männer rufen dies, voller Wut und Inbrunst, gefangen in religiöser Verzückung. Junge Burschen, vielleicht achtzehn, neunzehn, zweiundzwanzig Jahre alt, solche mit Bärten und andere, bei denen nur mühsam das erste Gesichtshaar sprießt. Es sind Studenten der Teheraner Universitäten, aber nicht solche, die sich in den Foren der Internet-Blogger in verderblichen Gedankenwelten austoben und in den Cafés am Rande der Teheraner Boulevardstraßen ungeniert mit nur spärlich verhüllten Frauen flirten oder sich auf den Wochenendpartys der iranischen Hauptstadt mit Whisky, Drogen und westlicher Musik volldröhnen. Diese viertausend jungen Studenten, die sich im Saal der Teheraner Universität versammelt haben, sind nicht »dieser Haufen von Huren, die man für 5000 Tuman kaufen kann«.

So hatte Firuz Aslani, ein Anwalt der ultraradikalen Islamisten und Rechtsdozent an der juristischen Fakultät, in Teheran Tage zuvor noch einmal in seiner Vorlesung die Studenten beschimpft, die in seinen Worten den »Mächten der Arroganz hinterherlaufen«, die Gebote der islamischen Scharia missachten, dem Einfluss der Feinde der Islamischen Republik Iran unterliegen und den Imam Chomeini verraten haben, da sie sich vom verderbten Westen kaufen lassen. »Ein Haufen Huren ist durch Geld an die Universitäten gekommen«, so hatte Herr Aslani in seinen Vorlesungen immer wieder getrommelt, »hat sich zu einer Bande zusammengeschlossen und verdirbt Kommilitoninnen und

Kommilitonen. Mitten auf dem Universitätsgelände machen Mädchen und Jungen miteinander herum!« Aber nein, so sind diese viertausend Studenten hier nicht, sie fühlen sich ganz im Gegenteil Herrn Aslani ganz, ganz nahe, der bekräftigt hatte, »dass es richtig war, was ich gesagt habe, und jedem, der etwas dagegen zu sagen hat, werde ich auf die Schnauze hauen«. Diese jungen Männer hier, die sich an diesem 26. Oktober 2005 in der Teheraner Universität versammelt haben, fühlen sich wahrhaftig als revolutionäre »muslimische Studenten, die der Linie des Imams folgen«.

Als solche hatten sich auch die vierhundert Studenten bezeichnet, die sich am 4. November 1979, spontan und eher unorganisiert, der US-amerikanischen Botschaft in Teheran genähert hatten, sie stürmten und 66 amerikanische Diplomaten als Geiseln nahmen. Zwar waren in den Monaten zuvor immer wieder demonstrierende Studenten unter »Tod Amerika«- und »Tod dem Schah«-Parolen vor der US-Vertretung aufgetaucht, aber die Islamische Revolution hatte bis zu diesem Tag im Herbst 1979 noch keine ausgesprochen anti-amerikanische Zielrichtung eingeschlagen. Es war vielmehr der »gottlose Kommunismus der Sowjetunion«, den Nacht für Nacht Tausende Mullahs in den Moscheen des Landes attackierten. Sie stellten die Sowjets wegen ihrer »massenmörderischen Besetzung« des islamischen Bruderstaates Afghanistan an den Pranger und beklagten »die Gefangenschaft unserer muslimischen Brüder« im sowjetischen Aserbeidschan.

Chomeini hatte noch im französischen Exil normale Beziehungen zu den Vereinigten Staaten garantiert – wusste er doch sehr genau, dass seine Herrschaft in der Anfangsphase seiner Revolution auf zu schwachen Füßen stehen würde, um seine Macht zügig und ungefährdet konsolidieren zu können. Der zornige Greis aus Ghom war zu klug, um es mit zu vielen Feinden auf einmal aufzunehmen. Nach der Revolution hatte die nur wenige Monate amtierende Regierung unter Mehdi Bazargan mit dem Segen der Mullahs Tausenden amerikanischen Technikern, die der Schah seit Jahren in die Schlüsselstellungen von Wirtschaft und Industrie gehievt hatte, die geordnete Rückkehr aus dem Iran in die USA ermöglicht und alles getan, damit die hochsensiblen militärischen Abhörstationen, die die USA im Norden des Irans installiert hatten, um damit weit in die UdSSR hineinzuhorchen, nicht von prosowjetischen linken Guerillaeinheiten geplündert werden konnten. Niemand aus der Elite der Mullahkratie hatte die USA bis zu diesem Tag als imperialistische Macht gebrandmarkt, die es bedingungslos zu bekämpfen galt. Die fundamentalistischen Machtgruppen der Islamischen Revolution hatten sich bis zu diesem 4. November 1979 eher als Bollwerk gegen eine Machtübernahme des Kommunismus verstanden, auch wenn amerikanische Legenden bis heute ein anderes Bild zeichnen.

Als jedoch der schwer krebskranke Schah ein Einreisevisum in die USA bekam, um sich dort einer Therapie zu unterziehen, mobilisierten die Tudeh-Partei und die linksislamistische Fedayin-Guerilla sogleich ihre Anhänger. Der amerikanische Botschafter Bruce Laingen hatte Washington davor gewarnt, dem Schah die Einreise zu gestatten. Er befürchtete, dass die Tudeh und die Fedayin das Gespenst eines ungeheuren Komplotts der USA an die Wand werfen würden. Genau das geschah. Sie beschworen immer wieder den Coup d'Etat der CIA von 1953 und witterten eine erneute Verschwörung Washingtons, die den Schah – wie bereits 1953 – erneut an die Macht bringen wolle. Genau das schienen auch die Fernsehbilder aus Washington zu bestätigen – denn der Schah hielt Hof. Er dinierte mit Henry Kissinger, trat mit einigen seiner monarchistischen Minister im US-Fernsehen auf, ließ sich mit David Rockefeller ablichten. An diesem 4. November 1979 jährt sich zum 15. Mal der Tag, an dem Ruhollah Chomeini vom Schah in die Türkei verjagt worden war. Es ist ein kalter, regnerischer

Herbsttag, diesig und windig, und im ganzen Land strömt in Massen das iranische Volk auf die Straßen. Unter dem Banner der Islamischen Revolution demonstrieren die unterschiedlichsten Gruppen, Fedayin, Kommunisten, säkulare Nationalisten, Linksislamisten sowie radikal-islamistische Anhänger Ruhollah Chomeinis. Die Tudeh-Partei hatte es in den Tagen zuvor dank der Auftritte des Schahs in den USA geschafft, eine anti-amerikanische Stimmung im Land zu erzeugen. Chomeini registrierte sorgfältig, wie die verschiedensten Bewegungen bemüht waren, sich als Speerspitze der Revolution zu profilieren.

Fröstelnd demonstriert nun am frühen Vormittag dieses Novembertages im Jahr 1979 diese eher bunt zusammengewürfelte Gruppe von vierhundert Studenten, Männern wie Frauen, vor der US-Botschaft in der Taht-Djamshid-Straße. Ihr kleinster gemeinsamer Nenner: Sie erkennen Ruhollah Chomeini als den alleinigen Revolutionsführer an, und sie sind militant pro-palästinensisch und anti-israelisch. In den Tagen davor bis zum Abend des 3. November haben sie sich an der Teheraner Universität in hitzigen Diskussionen darüber verloren, was denn nun die beste Form des Protests, der revolutionären Aktion sein solle. Nur auf den Straßen der Stadt demonstrieren, zu Sit-ins vor der US-Botschaft aufrufen, dieser gar einen Besuch abstatten? Als der Vorschlag zur Besetzung der amerikanischen Vertretung aufkommt, protestiert einer wütend dagegen. Ein junger Student der Stadtentwicklung, ein gewisser Mahmud Ahmadinejad, kämpft heftig dafür, den Hort der Gottlosigkeit zu stürmen: die Botschaft der Sowjetunion. Ahmadinejad kann sich aber nicht durchsetzen, und so prangern am Tag danach die Studenten vor der amerikanischen Botschaft die Unterstützung der USA für Israel an, brüllen ihre Parolen gegen den Schah und dass die USA ihm die Einreise erlaubt haben. Dabei stellen die Studenten zu ihrer eigenen Verblüffung fest, wie schlecht, ja fast gar nicht bewacht die diplomatische Vertretung der Vereinigten Staaten von Amerika ist, klettern über die Zäune und dringen gegen zehn Uhr dreißig auf das Gelände der Botschaft ein. Was für niemanden vorhersehbar beginnt, ist das 444 Tage währende Drama der Geiselhaft von zunächst 66, dann 52 Diplomaten. Es ist eine Demütigung der Supermacht vor den Augen der Welt, die zum amerikanischen Trauma werden wird und die Politik gegenüber der Islamischen Republik Iran bis zum heutigen Tag wesentlich mitbestimmt. Was an diesem Tag als die eher unbeholfene Aktion junger Studenten seinen Anfang nimmt, gibt der Revolution binnen zweier Tage einen neuen Schwung und löst das aus, was später die »zweite Revolution« genannt werden wird, die vor allem die Kinder und die Jugend des Irans in ihren Bann zwingen und Chomeinis Machtstellung unumstößlich zementieren wird. Das endgültige Erwachen der islamischen Welten, aus dem in den folgenden drei Dekaden der ungeheure Aufbruch und Vormarsch des Islamismus geschehen wird, ist ohne die Ereignisse am 4. November 1979 nicht denkbar.

Der Imam Ruhollah Chomeini, dem die jungen Männer und Frauen nacheiferten, hatte sogleich nach der Erstürmung der US-Botschaft das ungeheure Machtinstrument erkannt, das ihm die Demonstranten mit ihrer spontanen Aktion in die Hand gegeben hatten. Zwar zögerte der Imam am Tag der Krise zunächst, wartete ab, um dann der Besetzung der Botschaft wie der Geiselnahme der US-Diplomaten seinen Segen zu geben. Mit der Befürwortung der Geiselnahme zeigt Chomeini den muslimischen Gläubigen von Mauretanien bis hin zur muslimischen Insel Mindanao auf den Philippinen seine außenpolitische Stärke. Er erscheint als der einzige muslimische Führer, der die arrogante Supermacht USA erst herausfordert, dann demütigt und sie zu guter Letzt in die Knie zwingt. Für Chomeini war die Geiselnahme der amerikanischen Diplomaten ein Mittel zum Export seiner islamischen Revolution. War seine außenpolitische Zielsetzung bisher in der

Hauptsache auf »die Befreiung von Jerusalem, von Al Quds, und die Zerstörung des zionistischen Gebildes« ausgerichtet gewesen, so war nun ein neues Stadium erreicht: Er hatte der islamischen Welt bewiesen, dass Amerika »einen Dreck tun könne, wenn die Gemeinschaft der Umma beginne, die Marionettenregierungen, die den islamischen Völkern überall aufgezwungen wurden«, in den Staub zu werfen. Seine Botschaft klingt bis zum heutigen Tag nach. Die »Studenten auf der Linie des Imams«, wie die damalige Besetzer-Gruppe hieß, gehen längst getrennte Wege. Einige der Geiselnehmer sitzen heute als ultraradikale Islamisten im Hintergrund an den Schalthebeln der Macht, andere haben Schlüsselstellungen in den Führungsebenen der islamistischen Geheimdienste inne. Weitere haben sich zu radikalen Gegnern des islamistischen Gottesstaates gewandelt, sind hingerichtet worden oder vegetieren noch immer in den Kerkern der Mullahs vor sich hin, unterliegen der Folter. Und dann gibt es die, die seit Jahren im europäischen und amerikanischen Exil leben oder sich im Iran in den neunziger Jahren zu so genannten Reformern gewandelt haben oder gar im schiitischen Gottesstaat selbst für Freiheit und die Abschaffung der Herrschaft der Mullahs kämpfen.

Unvorstellbarer Verrat an der Revolution des Alten aus Ghom muss diese Entwicklung für die Nachgeborenen sein, die sich an diesem 26. Oktober 2005, fast 27 Jahre danach, als neue »Studenten auf der Linie des Imams« fühlen, als deren Widergänger. Sie trauern an diesem Tag um die verratene, weil unvollendete Revolution ihres Imams Ruhollah Chomeini, weinen um die Revolution, deren Ausbruch sie selbst nicht erlebt haben, weil sie damals noch nicht geboren waren, flehen um deren Vollendung, um die endgültige Einlösung der Heilsversprechen der chomeinistischen Revolution, fordern dies in immer wiederkehrenden Sprechchören ein, voller Sehnsucht und mit Tränen in den Augen.

»Vernichtung!«, »Vernichtung!«, »Vernichtung!«, so

hallt es rhythmisch durch den Saal. Und der Mann auf dem Podium im Saal der Teheraner Universität fühlt mit ihnen, teilt er doch ihr Leid, ihre Sehnsucht, hört diesen uralten schiitischen Schrei nach Blut und Tod und Martyrium, schaut dann huldvoll, mit einem sanften Lächeln auf die Menge vor sich hin. Auf die, die da unten im Auditorium vor ihm sitzen und ihm zujubeln. Ausgerechnet ihm. Was war er doch verlacht worden! In den Salons im Norden Teherans, bei den Reichen und auf deren Partys. Ein tumber Tor sei er, ungehobelt und so ganz ohne weltläufige Bildung. Wie verächtlich sie ihn doch gemacht haben in den Feuilletons und auf den Kommentarseiten der großen europäischen Meinungsblätter. Außenpolitisch unerfahren sei er, eine ärgerliche Erscheinung zwar, aber schlussendlich nicht ernst zu nehmen. Die wahre Politik seines Landes, die habe er nun wirklich nicht zu bestimmen. Das stünde vielmehr den Pragmatikern zu, den Rafsandjanis seines Landes, die im Westen mittlerweile als Gemäßigte gelten.

Der Mann auf dem Podium lächelt an diesem Tag vor seinen viertausend Anhängern, lächelt so, wie er dies immer tut und immer getan hat, auch angesichts dessen, was er alles über sich hat ergehen lassen müssen. Was er alles über sich hat lesen müssen! Da draußen in der verderbten, westlichen Welt, gegen die er nun angetreten ist und deren Gottlosigkeit, Arroganz und Verachtung den Muslimen gegenüber er aufs Tiefste verabscheut. Sein Empfinden, seine Überzeugung stützen sich auf eine lange Tradition: Seit Jahrhunderten tritt der Westen, die Welt der »Kreuzzügler«, gegen die Gemeinschaft der *Umma* – die Gemeinschaft aller Gläubigen, Schiiten wie Sunniten – an. Im ewigen Kampf des *Dar ul Gharb* gegen das *Dar ul Islam*. Es ist ein Krieg, den der Westen, das *Dar ul Gharb* – das »Haus des Krieges« – schon immer gegen das »Haus des Islams« geführt hat, weswegen die Muslime sich in einem ewig währenden Verteidigungszustand gegen den Westen wiederfinden und sich der Angriffe erwehren müssen. Diesen Glauben, ja dieses unfehlbare Wissen um die alleinige ewige Wahrheit dieses Kampfes hat Ahmadinejad vom Imam Chomeini übernommen. Dessen Erbe anzutreten ist er hier, deshalb spricht er vor diesen neuen »Studenten auf der Linie des Imams«.

Er ist der Mann, der mit Fug und Recht diesem Verteidigungskampf der Muslime neue Impulse und eine neue Stoßrichtung geben kann. Sie mögen ihn im »Haus des Krieges« verlachen, ihn gering schätzen – ihn stört das nicht, denn er weiß um seine Mission, er weiß, wie sehr er im Recht ist, und jetzt ist alles endlich ganz anders. Hier in diesem Saal, in diesen Stunden. Hier ist er zu Hause. Und wie er da vorne steht, strahlt er das Bild eines Mannes aus, der unerschütterlich in sich selbst ruht. Einer, der angekommen ist, der um die eine, um die ewige Wahrheit weiß, genauso wie um seine Mission! Die viertausend iranischen Studenten haben sich – neben Vertretern des Palästinensischen Islamischen Jihad, der palästinensischen Hamas und Mitgliedern der »Gesellschaft für die Verteidigung der palästinensischen Nation« – eigens an diesem Tag eingefunden, ihm zu lauschen. Die Präsenz der Kämpfer des Islamischen Jihad sowie der Hamas soll eine bestimmte Botschaft aussenden: dass diese iranischen Studenten sich als internationalistische Vorkämpfer sehen, die sich in ihrem globalen Kampf gegen den Westen Seite an Seite mit ihren muslimischen Brüdern wähnen, den palästinensischen ebenso wie allen anderen. Wo immer sie leben mögen.

Viertausend angehende Akademiker. Die sitzen nun da, fiebrig, angespannt und voller Erwartung, und in dieser haben sie ihrem neuen Idol die ganze Zeit des Wartens über entgegengeharrt. Als er dann endlich kommt, da empfangen sie ihn mit rauschendem Beifall. Endlich ist er gekommen, ihnen seine Botschaft zu verkünden, und so bricht es fast orgiastisch aus ihnen heraus, als er auf seinem Weg zum Podium zwischen ihnen hindurchschreitet: »Mit unserer Seele, mit unserem Blut werden wir für dich kämpfen, mit unserer Seele und unserem Blut werden wir für dich sterben!«, grüßen sie ihn. Frenetische Begeisterung brandet ihm entgegen, und als er sich dann unter schwelgenden Orchesterklängen auf seinem Weg nach vorne zum Podium begeben hat, da entbieten sie ihm ihren Heilsgesang.

Das war kein Gehen, vielmehr ein Schreiten, und als die Musik langsam ausgeklungen ist, da kann er hören, wie sie ihm an diesem Tag im immer wiederkehrenden Rauschen ihres Sprechgesanges Ehre entbieten. »Der einzige Weg zum Heil sind Glauben, Heiliger Krieg und Martyrium. Jihad, Jihad, Jihad.« So schallt es ihm entgegen. Was für ein Glück. Was für eine Verheißung.

Auf dem Weg durch das Spalier seiner jungen Anhänger ist er immer wieder stehen geblieben, hat hier eine Schulter geklopft, dort eine Wange getätschelt, hat dem einen ein aufmunterndes Wort zugerufen und andere kurz umarmt, hat dabei nie dieses sanfte, unendlich sanfte, so glückselige Lächeln aus seinem Gesicht verschwinden lassen. Warum auch? Ist er doch der neue Mann – der, dessen Lächeln nur eines verheißt: Hoffnung, Glückseligkeit und Heil. Labsal für ihre Wunden. Die heutigen und vielmehr noch die, die ihnen in der Vergangenheit so oft beigebracht worden sind.

Sein Lächeln ist echt, so gar nicht in glatter Politikerroutine aufgesetzt. Es ist vielmehr eines, das ihn ganz auszufüllen scheint, ganz tief von innen aus ihm herauskommt und ihn deshalb durchstrahlt. Das haben die viertausend während seines Durchmarsches sehr wohl gespürt. Es ist das Lächeln eines Mannes, der nie vergessen hat, woher er kommt, der weiß und immer wissen wird, was ihn antreibt auf seinem Weg hin zu seinem Ziel. Das spürt die Masse der Jubler, das weiß sie. Er weiß natürlich während seiner Prozession zum Pult, was sie von ihm, von seiner Rede erwarten werden: eine Botschaft, der ein heiliges Versprechen innewohnt. Eine islamische Zukunft in Vollendung der Islamischen Revolution – um jeden Preis, wie hoch auch immer der sein möge.

Ahmadinejad ist nicht nur der Mann dieser viertausend jungen Akademiker, der Männer der palästinensischen Hamas, der Aktivisten des Palästinensischen Islamischen Jihad. Er ist nicht nur deren neuer Volkstribun, nicht nur ihr neuer Führer. Seine Vision geht weit, weit darüber hinaus – und da orientiert er sich an seinem großen Vorbild, dem verstorbenen Revolutionsführer, dem Ayatollah Chomeini und dessen Ziel, die Islamische Revolution weit über die Grenzen des Irans hinaus zu exportieren. Dieser Mann, der seinen Auftritt so perfekt inszeniert, will der neue Messias der islamischen Massen der ganzen Welt werden, über alle Grenzlinien zwischen Schiiten und Sunniten, zwischen Persern und Arabern hinaus. Vorne am Podium angekommen, breitet er langsam beide Arme weit, weit aus, als dirigiere er ein Orchester. In wohl einstudierter langsamer Geste bewegt er die geschlossen aneinander liegenden Finger seiner Hände sachte zu sich her. Immer wieder. So, als wolle er sie alle zu sich her winken: Kommt. Kommt her! Kommt alle her zu mir!

Die Studenten im Saal, die jungen Burschen ebenso wie die in unzähligen Kämpfen ergrauten Jubler, haben in rhythmischen Bewegungen angefangen, sich mit der geballten Rechten an die Brust zu schlagen. Jeder für sich alleine und alle zusammen und jeder dorthin, wo sein Herz schlägt. Als hingen sie alle an einem unsichtbaren Faden, der ihre Bewegungen koordiniert. Das tönt wie dumpfer Donnerhall und liegt als schwerer Klangteppich unter dem Crescendo ihres Glaubensbekenntnisses, das sie ihm so inbrünstig entgegenschleudern: »Vernichtung!«, »Vernichtung!«, »Vernichtung!« Das ist es, was sie alle eint; das ist es, was sie alle antreibt; das ist es, was sie wieder und wieder aus sich herausbrüllen. So hallt es an diesem 26. Oktober, dem letzten Mittwoch im islamischen Fastenmonat Ramadan im Jahre 2005, dem neuen Volkstribun der Islamischen Republik Iran, dem frisch ins Amt eingeführten Präsidenten Mahmud Ahmadinejad entgegen, denn: »Israel muss vernichtet werden!« Zwei Tage später wird in Teheran, wie seit 27 Jahren an jedem letzten Freitag im Fastenmonat Ramadan üblich, der so genannte Al-Quds-Tag zelebriert. In Anlehnung an den arabischen Namen der Stadt Jerusalem, Al Quds, ruft an diesem Kampftag die gesamte Machtelite des Landes zur Vernichtung Israels auf.

Mahmud Ahmadinejad vernimmt diese Rufe mit Wohlgefallen, und es ist gut möglich, dass er sich in diesen Momenten an jene längst vergangenen Tage im November 1979 zurückerinnert, als er sich den Idealen der »Studenten auf der Linie des Imams« so nahe gefühlt hatte. Er steht mit leicht in die Luft gerecktem Haupt vor ihnen, saugt ihre Botschaft in sich auf, lässt sich Zeit dafür, und dann schallt aus den Boxen der Lautsprecher seine weiche Stimme, schmeichelnd und lockend. »Lauter«, tönt es. »Lauter! Ruft es lauter.« Die Studenten, längst zur Masse Mensch verschmolzen, antworten ihrem Messias nur das eine: »Vernichtung! Vernichtung! Vernichtung!« Und wer je die Bilder gesehen hat, die so alten Bilder aus so fernen Tagen in einem fernen Land, dem kommt dies, was hier an diesem Tag zu sehen ist, wie neu aufgelegt vor. Als sei's ein Stück aus Nürnberg: Reichsparteitag.

»Ruft lauter«, fordert Präsident Mahmud Ahmadinejad seine Anhänger noch einmal auf, hört deren ewig gleichen Ruf nach Vernichtung, um ihnen dann zu bestätigen: »Wie der liebe Imam Chomeini gesagt hat: Israel muss von der Landkarte getilgt werden.«

Diese Szenen spielten sich bei einer Konferenz mit dem Thema »Die Welt ohne Zionismus« in Teheran ab. Eine solche zu erreichen ist nur eine der Visionen des neuen iranischen Präsidenten. Doch er träumt nicht nur davon: Mahmud Ahmadinejad glaubt daran, er weiß, dass es ihm gelingen wird. Mit allen Mitteln, mit allen Möglichkeiten, die sich ihm eröffnen. Dazu gehört auch der Einsatz von

Waffen – solcher, die sein Land längst hat, und solchen, die es dabei ist, gegen den Widerstand der »heuchlerischen Mächte des Westens« zu entwickeln.

Der neue iranische Staatspräsident ist ein Mann, in dessen Weltsicht eine unerschütterliche Grundwahrheit fest verankert ist: Diese Welt wird nur dann eine bessere sein, wenn ihr Kainsmal, das Kainsmal des Zionismus, vom Angesicht dieser Welt hinweggewischt sein wird. Dies ist zugleich Vision und Mission des Mahmud Ahmadinejad. Es ist eine Vision, der ein Kampfauftrag innewohnt und die mit der Vernichtung Israels beginnt. Als erste Etappe im universellen Kampf für Allah.

***

Den Kampfauftrag hat der verstorbene Führer der Islamischen Revolution, der Imam, Seine Heiligkeit, der Groß-Ayatollah Hadsch Seyyed Ruhollah Mousavi Chomeini, 1979 vorgegeben. Am 8. August 1979 veröffentlichte die Teheraner Tageszeitung *Ettela'at* eine Botschaft des Imam Chomeini: »Im Namen des barmherzigen Gottes. Jahrelang habe ich die Muslime der Welt vor der Gefahr gewarnt, die vom räuberischen Israel ausgeht. Israel hat in diesen Tagen seine Repressionen gegen unsere palästinensischen Brüder und Schwestern verstärkt. Insbesondere im Südlibanon wollen die Israelis die palästinensischen Kämpfer vernichten. Ununterbrochen bombardieren sie deren Häuser. Ich verlange von allen Muslimen der Welt und allen muslimischen Regierungen, den Usurpatoren und ihren Unterstützern die Hände abzuhacken. Und ich lade alle Muslime der Welt dazu ein, gemeinsam den letzten Freitag im heiligen Monat Ramadan zum Al-Quds-Tag zu machen und ihre internationale muslimische Solidarität zur Unterstützung der legitimen Rechte des muslimischen palästinensischen Volkes zu erklären. Ich bitte den allmächtigen Gott um den Sieg der Muslime über die Gottlosen. Ruhollah Mousavi Chomeini.«

Neun Tage später, am 17. August 1979, demonstrieren allein in Teheran 3,5 Millionen Menschen. In den iranischen Provinzen marschieren weitere vier bis fünf Millionen. Tausende verbrennen israelische Flaggen und fordern die Vernichtung des Judenstaates mit Feuer und Schwert. Seither wird im Iran und in den muslimischen Staaten, aber auch in den muslimischen Gemeinden in den USA und in Kanada, in Südafrika, in Deutschland und in den europäischen Staaten am letzten Freitag im Heiligen Fastenmonat Ramadan, wie von Chomeini angeordnet der Al-Quds-Tag zelebriert, an dem alljährlich öffentlich zur Vernichtung Israels aufgerufen wird. In Deutschland, in Paris, London, Rom und Washington folgen dem Aufruf Chomeinis Tausende Muslime, Schiiten wie Sunniten, Nordafrikaner, Araber, Perser. Mit einem kleinen Unterschied. Da der Freitag in westlichen Ländern ein Arbeitstag ist, wird dort die Vernichtung Israels am arbeitsfreien Samstag herbeidemonstriert. In ihrem Marsch für die Befreiung von Jerusalem, Al Quds, vom zionistischen Joch sind sie über alle nationalen, ethnischen wie religiösen Gräben endlich vereint, sind tatsächlich *Umma*, tatsächliche Gemeinschaft der Gläubigen. Nichts anderes hatte Chomeini im Sinn, als er den Al-Quds-Tag etablierte. Ein genialer Schachzug – zumal in den westlichen Metropolen lange Jahre sich niemand darüber aufregte, wenn Jahr für Jahr zunächst Hunderte, dann Tausende Muslime durch die Straßen und über die Boulevards zogen und lauthals »Tod Israel«, »Tod den Juden« skandierten.

Dieser Kampf- und Vernichtungsauftrag des Ayatollah Chomeini war nicht nur schiere Propaganda, rhetorisches Futter zur Beschwichtigung der frustrierten islamischen Massen. Chomeini war das eine Herzensangelegenheit. Sie entsprang seiner tiefen Überzeugung, dass eine weltweite Konspiration der Juden existierte, die »alles und jeden kontrollieren«, um »den Islam zu entmannen«, da die Juden eine Weltherrschaft errichten wollten, um in den Besitz aller natürlichen Ressourcen der Muslime zu gelangen. Chomeini sprach zeit seines Lebens über ein »jüdisches Komplott zur Vernichtung des Islams«.

Chomeini zufolge war dem persischen König Kyros vorzuwerfen, dass er die Juden aus dem Babylonischen Exil befreit und so »das natürliche Verschwinden von Elementen verhindert« habe, »die sich nie mit weniger als der Weltherrschaft zufrieden geben«. Deshalb war nun gegen die Juden vorzugehen, und deshalb forderte Chomeini die Gemeinschaft der Muslime weltweit zum *Qital,* dem »Töten im Namen Allahs«, auf. Und er unternahm einiges, seine Überzeugung zu verbreiten: Als sich am 4. Februar 1985 die Führer sunnitischer wie schiitischer radikal-islamistischer Organisationen aus dreißig Staaten bei Chomeini versammeln, gibt er ihnen seine Vision mit auf den Weg: den Kampf gegen die »Satansherrschaft der Juden« und den Krieg gegen alle, die sie unterstützen. Gemeint sind die ungläubigen Länder des Westens, die von dem »großen Satan« Amerika geführt werden und die nur ein Ziel haben: So wie bereits zu Zeiten des Propheten Mohammed die Juden und Christen die von Allah gewollte weltweite Verbreitung des Islams immer bekämpft haben, so kämpfen die Juden heute Seite an Seite mit den »teuflischen Mächten der Arroganz« gegen die Muslime. Die Errichtung und die Expansion des »zionistischen Gebildes« in der islamischen Welt sei das sichtbare Symbol der Verschwörung der Juden und des Westens und ihrer Tyrannei gegen die Muslime.

Chomeinis Ziele waren allerdings viel weiter gefasst. In einer programmatischen Erklärung erläuterte er schon 1970 seine wahre Vision: Die Überwindung des sunnitisch-schiitischen Schismas. Dazu brauchte er ein plakatives Feindbild. Der von jüdischer und christlicher Kultur geprägte Westen ist aus seiner Sicht die Antithese des Islams und dadurch der Hauptfeind der Muslime, der nicht nur bekämpft, sondern vielmehr vernichtet werden muss. Ein holzschnittartiges Weltbild, das, Jahrzehnte bevor Samuel Huntington seine allzu griffige These vom »Clash of Civilisations« formuliert, just diese vorwegnimmt und den Kampf der Zivilisationen aus islamistischer Perspektive propagiert.

Nur der Westen, so Chomeinis Überzeugung, ist die Ursache für die Krankheit des Islams. Der ewige Kampf der ungläubigen Juden und Christen gegen Allah spiegelt sich für ihn in der Unterjochung der islamischen Welten durch die »Mächte der Arroganz« wider. Diese hätten ihren kulturellen Einfluss dazu benutzt, die Gemeinschaft der Muslime zu spalten, indem sie sie »verderblichen«, gar »pornographischen« Einflüsterungen ausgesetzt haben. Der Westen habe die Muslime vom wahren Glauben abfallen lassen, beute die den Muslimen von Allah gegebenen Ressourcen aus, habe seit Jahrhunderten das Haus des Islams erobert, kolonialisiert und in »teuflische Abhängigkeit« von sich getrieben. Chomeinis Therapie dagegen: der weltweite Export seiner Revolution. Eines seiner Vehikel, diesen Traum zu realisieren, ist die ungelöste Palästinafrage. Deren Lösung: Jihad, Heiliger Krieg im Namen Allahs – und Tod und Martyrium.

Chomeinis Vision ist eine globale, eine endzeitliche dazu. Denn sie erfordert die Rückkehr des in der Verborgenheit verschwundenen zwölften Imams, auf dass er als *Mahdi* – als von Gott gesandter Messias – zurückkehren kann und sein tausendjähriges Reich errichtet. Chomeini weiß brillant auf der Klaviatur muslimischer Befindlichkeit zu spielen – und Jerusalem, das von den Juden okkupierte Al Quds, ist die Grundchiffre, die er genial einzusetzen weiß.

»Der Al-Quds-Tag ist ein internationaler Tag. Er ist nicht allein Al Quds gewidmet. Er ist der Tag für die Leidenden und die Unterdrückten, die unter dem Druck der ›arroganten Mächte‹ leiden, unter der Unterdrückung durch Amerika und die westlichen Staaten. Er ist der Tag, an dem sich die Unterdrückten selbst gegen die Unterdrücker bewaffnen müssen, um deren Nasen in den Dreck zu stoßen. Er ist der Tag, an dem wir entdecken müssen, welche Individuen und reichen Regime an der internationalen Verschwörung gegen den Islam beteiligt sind. All die Muslime, die daran nicht teilnehmen, sind gegen den Islam, sie sind für Israel und für alle, die gegen den Islam kämpfen.« So die Botschaft Chomeinis.

Chomeini präzisiert seine Vision an diesem 4. Februar 1985 im Kreis der Führer radikal-islamistischer Organisationen aus aller Welt. Denn der Imam weiß, dass die Zeit drängt, und so gibt er seinen Mitstreitern seine Vision als Auftrag mit auf den Weg. »Brüder«, mahnt Chomeini seine Glaubengenossen, »sitzt nicht zu Hause herum, sodass der Feind angreifen kann. Geht zur Offensive über, und seid gewiss, dass der Feind sich zurückziehen wird. ... Gebt euch nicht zufrieden damit, das Volk die Regeln des Gebets und des Fastens zu lehren. Die Vorschriften sind nicht nur auf diese begrenzt. ... Warum rezitiert ihr nicht die Sure über das Qital? Warum tragt ihr immer nur die Suren über die Barmherzigkeit vor? Vergesst nicht, dass Töten auch eine Form der Gnade ist ... Es gibt Übel, die nur geheilt werden können, indem sie verbrannt werden. Die Korruption in jeder Gesellschaft sollte ausgemerzt werden ... Der Koran lehrt uns, nur diejenigen als Brüder zu behandeln, die Moslems sind und an Allah glauben. Er lehrt uns, andere anders zu behandeln; er lehrt uns, sie zu schlagen, ins Gefängnis zu werfen, sie zu töten.« *Qital fi Sabil Allah* bedeutet »Kampf auf dem Pfade Gottes«. Es ist ein Kampf, der nicht symbolisch gemeint ist. In der Sure 9/ Vers 111 des Korans heißt es: »Gott hat den Gläubigen ihre Person und ihr Vermögen abgekauft, dass sie das Paradies haben sollen. Nun müssen sie um Gottes willen kämpfen und dabei töten oder selber den Tod erleiden. Dies ist ein Versprechen, das einzulösen ihm obliegt.«

***

Ahmadinejad inszeniert sich an diesem Tag vor dem Auditorium als Enkel des Imam Chomeini, als dessen Erbnehmer. Seine Botschaft richtet sich nach innen, an die, die ihn gewählt haben, die *Mustazafin*, die Massen der »Barfüßigen«, die »Unterdrückten«, die »Entrechteten«. Aber sie soll auch nach außen wirken: »Die islamische Welt wird ihren historischen Feind nicht in ihrer Mitte leben lassen«, verkündet Ahmadinejad und hört noch immer lächelnd die Antwort seiner Anhänger, »Tod den Juden, Tod den Juden!«, und kündigt neue Wellen palästinensischer Anschläge an: »Wir werden Israel in Blut tauchen!« Das Publikum stöhnt begeistert auf: »Tod den Juden! Blut über Israel! Vernichtung den Juden! Vernichtung für Israel!«

Es ist ein Wechselspiel zwischen Redner und Auditorium, ein Dialog der Verzückung, bis Ahmadinejad endlich ausruft: »Ein Brandmal wird sie auslöschen.« Im Publikum wird diese Antwort so verstanden: als eine Anspielung auf die iranische Atombombe. In Sprechchören reagieren die Massen dann auch begeistert: »Ein Flammenmal wird sie fressen! Tod den Juden! Vernichtet Israel« und »Tod für Amerika!«. Ahmadinejad schlägt in seiner Rede einen weiten Bogen, setzt das Signal eines radikalen Wechsels: Schluss mit der Politik der »korrupten Pragmatiker«, die die Ideale der Revolution verraten, ja verkauft haben.

Ahmadinejad und all die anderen seiner Mitstreiter aus der jüngeren, neuen Generation greifen nun nach der Macht. Sie sind im bestialischen Krieg gegen den Irak groß geworden. Der hat sie gestählt, hat sie in ihren religiösen Prinzipien zusammengeschweißt. Selbstbewusst und strotzend in ihrem islamischen Nationalismus nennen sie sich »die Prinzipientreuen«. Unerschrockene Rationalisten und Glaubenseiferer zugleich, stammen sie aus den Machtapparaten des Militärs, der Revolutionären Garden und aus den Geheimdiensten. Als die Revolution noch jung war, waren sie Kinder, Jugendliche, junge Männer, haben in den Massenkämpfen der persischen Wüsten die Ideale ihres

Glaubens und ihrer Revolution verinnerlicht, sind aus den Wüstenschlachten als stolze Sieger und noch viel mehr als wahrhaft Gläubige und Nationalisten hervorgegangen. Sie sind die neue Elite. Ihre Religiosität ist ebenso unerschütterlich wie ihre leise Verachtung den Mullahs der alten Garde gegenüber. Die haben sich aus ihrer Sicht selbst überlebt, sind behäbig geworden, schlaff und korrupt nach 27 Jahren alltäglicher Machtausübung, wobei die Vision des Imams Ruhollah Chomeini abhanden gekommen ist. Sie, die neuen Jungen hingegen, haben einen Traum: die Vision Chomeinis wiederzubeleben. Sie wollen den idealen islamischen Modellstaat neu exportieren und nach außen als neue islamische Supermacht auftreten. Eine, die den nuklearen Traum verwirklicht und sich damit unangreifbar macht.

Mahmud Ahmadinejad ist ihr strahlender Anführer geworden, obwohl er scheinbar aus dem Nichts zur Macht kam, was seine Aura noch verstärkt, ihr Kraft verleiht. Ahmadinejad ist clever genug, diese Wirkung noch ins Mystische zu verstärken. Er bedient die Erwartungen der Massen, stilisiert sich selbst als den Wegbereiter des verborgenen Imams – und ist dennoch beides zugleich: Ein Populist wie ein Mann der Ratio. Ausgestattet mit religiösem Sendungsbewusstsein und dem Wissen, dass er »im Krieg mit den Mächten des Satans steht«, gibt er diese Botschaft an diesem Mittwoch im Heiligen Monat Ramadan seinen Zuhörern mit auf den Weg. Der Rationalist Ahmadinejad weiß die technischen Errungenschaften der Moderne sehr wohl zu schätzen. Nicht aber ihre offenen Systeme, ihre der Aufklärung und Emanzipation geschuldete Gedankenfreiheit. Tief und fest ist er in der eschatologischen Endzeiterwartung der Schia verhaftet. Natürlich weiß er um die Beschränktheit seiner Macht als Staatspräsident, weiß, dass die genau so gering ist wie die des von ihm so sehr verachteten Vorgängers. Ihm ist vollkommen klar, wer wirklich die Macht im Iran ausübt: der Oberste Geistliche Füh-

rer, Ali Chamenei – aber Ahmadinejad will den Machtkampf aufnehmen und ihn gewinnen. Mit seinem Segen ist
Ahmadinejad erst in dieses Amt gehievt worden, aber Ali
Chamenei ist mittlerweile klar geworden, dass er mit Ahmadinejad einen Geist gerufen hat, den er möglicherweise
nicht mehr bändigen können, geschweige denn loswerden
wird.

Dem Auditorium beschreibt Ahmadinejad seine Vision
und gibt seinen gebannten Zuhörern als Ziel weit mehr als
die »Befreiung von Al Quds« mit auf den Weg. »In diesem
Krieg ist Israel nur die Speerspitze des Westens gegen die
Islamische Nation. Wir müssen sehen«, ruft er ihnen zu,
»was die wirkliche Geschichte Palästinas ist. Die Errichtung des Regimes, das Al Quds okkupiert hält, war ein
Versuch der hegemonistischen und arroganten Mächte, der
Islamischen Nation ihr Grab zu schaufeln.« Er fällt in seine
sanfte Stimmlage zurück und fährt fort: »Wir sind inmitten eines historischen Krieges zwischen der Welt der Arroganz und der Islamischen Welt – und dieser Krieg dauert
schon seit Hunderten von Jahren. In diesem historischen
Krieg hat die Situation an den Fronten viele Male gewech-
selt, haben sich die Kampfplätze oft verschoben. Während
einiger Perioden waren wir Muslime die Sieger. Wir schauten voller Stolz nach vorne, und die Welt der Arroganz war
auf dem Rückzug. Unglücklicherweise ist die muslimische
Welt in den letzten dreihundert Jahren gegenüber der Welt
der Arroganz auf dem Rückzug. Während der Periode der
letzten hundert Jahre sind die Mauern der Welt der Muslime zerstört worden, und die Welt der Arroganz hat durch
die Errichtung des Gebildes, das Al Quds besetzt hält, eine
Brücke errichtet, über die sie die Islamische Welt verskla-
ven wollen.« Und er wettert gegen die »heuchlerischen« islamischen Herrscher, die das ermöglichen, weil sie die Prinzipien des Glaubens verraten haben und mit der »Welt der
Arroganz« kollaborieren. Das ist für Ahmadinejad das,
was es schon für sein Vorbild Chomeini gewesen war: Ver-

rat am Glauben, Verrat an Allah, weshalb es gilt, zunächst die Heuchler zu vernichten.

Mahmud Ahmadinejad gibt an diesem Tag nichts anderes als eine Kriegserklärung ab: gegen die korrupten, mit dem Westen auf du und du stehenden muslimischen Mächte, gegen Israel, das vernichtet werden muss, aber auch und vor allem gegen den Westen, die USA wie Europa. Was wie Hybris eines bloß durchgeknallten politischen Emporkömmlings scheinen mag, ist sehr wohl mehr als eine reine Drohkulisse. Zwar ist die tatsächliche Macht Ahmadinejads beschränkt, jedoch weiß er nicht nur die mächtigen Eliten aus dem Kreis der Revolutionären Garden, die Pasdaran, sowie die Geheimdienste, denen er so lange angehört hat, hinter sich. Ahmadinejad wuchert mit einem noch ganz anderen Pfund. Er will und wird versuchen, die verarmten Massen der iranischen Großstädte, der Provinzen und der Dörfer hinter sich zu scharen. Er weiß, dass er ihnen nur Arbeit und Brot versprechen muss. Sollte ihm dies nicht gelingen, kann es in seinem Kampf um die tatsächliche Macht, in dem er sich schon nach wenigen Amtsmonaten mit den reich und satt gewordenen Eliten der Mullahkratie befindet, ausreichen, den verarmten Massen etwas anderes zu versprechen: die Verwirklichung der alten Vision des verstorbenen Ayatollah Chomeini.

Die Politiker und die Öffentlichkeit in Europa reiben sich am Tag nach Ahmadinejads Rede zum Al-Quds-Tag verwundert die Augen. Ganz so, als seien die kriegerischen Töne aus Teheran aus dem Nichts heraus erklungen oder als sei dies nun mal ein den Westen zwar reflexartig erschreckendes, dennoch eher folkloristisches Ritual. In schaurig blutiger Sprache zwar, aber doch nur Sprache eben und deshalb nicht sonderlich ernst zu nehmen. Denn so ist er nun mal, der Araber wie der Perser. Mit solchen Reden rennt die islamische Welt seit mehr als fünf Dekaden gegen einen seit mehr als dreißig Jahren nuklear bewaffneten Judenstaat an. Dass nun ein neuer Akteur einem persischen Cato gleich sein »Cetero censeo Carthaginem delendum esse« – »im Übrigen bin ich der Meinung, dass Karthago zerstört werden muss« in die Menge schleudert, wird in Europa erst nach langem Zögern verurteilt. Mit Abscheu und Empörung haben die im westlichen Konflikt-diskurs verhafteten Kommentatoren geschlussfolgert, dass der außenpolitisch unerfahrene Ahmadinejad doch nur eines im Sinn gehabt haben kann: die darbenden Massen seiner Wählerschaft mit überholter Revolutionsrhetorik weiter an sich zu binden. Als wohlfeiles Mittel im inner-iranischen Ränkespiel um die tatsächliche Macht im Got-tesstaat. Dass Ahmadinejads Vision durchaus eine globale Dimension hat, wird genauso übersehen wie die Tatsache, dass die Forderung zur Vernichtung Israels seit 27 Jahren ein Kernpunkt iranischer Politik ist – und nicht nur rheto-rische Gewaltandrohung. Und zwar über alle Fraktionie-rungen der heterogenen iranischen Machtapparate hin-weg.

Der Mann, der das machiavellistische Ränkespiel bis zur Perfektion getrieben hat, der listige, von 1989 bis 1997 amtierende Staatspräsident Ali Akbar Hashemi Rafsand-jani, weiß dies natürlich, als er zwei Tage nach Ahmadine-jads Rede in seiner Freitagspredigt auf dem Gelände der Teheraner Universität in ernsten Worten seine Hochach-tung vor dem Judentum ausdrückt: »Wir haben keine Pro-bleme mit Juden und dem hoch geschätzten Judentum als Religion des Buches«, wird er sogleich erleichtert in der eu-ropäischen Presse zitiert. An selber Stelle hat der in Europa mittlerweile als »gemäßigt« gehandelte Hodschatulislam Rafsandjani am 13. Dezember 2001 eine andere Lösung des Israel-Palästina-Konfliktes angedroht: »Die Anwen-dung einer einzigen Atombombe würde Israel völlig zerstö-ren, während sie der islamischen Welt nur begrenzte Schä-den zufügen würde. Die Unterstützung des Westens für Israel ist geeignet, den Dritten Weltkrieg hervorzubringen, der ausgetragen wird zwischen den Gläubigen, die den

Märtyrertod suchen, und jenen, die der Inbegriff der Arroganz sind.« Wenn Teheran erst mal über Nuklearwaffen verfüge, erklärte Rafsandjani im Dezember 2001, würden diese in Hinblick auf Israel »nicht nur zur Abschreckung dienen«.

Solche Töne waren im Reformerlager, auf das der Westen während der achtjährigen Amtszeit (1997–2005) von Mohammed Chatami seine Hoffnungen setzte, nie zu hören gewesen. Was in Europa zu dem irrigen Glauben führte, dass Teheran zum Partner werden könne bei einer Lösung des Palästinakonflikts. Aber trotz seines »Dialogs der Kulturen« hat auch Chatami – das »lächelnde Gesicht« der ansonsten finster einherschreitenden Mullahkratie –, wenn auch immer nur sehr verschlüsselt, bei Intifada-Konferenzen in Teheran und anlässlich des jährlichen Al-Quds-Tages nichts anderes als den Kampf gegen Israel gefordert. Im politischen wie öffentlichen Bewusstsein des Westens ist untergegangen, dass der schon fast zur multikulturellen Ikone geadelte Chatami, allen Hoffnungen des Westens zum Trotz, eben doch kein iranischer Gorbatschow war. Chatami war von Beginn an Gefangener des islamistischen Machttriumvirates gewesen, bestehend aus Revolutionären Garden, der islamistischen Justiz des Gottesstaates und den radikalen Machtzirkeln um den Obersten Führer, den Ayatollah Chamenei. Zudem war er ein Gefangener seiner Herkunft, seiner Identität. Als Mullah glaubte er an die Prinzipien der Revolution des Ayatollah Chomeini. Die *Velayat-e-Faqih* als Prinzip der islamischen Verfassung hat Chatami nie in Frage gestellt. Lediglich deren Auswüchse, den Alltagsterror und die Alltagsrepression, wollte er ausmerzen. Ihre Existenz als islamische Theokratie war für Chatami immer unantastbar.

Der Judenstaat war Chatami ein Gräuel, auch wenn er nie die Sprache der Hardliner benutzte. Im Schweizer Fernsehen sprach er allerdings im Interview ausdrücklich Israel das Existenzrecht ab, weil es auf der »Besetzung« fremden

Landes gründe. In Teheran zeigte sich Chatami anlässlich der Feiern zum Al-Quds-Tag mit einem Kind auf dem Arm, das ein »Tod für Israel«-Fähnchen schwenkte. Nur auf Persisch findet Chatami, der im Gespräch mit deutschen Politikern gerne mit Goethe-Zitaten aufwartet, zu kräftiger Sprache zurück. In seiner Predigt anlässlich des Al-Quds-Tages 1998 bezeichnete er Israel als »alte, nicht heilbare Wunde im Körper des Islam ... die wirklich dämonisches, stinkendes und ansteckendes Blut besitzt«. Im Konflikt um Israel und Palästina finden sich über all die Jahre Hardliner und Gemäßigte, Radikale und Reformer an derselben Frontlinie wieder, die da lautet: Israel muss vernichtet werden.

Europas Erstaunen über Ahmadinejads verbalen Vernichtungsschlag, die spät einsetzende Empörung und Verurteilung spiegelt die langjährige europäische Unfähigkeit wider, die Realitäten der Islamischen Republik wahrzunehmen, gar auf sie zu reagieren. Dass der Vernichtungsrhetorik reale Ziele zugrunde liegen, mag man sich nicht vorstellen. Und so sehen Kommentatoren in Ahmadinejad einen »jungen Heißsporn«, der fern jeder tatsächlichen Macht sich nur die Hörner abstößt. Die ideologische Einheit der Machtsäulen im Prinzip der Islamischen Revolution wird dabei ausgeblendet.

Der Oberste Geistliche Führer Chamenei lässt bei seinen Reden anlässlich der Al-Quds-Kundgebungen 2005 keinen Zweifel an seinem Ziel: »Aus islamischen, menschlichen, wirtschaftlichen, sicherheitspolitischen und allgemeinen politischen Gesichtspunkten ist die Gegenwart Israels eine gewaltige Bedrohung gegen die Völker und Staaten der Region. ... Und es gibt nur eine Lösung, das Problem im Mittleren Osten zu lösen, nämlich die Zerschlagung und Vernichtung des zionistischen Staates.« Israel ist ihm ein »Krebsgeschwür« und eine »schwärende Wunde« im »islamischen Körper«. Der Westen, so klagt er, unternehme alles, um diesen »verdorbenen und gefährlichen Tumor, dieses Krebsgeschwür um jeden Preis zu erhalten«. Chameneis Therapie lautet so:»martyriumsbereite Operationen«, also Suizidanschläge, als »Krönung des Widerstands«.

Unmissverständlich skizziert Ayatollah Chamenei im kleinen Kreis der regierenden Mullahs seinen tatsächlichen Traum.»Wir führen Krieg gegen Amerika, so wie unser Prophet gegen die morschen Reiche seiner Zeit zu Felde zog. Da wir davon überzeugt sind, dass der Islam der eine und wahre Glaube ist, haben wir die Pflicht, so lange zu kämpfen, bis die gesamte Menschheit entweder übertritt oder sich der islamischen Herrschaft beugt.« Der Westen und dort vor allem Europa sieht sich mit einer Idee konfrontiert, die dort nicht verstanden werden kann, denn die manichäische Gedankenwelt ist ihm fremd. So läuft der Westen Gefahr, unfähig dem gegenüber zu reagieren, was den »Gedanken des Imams« des verstorbenen Revolutionsführers Ayatollah Chomeini entspricht, die er in seinem gleichnamigen Buch festgehalten hat. Gedanken, die sich noch heute in den Schulbüchern des ganzen Landes finden, ja dort Pflichtlektüre sind und den Kindern in den Schulen des Landes Tag für Tag eingepflanzt werden:»Wenn man es zulässt, dass die Ungläubigen damit fortfahren, ihre verderbliche Rolle auf Erden zu spielen, so wird ihre Strafe umso schlimmer sein. Wenn wir also die Ungläubigen töten, um ihrem verwerflichen Handeln ein Ende zu bereiten, dann haben wir ihnen im Grunde einen Gefallen getan. Denn ihre Strafe wird dereinst geringer sein. Den Ungläubigen das Leben zu lassen bedeutet Nachsicht gegenüber ihrem verderblichen Tun. Sie zu töten ist wie das Herausschneiden eines Geschwürs, wie es Allah der Allmächtige befiehlt. Jene, die dem Koran folgen, wissen, dass wir die Quissas [Strafgesetze] anwenden und töten müssen. Krieg ist ein Segen für die Welt und jede Nation. Es ist Allah selbst, der den Menschen befiehlt, Krieg zu führen und zu töten. Die Kriege, die unser Prophet, Friede seiner Seele, gegen die Ungläubigen führte, waren ein Geschenk Gottes an die Menschheit. Wir müssen auf der ganzen Welt Krieg führen, bis alle Verderbnis, aller Ungehorsam gegenüber dem islamischen Gesetz aufhören. Eine Religion ohne Krieg ist eine verkrüppelte Religion. Es ist der Krieg, der die Erde läutert.«

Diese Botschaft greift Mahmud Ahmadinejad als Staatspräsident begeistert auf, was nicht verwundern kann, denn er hat die meiste Zeit seines erwachsenen Lebens für diesen Traum gelebt. Als Soldat und Offizier der Revolutionären Garden, als Mitglied einer Todesschwadron, die im Iran, auf den Straßen Europas und in den Bergen Kurdistans in diesem religiösen Krieg gekämpft und getötet hat. Dass dies im Westen Terrorismus genannt wird, sieht er als Verhöhnung und als Angriff wider seinen Glauben an. Schließlich hat er, Mahmud Ahmadinejad, doch nur seinen Glauben, den Islam, Allah, seinen Gott, verteidigt. Der Terror wird seit Jahrhunderten vom Westen ausgeübt. Spätestens seit Napoleons siegreicher Schlacht vor den ägyptischen Pyramiden von Gizeh über die zutiefst demütigenden Dekaden der europäischen Kolonialisierung heiligen islamischen Bodens, die Aufteilung arabischer Staaten in europäische und später US-amerikanische Einflusszonen und die Barbarei des Westens, die Muslime für europäische Todsünden büßen zu lassen. Damit ist die Errichtung des jüdischen Staates auf heiliger islamischer Erde in Palästina gemeint sowie die daraus folgende Herrschaft der Juden über die den Muslimen drittheiligste Stadt: über Al Quds, den Ort, wo der Prophet Mohammed auf seinem Hengst Barak für eine Nacht in den Himmel aufgefahren ist.

All dies ist ist Ahmadinejad zufolge der wirkliche Terror. Den gilt es zu bekämpfen, dem ist er ebenso verpflichtet wie all seine Weggenossen, die er gleich nach seinem Amtsantritt in die Schlüsselstellungen der Macht zu hieven begonnen hat: Offiziere der Revolutionären Garden sowie führende ehemalige Offiziere der Al-Quds-Brigaden der Pasdaran. Die sind eine geheimdienstlich organisierte Spezialeinheit der radikalen Machthaber im Iran, die seit Dekaden global in muslimischen wie in westlichen Ländern das ausüben, was ein deutsches Gericht ganz offen als iranischen Staatsterrorismus bezeichnet hat. Einer, der diesen iranischen Staatsterrorismus in Südamerika wie im Libanon, in Israel, im Sudan und in afrikanischen Ländern wie in Europa zur professionellen Vollendung geführt hat, ist ein gebürtiger schiitischer Libanese: ein Offizier der Al-Quds-Brigaden, persönlicher Freund von Ahmadinejad und des Geistlichen Führers des Irans, des Ayatollah Ali Chamenei. Sein Name lautet Imad Mughniyah.

Imad Mughniyah

Mastermind des
schiitischen Terrorismus

Auf der Terrasse des altehrwürdigen Marriot-Zamalek-Hotels geben sich an diesem Nachmittag Damen und Herren der reichen Oberschicht Kairos ihr Stelldichein. Es ist der Tag vor Heiligabend 2003, und an einem Tisch unter Palmen sitzt ein alter, vornehm gekleideter Herr vor einem Glas italienischen Rotweins und blinzelt müde in die warme Wintersonne. Kinder wuseln zwischen Tischen hin und her. Tief verschleierte kleine Mädchen, sechs, sieben Jahre alt, und solche im Designer-Dress von Armani bis Versace. Junge Frauen im Tschador und welche mit tief ausgeschnittenem Dekolletee und engen Jeans sitzen da, parlieren, werfen Blicke, sehen und wollen gesehen werden. Für Beschallung ist wie schon in den Wochen zuvor gesorgt. Aus Lautsprechern klingen Stunde um Stunde zarte Kinderstimmen: »Oh du Fröhliche, oh du Selige«, »Stille Nacht, Heilige Nacht«. Das Ganze auf Deutsch.

»Wenn du etwas über den Iran und seine Verstrickungen im globalen Terror-Business wissen willst, dann fahr nach Kairo, frag dort nach Imad Mughniyah. Dort wirst du hören, an wessen Leine der schon immer gelaufen ist. Bis heute«, hatte mir in Paris einer aus der Gemeinde derer erzählt, die dort im gar nicht kommoden Exil lebten. Hassan, wie ich ihn aus guten Gründen nur nennen will, war einer derjenigen, der allzu lange – wenn auch mit einem seltsam gebrochenen Laissez-faire – die Ideale der Islamischen Republik geschützt hatte. Wiewohl er nie ein überzeugter Parteigänger der Islamischen Revolution gewesen war, hatte er an deren Realisierung mitgewirkt und

157

deshalb im Sicherheitsapparat der Islamischen Republik Iran gearbeitet, bis ihm die Blutbäder in den Gefängnissen der Gottesdiktatur und all das andere endgültig die Seele aufgerissen hatten.

Ich hatte Hassan im Februar 1981 bei meinem ersten Besuch im Iran kennen gelernt. Ich war mit dem Wagen auf dem Weg über Land nach Pakistan. Hassan war mir von den iranischen Behörden als Begleiter zugeteilt worden, und er hatte mich an der türkisch-iranischen Grenzstation hinter Gürbulak erwartet. Er war jung, gerade mal einundzwanzig Jahre alt, und sprach so viel Englisch, dass wir uns nur radebrechend unterhalten konnten. Nachdem die stundenlangen Einreiseformalitäten endlich vorbei waren, stieg er ins Auto, und wir fuhren Richtung Teheran. Ich hatte, als ich mit meinem Wagen den Schlagbaum zum Iran hin passierte, in meiner Unerfahrenheit hinsichtlich der tatsächlichen Gepflogenheiten der Islamischen Republik Iran ein Exemplar des *Stern* offen und für jeden deutlich sichtbar auf der Fensterablage meines Wagens liegen lassen. Auf dem Titel prangte eine junge dralle Frau, blond und barbusig. Nie zuvor hatte ich finsterere Blicke gesehen als die jenes Grenzpostens, der mich mit wild fuchtelnden Armbewegungen stoppte, laut brüllend die Wagentür aufriss, sich dann das Magazin griff und schimpfend in seiner Baracke verschwand. Hassan hatte nur gegrinst, mit der Zunge geschnalzt, den Kopf geschüttelt und mich an der Hand hinter sich her in den steinernen Grenzverschlag gezerrt, in dem die Formalitäten der Einreise zu erledigen waren. Der bärtige Uniformierte, der mich eben noch so wütend beschimpft hatte, lümmelte auf seinem Stuhl und blätterte höchst interessiert das Magazin durch. Hassan sagte irgendetwas mir Unverständliches zu ihm, klopfte dem Bärtigen gönnerhaft auf die Schulter und steckte die Illustrierte ein.

Als wir in Mako, der ersten Kleinstadt hinter der Grenze, angekommen waren, bat er mich plötzlich anzuhalten, verschwand für eine Weile, kam dann mit einer Tasche zurück, nahm eine Flasche heraus und bot sie mir an. Was wie Wasser aussah, entpuppte sich als hochprozentiger Wodka. Vor Schreck hätte ich mich fast verschluckt. Ich kannte zwar weder das Land noch die Leute oder ihre Religion und Kultur sonderlich gut, aber ich wusste natürlich, dass Alkohol im Reich der Ayatollahs strengstens verboten war. Ich schaute Hassan von der Seite an, eher ängstlich und noch mehr besorgt. »Vor der Revolution hatten wir im Iran sieben große Schnapsbrennereien, seit der Revolution eben sieben Millionen kleine«, lachte er und trank während unserer Fahrt durch Kurdistan und Aserbeidschan bis nach Teheran genüsslich seinen Wodka. Hin und wieder kamen wir an Straßensperren vorbei, an denen junge Burschen in zerschlissenen Uniformen herumlungerten, und es schien mir, dass sie ebenso schwer an der Last ihrer alten Gewehre trugen, wie sie stolz darauf waren, in deren Besitz zu sein. Sie waren sehr freundlich, scherzten und schauten sich immer sehr ratlos meinen deutschen Pass an, drehten und wendeten ihn. Wenn, was selten der Fall war, einer von ihnen Anstalten machte, meinen Wagen zu kontrollieren, dann genügte es, dass Hassan nur kurz mit seinem Ausweis vor seiner Nase herumwedelte, sie herrisch anschnauzte, sodass sie uns eiligst durchwinkten.

Hassan, so schien mir, musste wohl recht wichtig sein, worauf er natürlich sehr stolz war. »Wer bist du, was machst du eigentlich genau«, fragte ich ihn. »Ich bin ein sozialistischer Monarchist«, kicherte er, »ein revolutionär-anarchistischer Student auf der Linie des Imam Chomeini, dessen Job es ist, auf dich aufzupassen. Dir zu helfen, dich zu schützen, vor Fehlern zu bewahren, und das ist für mich allemal besser, als mich irgendwo in den Sümpfen des Schatt el Arab oder in der Wüste hinter Chorramshar herumzutreiben.« Was er mit seinem letzten Satz meinte, war sogar mir klar.

Unten im Süden und in den Wüsten im Grenzgebiet zwischen Irak und dem Iran tobte der erste Golfkrieg zwischen Iran und Irak, den Saddam Hussein in völliger Fehleinschätzung der tatsächlichen Lage im Iran losgetreten hatte. Saddam wollte den uralten Grenzkonflikt zwischen Irak und dem Iran um den Grenzverlauf im Schatt el Arab, der 1975 noch unter dem Schah zu Gunsten des Irans entschieden worden war, wieder neu beleben und durch Krieg im Sinne des Iraks lösen. Saddam war zutiefst davon überzeugt, dass der Iran durch die Revolutionswirren militärisch geschwächt war. Die Regierungen der sunnitisch-arabischen Bruderstaaten Kuwait, Saudi-Arabien und den Arabischen Emiraten ermunterten und unterstützten seinen völkerrechtswidrigen Angriffskrieg gegen den Iran. Sie bebten vor Angst, dass der zornige Greis aus Ghom seine Revolution erfolgreich in ihre Länder exportieren würde – was Chomeini ganz sicher auch vorhatte.

Die irakischen Armeen waren, gut mit russischem, aber auch europäischem Kriegsmaterial ausgestattet, in den ersten Kriegswochen im September 1980 an allen Fronten durchgebrochen und weit auf iranisches Territorium vorgedrungen. Nun tobte ein mörderisches Schlachten, die Islamische Republik mobilisierte ihre ungeheuren Menschenmassen – die ein vorerst nur schwaches Gegengewicht zur hochgerüsteten irakischen Armee darstellten. In zynischer Realpolitik atmeten die königlichen Despoten am Golf ebenso aufgrund der irakischen Erfolge auf, wie es die demokratischen Regierungen in Washington, London, Paris, Rom und Bonn taten. Genauso die sozialistische Zarenriege im Moskauer Kreml. Das Politbüro der KPdSU war mehr als beunruhigt – den alten Männern im Kreml raubte es buchstäblich den Schlaf, dachten sie an die Gefahr, die an ihrer südlichen Grenze lauerte. Im Süden der UdSSR lebten im weichen Unterleib des Riesenreiches weit mehr als 65 Millionen Muslime, deren Glaube seit den Tagen der Russischen Revolution brutal unterdrückt worden war. Chomeinis von niemandem vorhergesehene Islamische Revolution, so die Angst der Kreml-Machthaber, könnte über ihre Grenze herüberschwappen, ein Erstarken der sowjetischen Muslime zur Folge haben und ihre eigene Macht erschüttern.

Dass Hassan über die Aussicht, im Krieg sein Leben zu riskieren, nicht sonderlich begeistert war, machte ihn mir sympathisch. Dennoch fühlte ich mich beim ersten Teil seiner tatsächlich spitzbübisch vorgebrachten Antwort auf meine Frage unbehaglich. Ich wusste nicht, ob er mich auf den Arm nehmen wollte. Vor meiner Reise hatte ich mir unzählige Geschichten über die neue, die Islamische Republik angelesen. Sie schwankten von schwärmerischer Begeisterung über »die erste authentische Revolution seit der sowjetischen« bis hin zu wahren Horrorgeschichten über den Gesinnungsterror und die Blutgerichte der Scharfrichter Chomeinis. Aber so lernten Hassan und ich uns 1981 kennen, und bei all meinen Reisen durch den Iran in den Jahren danach trafen wir uns immer wieder. Wir mochten uns, warum auch immer, und ich konnte miterleben, wie Hassan, der windige Luftikus, als der er mir 1981 schien, es immer vermeiden konnte, sich unversehens in den Sümpfen des Schatt el Arab oder gar den Wüsten bei Chorramshar wiederzufinden. Was kein Wunder war, denn der Junge, der damals im Staatsauftrag westliche Reisende durch den Iran begleitete, wechselte schnell zunächst zur Polizei und dann in einen der Geheimdienste. Aber wann immer wir uns später in Teheran oder in Meshed im Osten des Landes oder auch in Schiraz, der Stadt der Rosen und der Nachtigallen, trafen, konnte ich feststellen, dass er schon wieder ein Stück seiner Leichtigkeit verloren hatte.

»Es ist der Krieg, es ist euer Gas und es ist meine Arbeit, die es einem schwer machen, in diesem Land halbwegs saubere Hände zu behalten«, war Hassans Antwort auf meine Fragen nach dem Warum. Er wusste immer sehr genau, wie es an der Front stand, was dort mit welchen Mitteln geschah und woher die kamen. Ebenso wie er wusste, was im Land selbst geschah. In den Gefängnissen, den Folter-kellern und in den Trainingscamps, die seine Kollegen überall im Land unterhielten. Ausbildungslager, in denen schon in den achtziger Jahren Mitglieder der »Islamisti-schen Internationale des jihadistischen Terrors« ausgebil-det wurden. Auch wenn die damals noch nicht Al Qaida genannt wurde. Als nach dem Waffenstillstand im Iran-Irak-Krieg Imam Ruhollah Chomeini im August 1988 dann die Abschlachtung von mindestens 10000 politi-schen Gefangenen in den Kerkern seiner Republik anord-nete, da war die Seele von Hassan endgültig zermürbt – auch wenn es noch Jahre brauchte, bis er das Land verließ. Wer, wenn nicht Hassan, hätte über das, was in den Ge-fängnissen des Gottesstaates in jenem Sommer 1988 ge-schehen war, reden können? Aus dem heiter unbefangenen jungen Mann, den ich einst kennen gelernt hatte, war je-mand anderer geworden. Einer, von dem ich auch heute noch nicht glaube, dass seine Hände allzu schmutzig ge-worden sind. Er konnte nicht weg aus seinem Land, er wollte es auch nicht wirklich. Er wollte nie in die Minen-felder an der iranisch-irakischen Front. Also ging er. In den Apparat. Den des Systems. Am Anfang nur zur Grenze, wo er Leute wie mich durch das Land begleitete. Die wenigen Reisenden aus dem Westen, die es damals gab. Dann ging er zur Polizei. Danach kam das andere, die Dienste des Sys-tems. Dort arbeitete er sich hoch. Ich habe ihn nie genau gefragt, wie und wie sehr er sich dabei die Finger und die Seele beschmutzt hatte. Wir haben nie darüber gesprochen. Ich wollte all das nie so genau wissen – aus Angst. Denn ich mochte ihn. Mag ihn noch heute.

Der 18. Juli 1988 ist ein heißer Sommertag. Ein trocke-ner Wüstenwind treibt den Sand von Südwesten her durch die Gassen der Slumgebiete Süd-Teherans bis hin zu den breiten Boulevards im Norden der Stadt. Die Nachrichten von den iranisch-irakischen Frontlinien klangen in den letzten Wochen immer schlechter, und nun unterbricht Ra-

dio Teheran um 14 Uhr sein reguläres Programm: »Die iranische Regierung hat die Resolution Nummer 598 des
Sicherheitsrats der Vereinten Nationen angenommen«,
verliest der Nachrichtensprecher eine kurze Notiz. Es dauert dann noch bis zum 8. August, bis das Waffenstillstands-
abkommen geschlossen wird und schließlich am 20. August förmlich in Kraft tritt. Die irakischen Truppen waren
noch einmal wochenlang mit einer unvorstellbaren Wucht
gegen die ausgebluteten iranischen Stellungen angebran-
det, hatten sie durchbrochen. Mit Raketen und Artillerie,
mit Panzern und Bomben. Aber vor allem mit Gas. Deutschem Gas.

Der Krieg zwischen den beiden Nachbarstaaten hatte
sich in den acht Jahren, in denen er tobte, keine Atempause
gegönnt. Das große Gemetzel vor den Gestaden des Schatt
el Arab über die Wüsten von Chusistan bis hin in die kurdischen Gebirgslandschaften im nördlichen Grenzgebiet
zwischen den beiden islamischen Staaten war nie unterbro-
chen worden. In gewaltigen Materialschlachten kämpften
die beiden kriegführenden Parteien gegeneinander – in der
Unbedingtheit und im Ergebnis durchaus dem menschen-
verschlingenden Ersten Weltkrieg in Europa, den Schlachten vor Verdun und an der Somme vergleichbar. Chomeinis Gottesstaat mobilisierte sein Volk. Die Kinder. Die
jungen Männer. Die ganz Alten. Und sie kamen. Pilgerten
in die Wüsten, in die Minenfelder der irakischen Armee.
Mit nichts als Stöcken und einer Plastikschüssel bewaffnet.
Menschliche Minenräumkommandos. Damit solche in
ausreichender Zahl immer zur Verfügung standen, hatte
Ruhollah Chomeini das Eintrittsalter, mit dem Kinder in
die Minenfelder geschickt werden durften, auf elf Jahre
heruntergesetzt. Mit den Stöcken zerschlugen die Buben
die Minen, freudig und mit Gesang und Lobpreisungen Allahs. Und wurden zerfetzt. Die Arbeit mit den Plastikschüs-
seln – eigens in Taiwan bestellt und dort angefertigt – öff-
nete ihnen die Pforten zum verheißenen Paradies: dem Ort,

wo all die Wonnen warteten, von denen ihnen die Mullahs, die Ayatollahs, die Fernsehsender und alle anderen gleichgeschalteten Medien des Irans ebenso erzählt hatten wie die Lehrer in den Grundschulen. Genauso, wie viele Mütter ihren Söhnen erzählten, welche Herrlichkeit sie erwarten würde, wenn sie im Heiligen Kampf für Allah und dessen Imam Ruhollah Chomeini im Heiligen Martyrium den Tod suchten und auch fänden. Ströme von Milch und Wein und all die Freuden der 72 *Huris,* der jungen Frauen, deren Unschuld immer wieder aufs Neue nachwachsen würde. Hunderttausende fanden so den Tod – eine ganze Generation opferte sich auf dem Altar des Ayatollah Chomeini. Denn der wollte diesen Krieg auch dann noch fortsetzen, als seine Militärs ihm längst gesagt hatten, dass Saddam Hussein militärisch nicht mehr zu schlagen war.

Der Irak wurde von seinen arabischen Bruderstaaten acht Jahre lang mit knapp 100 Milliarden Dollar alimentiert. Panisch dachten sie an ihre Scheichtümer, Emirate und Königreiche, aus denen heraus sie die wahren Werte des Islams predigten und in denen sie dennoch hemmungslos Wein und Whisky und all die anderen Köstlichkeiten für Leib und Seele und Lust und all die anderen Annehmlichkeiten des von ihnen ansonsten so sehr verachteten Westens genossen. Ihr Treiben war ihrem Widersacher Chomeini die Wiederkehr von Sodom und Gomorrha und Babylon. Satanisch, pornographisch, eine ständige Verhöhnung aller Gebote Allahs – und deshalb war dem unbedingt ein Ende zu bereiten.

Der Irak des Saddam Hussein hatte seinen am 20. September 1980 begonnenen Eroberungsfeldzug wider den schiitisch-persischen Erbfeind mit seinen sunnitisch-arabischen Brüdern abgesprochen. Als die prall gefüllten Kriegskassen des zweitgrößten Erdöl exportierenden Opec-Staates leer waren, da hatten sie ihre Schatullen geöffnet, sodass Saddam Hussein all die teuren Waffensysteme bezahlen konnte, die er für die Weiterführung seines Krieges brauchte.

Sie, das waren hier nicht die arabischen Bruderländer. Sie, das war der Westen: Frankreich, Deutschland, die USA und auch die UdSSR. Und sie gaben nicht nur Geld, sie lieferten auch das nötige Kriegsgerät. Galt es doch, den Krieg am Leben zu halten, bis Chomeini jeder Gedanke an den Export seiner Revolution ausgetrieben wäre. Sehr zum Wohle der prosperierenden Rüstungsindustrien westlicher Staaten und noch mehr zur Sicherung der dortigen Arbeitsplätze.

Die Deutschen lieferten das Gas, mit dem Saddam Hussein nicht nur am 16. März 1988 die Lehmhütten der irakischen Kurden von Halabdscha in Gaskammern verwandelte, in denen mindestens 6000 kurdische Männer, Frauen und Kinder verendeten. Die Deutschen lieferten auch das Gas, das 60 000 iranischen Soldaten in den Wüsten von Chusistan den Tod brachte. Von Kinder-Kriegern im Alter von 12 oder 13 Jahren bis hin zu alten Männern, die die Siebzig längst überschritten hatten. Vereinzelt wurde mal ein Opfer des deutschen Gases feierlich und medial inszeniert in deutschen Krankenhäusern therapiert. Verkehrte Welt.

Hassan fand dies immer nur sehr widerwärtig. »Nichts hat die Iraner so traumatisiert wie der Irakkrieg«, hatte er mir 1988 in Teheran erklärt, »nichts war schlimmer als der Einsatz eures Gases gegen uns. Das fühlt jeder Iraner so, egal wie er zu den Mullahs steht. Irgendwann wird der Westen einen Preis dafür bezahlen müssen. Die Mullahs werden diese Lektion nie vergessen: Nie wieder Gas. Nie wieder so schutzlos sein. Vor euren Massenvernichtungswaffen«, so hatte er mir das gesagt. Danach war er noch weitere sechs Jahre im Land geblieben, bis er sich dann 1994 in einer kalten Dezembernacht irgendwo weit hinter Zahedan im Südosten über die iranisch-belutschische Grenze weggemacht hatte. »Iraner lieben ihr Land so sehr, dass sie allzu oft bis über jede Grenze der Verzweiflung hinweg an ihm leiden und aus dieser Liebe heraus ihre Heimat nicht verlassen.« So erklärte er, warum er so lange Jahre in dem Land verblieben war, für dessen Islamische Revolution er gekämpft hatte, die er so lange mitgetragen hatte, »bis all das Blut, das wir im Namen Allahs und einzig zur Machterhaltung alter Männer so sinnlos vergossen haben, mich eingeholt hat«.

Wir hatten uns Jahre später in Paris wiedergetroffen und danach den Kontakt nicht abreißen lassen. Er hatte mir in Paris zum ersten Mal ausführlich über die Gefängnismassaker von 1988 erzählt, und obwohl ich ihm glaubte, fragte ich mich doch, ob er nicht das eine oder andere Detail in seinen Berichten zu sehr ausschmückte. Er wusste noch immer viel über die inneren Zusammenhänge der Islamischen Republik, über die Verknüpfungen der verschiedenen Gruppen im Machtgefüge des Irans, hatte noch immer Kontakt zu einigen Kollegen aus den Sicherheitsapparaten des Gottesstaates. Vor meiner Reise nach Kairo im Dezember 2003 hatte er wieder über jene blutigen Tage der Gefängnismassaker gesprochen, als das kriegerische Massenmorden endlich vorbei war, aber das Töten in seinem Land auf ein Neues begann. Aber inzwischen wusste ich, wie wahr seine Erzählungen darüber in den Jahren zuvor gewesen waren. Denn mittlerweile hatten sich andere iranische Stimmen erhoben, die ihr Schweigen um die Umstände und all die Einzelheiten der Massaker in den Gefängnissen des Irans von 1988 gebrochen hatten und redeten. Namen nannten. Namen der Täter. Der prominenteste Zeuge sollte Ayatollah Hussein Ali Montazeri werden, der bis 1988 der designierte Nachfolger des Revolutionsführers Chomeini war und in seinen Memoiren 2005 genaue Einblicke in den Ablauf der Massaker gegeben hat.

Dem Ayatollah Chomeini war es ein wahrer Gräuel gewesen, dem Waffenstillstand mit dem verhassten Erzfeind Saddam Hussein zuzustimmen. In einer kurzen Ansprache akzeptierte Chomeini die Annahme der Waffenstillstandsresolution 598 und sagte dann: »Die Annahme des Waffenstillstands, die Annahme der Resolution, sind wie ein Giftbecher. Aber so ist der Wille Gottes, des Allmächtigen, und ich muss ihn austrinken.« Später klagte der Imam, wie schmerzhaft es für ihn sei, aus »dem bitteren Kelch des Friedens« zu trinken.

Chomeini wusste, dass nach acht Jahren Krieg – in dem vielleicht 800 000 oder eine Million Menschen umgekommen waren und die zu zählen nie jemanden so recht interessiert hatte, was für den Osten und erst recht für den Westen galt –, nach all den auf den Minenfelder geopferten Kindern wußte er, dass es sogar ihm, dem Imam, schwer fallen würde, seinem Volk zu erklären, warum und wofür diese acht Jahre des Sterbens notwendig waren, in denen der Staat Gottes ausgeblutet war. Sein politischer Instinkt riet ihm zu dem einen Mittel, das seine Macht vor allen anderen zementieren sollte: Terror. Terror nach innen und Terror nach außen. Terror im Namen und zum höheren Ruhme Allahs. Obwohl es 1988 im Iran keine einheitlich organisierte Oppositionsfront gegen die Herrschaft der Ayatollahs mehr gab. Ein Teil war geflüchtet und lebte im Exil. Ein Teil war bereits hingerichtet worden. Ein Teil vegetierte in den Gefängnissen des Landes. Nationalistische, linke, säkulare oder auch religiöse Gruppen und Organisationen befanden sich in der Agonie ihres inneren Exils. Chomeini befahl die Tötung von mindestens 10 000 politischen Häftlingen in den Gefängnissen der Islamischen Republik. Von Männern. Von Frauen. Von Kindern. Ruhollah Chomeini verfasste ein islamisches Rechtsgutachten, eine *Fatwa*, zur Legitimation seines Handelns und legte Wert darauf, den Massenmord in den Gefängnissen nicht zu verheimlichen:

»Im Namen Gottes, des Gnädigen und Barmherzigen ... Diejenigen, die in den Gefängnissen des gesamten Landes auf ihrer zwieträchtigen Meinung beharrt haben und weiterhin beharren, sind Feinde des Islams und zur Hinrichtung verurteilt.
Die Entscheidung über den Einzelfall

– in Teheran mit mehrheitlicher Entscheidung seitens des Herren Hodschatulislam Najeri – er möge lange erhalten bleiben – (Scharia-Richter), des Herrn Eshraqi (Staatsanwalt von Teheran) und eines Vertreters des Geheimdienstministeriums ([Pourmohammadi, ein Vertreter des Ministeriums im Evin-Gefängnis, zur Vollstreckung des Urteils), wobei sicherheitshalber Einstimmigkeit zu bevorzugen ist

– in den Gefängnissen der Provinzhauptstädte des Landes mit mehrheitlicher Entscheidung seitens des Scharia-Richters, des Staatsanwalts der Revolution oder des stellvertretenden Staatsanwalts und eines Geheimdienstvertreters ist unbedingt auszuführen.

Mitleid mit den Feinden des Islams ist Naivität. Die Entschlossenheit des Islams gegenüber den Feinden Gottes gehört zu den unverrückbaren Prinzipien der islamischen Ordnung. Ich hoffe, dass dies – begleitet vom revolutionären Zorn und Hass auf die Feinde des Islams – den Gefallen Gottes, des Erhabenen, findet.

Die Herren, denen die Entscheidung im Einzelfall obliegt, mögen sich nicht von Verlockungen oder Zweifeln leiten lassen, sie sollen nicht zögern, sondern bemüht sein, mit aller Schärfe gegen die Ungläubigen vorzugehen. Zögern in der Frage des revolutionären Islams heißt, das reine, unbefleckte Blut der Märtyrer zu ignorieren.

Ruhollah Al-Mousavi Al-Chomeini«

Mit dieser *Fatwa* legitimierte Chomeini die Ermordung Tausender politischer Gefangener in den Kerkern des Gottesstaates in den Tagen und Wochen, nachdem er aus »dem bitteren Kelch des Friedens« getrunken und die Waffenstillstandresolution der Vereinten Nationen akzeptiert hatte. Diejenigen, die um den Imam herum waren, ihn darin bestärkten, seinen Beschluss mitbestimmten und dessen Durchführung organisierten, waren die Männer, die schon damals und noch viel mehr in den folgenden anderthalb Dekaden bis zum heutigen Tag zu anerkannten und geschätzten Gesprächspartnern des Westens und vor allem Europas werden sollten. Und Europa wusste, wer diese Männer waren, mit denen man so trefflich debattieren und noch besser Milliardengeschäfte machen konnte. Europas Regierungen waren auch sehr gut im Bild, was diese Männer zu verantworten hatten.

Neben dem damaligen Staatspräsidenten Ali Chamenei, dem heutigen Geistlichen Führer des Landes, waren das, allen anderen voraus, der damalige Parlamentspräsident Ali Hashemi Rafsandjani und der spätere Außenminister Ali Velajati. Die beiden waren in den entscheidenden Sitzungen dabei, in denen die Gefängnismassaker beschlossen wurden.

Der damalige Hodschatulislam Akbar Rafsandjani, Ali Chamenei (damals Präsident) und Ayatollah Mousavi Ardabili (damals Vorsitzender des Obersten Justizrats) sowie Ahmed Chomeini (der Sohn Chomeinis) gründeten die so genannten Todeskomitees. Ausgestattet mit allen Vollmachten von Ruhollah Chomeini begannen sie, die *Fatwa* des Imams in die Praxis umzusetzen.

Die Mitgliederliste der Todeskommission liest sich wie das Who is Who der Elite der Islamischen Republik.

Ayatollah Mortasa Eshraqi, der Leiter der Staatsanwaltschaft der Hauptstadt und Oberhaupt der Kommission

Hodschatulislam Dschafar Najeri, Vorsitzender der Islamischen Revolutionsgerichte der Hauptstadt, Scharia-Richter mit Sitz im Evin-Gefängnis

Mohammed Ali Baschari, Scharia-Richter im Evin-Gefängnis und Vorsitzender der 2. Kammer des Gerichts

Ebrahim Ra'issi, stellvertretender Staatsanwalt

Ahmed Pourmohammadi, Vertreter des Geheimdienst-

ministeriums in den Gefängnissen Evin und Qesel-
hessar
Hadji Nasserian, stellvertretender Staatsanwalt in den
Gefängnissen Gohardascht und Qeselhessar
Hadji Dawud Laschkari, verantwortlich für die Sicher-
heit und die Repression im Gefängnis Gohardascht
Ali Fallahiyan, Staatssekretär im Geheimdienstministe-
rium
Modschtaba Halwa'i, einer der Hauptverantwortlichen
für die Hinrichtungen
Esmail Schuschtari, Direktor der gesamten Gefängnis-
verwaltung
Hossein Mortasawi, Direktor des Evin-Gefängnisses
Mohammed Reischahri, Geheimdienstminister

Ayatollah Montazeri, der damals die Vollstreckung der
Morde nicht billigte, bestätigt die Existenz eines dreiköpfi-
gen Todeskomitees in jedem Gefängnis des Irans. Dieses
setzte sich aus jeweils einem Staatsanwalt, einem Richter
und einem Vertreter des Geheimdienstministeriums zusammen. In einem Protestbrief vom 4. August 1988 an den Revolutionsführer Chomeini beschreibt Montazeri die Hierarchie innerhalb des Todeskomitees so: »Die Führungsrolle hat
überall der Repräsentant des Geheimdienstministeriums, die
beiden anderen stehen tatsächlich ausschließlich unter dessen direkter Kontrolle.« Als einen der Haupttäter bei den
Folterverhören bezeichnet Ayatollah Montazeri den Mitarbeiter des Geheimdienstministeriums Ahmed Pourmohammadi. »Am 15. August 1988, nach meinem zweiten Protestbrief an Ayatollah Chomeini, traf ich mich mit Herrn Najeri,
der der religiöse Richter im Evin-Gefängnis in Teheran war,
Herrn Eshraqi, der der Staatsanwalt war, und Herrn Pourmohammadi, der der Repräsentant des Geheimdienstministeriums war. Ich sagte ihnen, dass sie wenigstens während
des Monats Moharram das Töten beenden sollten.«
Ayatollah Montazeri, zu diesem Zeitpunkt zumindest

noch offiziell als Nachfolger Chomeinis gehandelt, werden die Grenzen seiner Macht aufgezeigt. »Wir haben bisher in Teheran 750 Leute hingerichtet«, so die Antwort, »weitere 250 haben wir bis heute noch zur Hinrichtung vorgesehen. Erlauben Sie uns, die noch hinzurichten – dann sind wir gerne bereit, Ihnen zuzuhören.«

Die Opfer von Chomeinis Scharfrichtern waren Jugendliche, die schon seit Jahren inhaftiert waren, weil sie Flugblätter verteilt hatten, Frauen, denen unislamisches Verhalten vorgeworfen wurde, Männer, die im Verdacht standen, Kontakt mit Oppositionellen zu haben. Vor ihrer Hinrichtung wurden sie vernommen und gefoltert. Junge Mädchen wurden auf ihre Jungfräulichkeit geprüft, denn nach der Scharia kommen Jungfrauen nach ihrem Tod direkt ins Paradies. Da dies nicht sein durfte, wurden Mädchen, deren Hymen noch unbeschädigt war, vor ihrer Hinrichtung von den Gefängniswärtern vergewaltigt. In den Gefängnissen des ganzen Landes wüteten Chomeinis Henker. Die Namen von 4481 ermordeten Männern, Frauen und Kindern sind verbürgt. Die tatsächliche Zahl der Opfer der Gefängnismassaker dürfte nach Angaben iranischer Menschenrechtsorganisationen die Zehntausend überschreiten.

Ayatollah Montazeri zahlte einen hohen Preis für seinen Widerstand gegen den staatlich organisierten Massenmord. Er verlor seine Stellung als designierter Nachfolger des Revolutionsführers Chomeini und wurde eineinhalb Dekaden lang unter strengen Hausarrest gestellt.

Ali Hashemi Rafsandjani und Ali Velajati sollten Jahre später geschätzte Gesprächspartner im »kritischen Dialog« werden, den Europa mit der Islamischen Republik Iran führte. Die deutsche Regierung unter Kohl und Kinkel war der Vorreiter. Mit allen politischen Mitteln setzte sie sich gegen den zögerlichen Widerstand ihrer europäischen Partnerstaaten durch. Deren Bedenken wurden durch das schwergewichtige Deutschland im gemeinsamen europäischen Haus beiseite gefegt.

Ali Fallahiyan wurde in den neunziger Jahren Geheimdienstminister des Irans und avancierte zum Gesprächspartner des deutschen Bundeskanzleramtes – auch als dort schon längst bekannt war, dass Fallahiyan die Mykonos-Morde in Berlin als Schreibtischtäter organisiert hatte, bei denen ein eigens nach Deutschland eingereistes Killerteam vier kurdische Exilpolitiker ermordete. Im Auftrag der iranischen Staatsführung. Ahmed Pourmohammadi, einst als Geheimdienstvertreter im Evin-Gefängnis für die Massaker verantwortlich, ist heute Innenminister der Islamischen Republik und ein enger Freund und langjähriger Weggefährte von Mahmud Ahmadinejad.

Ausgerechnet Ali Hashemi Rafsandjani gilt vielen Iranexperten und medialen Meinungsträgern als gemäßigter Politiker und »moderater Pragmatiker«. Und zwar unbeschadet der Tatsache, dass Rafsandjani als Staatspräsident des Irans im engen Schulterschluss mit seinem Außenminister Ali Velajati sowie dem Geistlichen Führer Ali Chamenei die zweite Vorgabe des greisen Imams Chomeini umsetzte, die Beschlüsse nach dessen Tod ausformulierte, genehmigte und deren Durchführung überwachte: den Heiligen schiitischen Terror in die Länder des Westens, in die Straßen europäischer Großstädte nach Genf, Hamburg, Berlin und Paris zu tragen bis hin nach Buenos Aires, der argentinischen Hauptstadt.

In den Kerkern des Evin-Gefängnisses in Teheran wie auf den Straßen von Genf und Wien verdiente sich damals ein Mann seine blutigen Meriten, der heute die gesamte westliche Welt und Europa herausfordert und mit Feuer, Schwert und nuklearem Höllenfeuer bedroht: Mahmud Ahmadinejad. Der brüstete sich damit, eigenhändig 1000 politischen Gefangenen »den Gnadenschuss« gegeben zu haben. Als Mitglied der Todesschwadronen des Geheimdienstes der Al-Quds-Brigaden der Revolutionären Garden des Irans war er, so scheint es, in den neunziger Jahren in Wien dabei, als der kurdische Exilpolitiker Abdul Rahman

Ghassemlou getötet wurde. Das legen nicht nur Behauptungen iranischer Geheimdienstmitarbeiter nahe, die in den Westen übergelaufen sind. Auch die Akten der Wiener Sicherheitspolizei präsentieren eine Geschichte, die nur einen Schluss zulässt: Ahmadinejad war der Leiter des Killerteams, das als Reserveeinheit in Wien bereitstand, falls das eigentliche Mörderkommando den Staatsauftrag, den kurdischen Politiker zu töten, nicht erfüllen könnte.

Die Al-Quds-Brigaden der Revolutionären Garden des Irans sind die Einheiten, die außerhalb des Irans und global vor allem durch terroristische und verdeckte Operationen tätig werden. Sie begreifen sich als die Speerspitze, die Elite der Revolution. Ihren Namen tragen sie aus demselben Grund, aus dem Ruhollah Chomeini den internationalen Al-Quds-Tag etabliert hat: als Symbol für den ewig währenden Kampf – bis Jerusalem vom zionistischen Joch befreit sein wird.

Unter der direkten Führung von Ali Chamenei und Ali Hashemi Rafsandjani erstrahlte endgültig der Stern eines Mannes, der die Strategie des globalen schiitischen Staatsterrorismus bis heute am erfolgreichsten durchführt: Imad Mughniyah. Diesen Namen hatte mir Hassan bei meinem Besuch in Paris mit auf den Weg gegeben. Ebenso wie den eines anderen Mannes, der wie so viele andere jahrlang versucht hatte, das Mastermind des schiitischen Terrorismus zu jagen. Darüber war er alt geworden und verbrachte seine Tage nun im warmen Ägypten. Er war der Mann, der mir nun an diesem Tag vor Heiligabend im Jahre 2003 auf der Terrasse des Zamalek-Marriott-Hotels gegenübersitzt.

»Imad ist jemand, den Sie nur eliminieren, nicht verhaften können«, stellte der alte Mann fest, und wie er dies eher beiläufig feststellte, war mir klar, dass dies für ihn die Ultima Ratio war. »Wann immer Imad sich auf der Bühne des Terrorismus gemeldet hat, geschah dies mit einem Paukenschlag. Beirut: 1983 und 1984 die amerikanische Botschaft und das Quartier der US Marines. Buenos Aires:

1992 und 1994 die israelische Botschaft und das Jüdische Gemeindezentrum. Dhahran in Saudi-Arabien: 1996 die Khobar Towers.« Bei seiner Aufzählung der Anschläge klang so etwas wie professionelle Bewunderung durch. »Jetzt«, fuhr er dann fort, »ist er im Auftrag Teherans immer wieder im Irak, baut Strukturen auf, wirft seine Netze aus. Er wird im Hintergrund tätig sein, mit Bin Ladens Mudjaheddin zusammenarbeiten und keine Spuren hinterlassen. Sie können ihn nur an seiner Handschrift erkennen: Autobomben, spektakuläre Anschläge und Entführungen. Dieses Joint Venture könnte George Walker Bush im nächsten Jahr seinen Job kosten« – womit er in der Rückschau wohl daneben lag. Seine daran anknüpfende Bemerkung aber gilt bis heute. »Aber auf jeden Fall wird es unzählige Menschen, Zivilisten wie Soldaten, den Kopf kosten. Schauen Sie, was heute schon im Irak geschieht. Achten Sie darauf, was in den kommenden Monaten und Jahren im Irak geschehen wird. Und dann vergleichen Sie das mit dem, was seit 1980 im libanesischen Bürgerkrieg geschehen ist.«

Unmittelbar nach dem Sieg der Islamischen Revolution begann der Iran die Schiiten des Libanons im dort tobenden Bürgerkrieg zu unterstützen. Zunächst nur politisch, sehr schnell jedoch auch militärisch. Instrukteure der Revolutionären Garden wurden in den Libanon entsandt, wo sie die schiitischen Milizen trainierten und mit Waffen ausrüsteten. Es war Teherans Botschafter in Damaskus, Ali Akbar Mohtashemi-Pour, der wesentlich an der Gründung der schiitischen Terrorgruppe Hisbollah beteiligt war. Teheran verfolgte damit zwei Ziele: zum Einen die schiitischen Brüder im Libanon zu beschützen, zum Zweiten vom Libanon aus die direkte Konfrontation mit dem verhassten Israel zu suchen.

»Was damals im Libanon geschehen ist«, sagt der Alte prophetisch, »wiederholt sich nun über kurz oder lang im Irak. Mit denselben Strukturen, mit derselben Handschrift.

Das werden die USA und die Briten zu spüren bekommen. Und Teheran arbeitet brillant. Es wird immer unklar bleiben, wer genau im Irak für was verantwortlich ist. Die Namen der Terrororganisationen, die bomben, entführen und töten, werden ständig wechseln, sodass eine tatsächliche Zuordnung unmöglich bleibt. Das ist die Struktur Teherans. Das ist die Handschrift Teherans.« Der alte, erfahrene Herr wischt an diesem Vorweihnachtstag 2003 skeptische Einwände zur Seite. Er lächelt, hebt in affektierter Geste mit gespreiztem kleinem Finger sein Glas, nippt an seinem Getränk. Ein nahöstlicher Geheimdienstexperte, der ausgestiegen und emeritiert ist und nach vielem Hin und Her einverstanden war, dass man sich hier trifft und redet. »Wie aus dem Nichts heraus werden unter immer wieder wechselnden Namen verschiedene Gruppen auftreten, Anschläge gegen die alliierten Truppen ausführen, im Nichts verschwinden, mit geänderten Namen auftauchen, Bürger westlicher Staaten entführen, einige medial inszeniert töten, andere freilassen. Das ist das Prinzip des Terrors: Angst, Verunsicherung, Panik. Tödliche Nadelstiche, genau dosiert. Und die, die sie ausführen, sind für niemanden zu greifen. Das war schon immer das Prinzip von Imad. Dahinter steht Teheran, achtet streng darauf, nie eine bestimmte rote Linie zu überschreiten, die die USA dazu zwingt, massiv gegen Teheran vorzugehen.«

Er sitzt auf der Terrasse des Marriott, doziert und prophezeit und lässt den Einwand nicht gelten, dass dies eine allzu eindimensionale Sicht irakischer Realitäten sei. »Zwischen Schia und Sunna besteht sicherlich ein unüberbrückbarer Glaubensgegensatz. Das geht bis zum gegenseitigen Hass. Natürlich. Es entspricht aber dem Wesen, der Philosophie und den Glaubensgrundsätzen der Schia, dass, wenn sie sich verfolgt und bedroht fühlt, sie sich selbst verleugnen darf, ja muss, um ihren Bestand so zu garantieren«, womit er auf das Prinzip der Verstellung, der *Taqîya*, anspielt. »Und glauben Sie mir. Teheran fühlt sich mehr als nur bedroht. Deshalb haben die Machtgruppen in Teheran keine Probleme, auch mit den ärgsten ihrer sunnitischen Feinde zu kooperieren, wenn es gegen die westliche Bedrohung und Umkreisung geht.« Es ist das schiitische Überlebensprinzip, das er an diesem Kairoer Abend am Beispiel jenes Mannes beschreibt, den er wie so viele seiner Berufskollegen aus aller Herren Länder über zwei Jahrzehnte erfolglos gejagt hat.

»Sie haben alle versucht, Imad Mughniyah zu verhaften: die CIA, die DEA, das FBI, die Briten, die Franzosen. Die Israelis sowieso. Als sie akzeptieren mussten, dass sie Imad nicht verhaften können, haben die Amerikaner versucht, ihn 1985 in Beirut zu töten. Ein klassisches Outsourcing-Geschäft.« Die CIA durfte so etwas damals nicht mehr machen, deshalb hat William Casey, der damalige CIA-Chef, die Sache in die Hände anderer gelegt – was schief ging.

»Das einzige, was die CIA erreicht hat, waren 80 unschuldige Tote und mehrere Hundert Verletzte. Imad haben sie nicht erwischt, nur seinen Bruder. Dafür werden die USA so lange einen blutigen Preis zahlen, bis Imad tot ist«, erklärt der alte Mann mit einer Mischung aus Verachtung und Bewunderung. Wer also ist dieser Imad Mughniyah?

Zuallererst ein Mann mit vielen Namen. Imad Fayes Mughniyah, alias »Hadji«, alias »al Mukhtar«, alias »Abu Salim«, alias »Jawad«, alias »Jawwad Nur al-Din«. Das amerikanische FBI führt ihn auf der Liste der 22 meistgesuchten Terroristen. 25 Millionen US-Dollar sind mittlerweile auf seinen Kopf ausgelobt. Tot oder lebendig.

»Vor dem 11. September 2001 hat kein islamistischer Terrorist mehr amerikanische Soldaten und Zivilisten getötet als Imad Mughniyah«, sagt Professor Magnus Ranstorp, einer der wenigen westlichen Hisbollah-Experten. »Niemand hat die israelischen Geheimdienste so lange an der Nase herumgeführt wie er, niemand hat nach dem Zweiten Weltkrieg bei Terroranschlägen mehr Juden getötet als Imad Mughniyah.« Dem ehemaligen stellvertretenden Direktor des Zentrums für Terrorismusstudien und Politische Gewalt an der Universität von St. Andrews in Schottland zufolge ist Imad Mughniyah »die mysteriöse, unberechenbare Dimension der Hisbollah«. Und damit, so seine Schlussfolgerung, die der radikalen Fraktionen in Teheran.

Bilder, die zeigen, wie Imad Mughniyah heute aussieht, gibt es nicht. Die meisten, die ihn in den letzten zwei Dekaden beschreiben wollten, sind tot. Aufgefunden mit zerschossenen Leibern in den Gassen von Beirut, mit zertrümmerten Körpern in den Straßen von Khartoum, Damaskus und in den Städten und Dörfern des unwirtlichen Dreiländerecks zwischen Argentinien, Paraguay und Brasilien. Andere wurden in namenlosen Gräbern irgendwo in der Bekaa-Ebene des Libanons verscharrt. Zwei plastische Gesichtsoperationen veränderten im Laufe der Jahre sein Aussehen drastisch. Der früher schlanke, durchtrainierte Hisbollah-Kämpfer mit der hohen Stimme eines kleinen Mädchens soll heute korpulent bis zur Unförmigkeit geworden sein.

Die ihn beschreiben könnten, schweigen. Aus guten Gründen, denn es sind seine Auftraggeber, die ihm seit zwei Jahrzehnten das Überleben sichern, seine Aktivitäten decken, ihn unterstützen, ausrüsten und seine Dienste in Anspruch nehmen. Sie sitzen in der *Shura*, dem höchsten Rat der libanesischen Hisbollah in Beirut, in den Geheimdienstzentralen von Damaskus und in den radikalen Fraktionen um den geistlichen Führer der Islamischen Republik Iran, Ali Chamenei sowie der Führung der Pasdaran in Teheran. Auf dem Weg des Jihads ist ihnen Imad Mughniyahs Dienstleistung – Tod und Terror – ganz besonders gefragt. Aber dennoch ist Imad Mughniyah kein Mietkiller, wie es Carlos, der Schakal, oder der psychopathische Abu Nidal in den siebziger und achtziger Jahren waren.

Alles, was der Mann ohne Gesicht seit mehr als zwanzig Jahren getan hat, geschah aus tiefster Überzeugung, einem inbrünstigen Hass auf Amerika und beseelt von der Überzeugung, dass Allah die Juden zur Strafe für ihre Niedertracht in Schweine und Affen verwandelt hat. »So steht es im Heiligen Koran geschrieben, und der ist für Imad Mughniyah die einzige Richtschnur seines Seins, seines Denkens, seines Tuns. Es ist richtig, Imad ist zwar pathologisch krank, voll von Hass«, beschreibt in Kairo ein ehemaliger palästinensischer Weggefährte den wohl gefährlichsten Aktivisten des islamistischen Terrors. »Aber alles, was er ausführt, geschieht kühl kalkuliert, wird rational ausgeführt, bis ins letzte Detail durchorganisiert.«

Wer ist Imad Mughniyah? Ein Mann mit einem Traum: den USA und ihren Besatzungstruppen im Irak das Leben zur Hölle zu machen und seinen Führern in Teheran im Kampf und Krieg mit dem Westen zur Seite zu stehen. Der Traum dieses Mannes könnte George Bush tatsächlich zum Alptraum geraten, denn was wie Hybris klingt, ist so abwegig nicht – glaubt man den Analysen, die westliche Geheimdienste in den letzten Monaten durchsickern ließen. Bei einem Scheitern im zunehmend verzweifelt geführten diplomatischen Ringen des Westens um eine Lösung im Streit um das iranische nukleare Rüstungsprogramm fürchten westliche Geheimdienste ebenso wie westliche Politiker und Experten, dass eine neue, nie gekannte globale Dimension des Heiligen Terrors gegen den Westen ausbrechen wird.

»In den letzten zwei Jahren hat sich ein islamistisches Dreigestirn entwickelt«, so ein hochrangiger deutscher Geheimdienstmann, »das nicht nur im Irak die USA, sondern von dort aus auch Europa attackieren will und auch angreifen wird. Der Irakkrieg und das Atomwaffenprogramm des Irans sind der Katalysator.« Imad Mughniyah soll eine strategische Partnerschaft mit Aiman Zawahiri, dem derzeitigen Operationschef und Stellvertreter Osama Bin Ladens, eingegangen sein. Mit an ihrer Seite: Abu Moussab al Zarqawi, der Führer der islamistischen Al

Tawhid und nunmehrige Kronprinz von Al Qaida. Alle drei, so die Erkenntnisse auch deutscher Geheimdienste, operierten seit dem 11. September 2001 aus dem Iran heraus. Mit Unterstützung von Teilen der iranischen Revolutionären Garden soll die Restrukturierung und Neuorganisation von Al Qaida stattgefunden haben. »Sosehr Teile der iranischen Machteliten immer wieder in der Vergangenheit tatsächlich, allerdings nur gegen subalterne Al-Qaida-Mitglieder vorgegangen sind, so sehr unterstützen andere, vor allem aus den Pasdaran heraus, Al Qaida. Das bedeutet eine enge Kooperation der beiden wichtigsten islamistischen Netzwerke«, behauptet der Geheimdienstmitarbeiter. »Wenn Hisbollah und Al Qaida tatsächlich diese Partnerschaft umsetzen, ist das für uns ein Alptraum sondergleichen.«

Anders als Osama Bin Laden hat Mughniyah stets sorgfältig darauf geachtet, nicht ins Licht der Öffentlichkeit zu geraten, und in den 22 Jahren seiner Karriere seine Spuren immer verwischt. Der Leiter der Special Operation Unit der schiitischen Hisbollah im Libanon ist der Schattenmann im globalen Geflecht des islamistischen Terrors, der, dem Fliegenden Holländer gleich, mal hier auftaucht, dort angeblich gesehen und gleichzeitig anderen Ortes vermutet wird und allen Versuchen, ihn zu verhaften oder zu töten, widerstanden hat.

»Mughniyah agiert aus dem Schatten heraus, aber er wirft keinen. Das ist mit ein Grund, warum er so erfolgreich ist und warum er bis heute nicht gefasst oder getötet wurde«, erläutert Magnus Ranstorp die Erfolgsgeschichte des libanesischen Terroristen. »Der zweite Grund besteht darin, dass Mughniyah zwar mit einem Fuß in der libanesischen Hisbollah, mit dem zweiten aber immer fest in Teheran verankert war und bis heute ein Mann Teherans geblieben ist. Wann er wo und wie sein Gewicht verlagert, ist von seiner Sicherheit, seinen operativen und strategischen Zielen abhängig«, analysiert Ranstorp. Die, so argwöhnen westliche Geheimdienste, entsprächen immer auch den Zielen und Interessen der radikalen Machteliten im Iran – ein wesentlicher Grund, weshalb George Bush das Land, zwar politisch unsäglich formuliert, wiewohl in der Realität zutreffend, als Teil der »Achse des Bösen« bezeichnet habe.

Mughniyah hat eine atemberaubende Karriere im Namen Gottes und wider dessen Feinde hinter sich. Aus den umfangreichen Akten westlicher wie nahöstlicher Geheimdienste sickert nur wenig, was zweifelsfrei belegbar ist. Das, was bekannt ist, ringt sogar seinen ärgsten Todfeinden so etwas wie professionelle Hochachtung ab – auch wenn sie ihn lieber heute als morgen tot sehen möchten. »Der Bursche ist ein Genie, jemand, der die Kunst des Terrorismus zu ihrer höchsten Vollendung veredelt hat«, zitiert das angesehene britische Fachblatt *Jane's Intelligence Digest* ein hochrangiges Mitglied des israelischen Militärgeheimdienstes Aman. »Wir haben ihn studiert und zogen den Schluss, dass er ein klinischer Psychopath ist, der aus unmotivierten psychologischen Abgründen heraus handelt. Wir haben es aufgegeben, das verstehen zu wollen. Die Tötung seiner beiden Brüder durch die Amerikaner hat seine Motivation nur noch angeheizt.« Der Mann verschweigt allerdings, dass es Israel war, das Mughniyahs Bruder Fuad gezielt getötet hat. Nicht die Amerikaner.

Wer ist Imad Mughniyah? Die Spurensuche führt unweigerlich nach Beirut. In den Parlamentsstuben der libanesischen Hauptstadt und in den Büros der Hisbollah sieht es aus wie in jedem beliebigen Büro politischer Parteien des Nahen und Mittleren Ostens – und als politisch gewordene Partei, weniger als terroristische Organisation stufen westliche Beobachter und europäische Politiker die Hisbollah auch heute noch ein. Die PR-Strategen der Partei Gottes, wie »Hisbollah« übersetzt heißt, gehen westlichen Journalisten gerne mit Rat und Hilfe zur Hand, man gibt sich professionell. Nur bei Fragen nach Imad Mughniyah stößt man unvermittelt auf eine Mauer des Schweigens. Die Omertà, das uralte sizilianische Gesetz des Schweigens, sie funktioniert auch hier. Freundliche Gesichter versteinern dann, und Männer, die auf jede Frage eine Antwort haben, verstummen, kommt die Rede auf den Strategen des schiitischen Terrors.

»Ich kann Ihnen nur sagen, dass Sie keinen Unterschied zwischen dem politischen und dem militärischen Flügel der Hisbollah machen können«, antwortet mein Gesprächspartner Mohammed Fanish, der Mitglied des Politbüros der Hisbollah in Beirut ist. Weitere Fragen zur Person Mughniyahs lehnt er ab. »Ich kenne niemanden mit diesem Namen.« »Kennen Sie Jawwad Nur al-Din?«, frage ich ihn.

Fanish zögert kurz. »Ein Mitglied des Shura-Rates der Hisbollah«, bestätigt er dann. »Es gibt Leute, die behaupten, der Name sei ein Pseudonym für Imad Mughniyah«, versuche ich ihn aus der Reserve zu locken. »Ich kenne niemanden mit diesem Namen.« Fanish ist ein höflicher Mensch, und also beendet er das Gespräch.

In der Ruinenlandschaft der Stadt beginnt gegen Ende der siebziger Jahre der rasante Aufstieg Mughniyahs, der im Juli 1962 in Tir Dabba im Süd-Libanon zur Welt kam. Seine Familie, das behaupten israelische Quellen, sei zwar schiitisch, habe aber dennoch palästinensische Wurzeln. Nach ihrem Umzug in den schiitischen Süden Beiruts wurde Mughniyah als 17-Jähriger Mitglied von Yassir Arafats Eliteeinheit, seiner Leibwache, der Force 17. Wie viele junge Schiiten wurde er von Arafats PLO ausgebildet und trainiert. Eine Verbindung, die nie abreißen sollte. Nach dem Abzug der PLO aus Beirut 1982 war Mughniyah einer der Gründer der schiitischen Hisbollah-Miliz. Er steigt zum Leibwächter des spirituellen Führers der Partei Gottes, Scheikh Fadlallah, auf.

Am 18. April 1983 liefert Imad Mughniyah um 13.03 Uhr in Beirut sein terroristisches Gesellenstück ab. Und beschert der CIA ihr größtes Desaster seit der missglückten Invasion der Schweinebucht. »Beirut«, das sagen jedenfalls ehemalige CIA-Mitarbeiter heute, »hatte in der Rückschau weitaus schlimmere Folgen als die Schweinebucht. 9/11 wäre nicht geschehen, hätten wir auf Beirut adäquat geantwortet.« An diesem Aprilmittag nähert sich ein alter GMC Pick-up dem siebenstöckigen Gebäude der amerikanischen Botschaft. Er rast über die Auffahrt bis in die Eingangshalle der Botschaft, und eine gigantische Explosion zerfetzt den Bau. Die CIA verliert innerhalb von Sekundenbruchteilen ihr gesamtes Nahost-Team, das an diesem Tag zu einer Strategiebesprechung angereist war. Ein Enthauptungsschlag, dem 63 Menschen, darunter auch der Nahost-Beauftragte der CIA, Bob Ames, zum Opfer fielen. Der frühere CIA-Mitarbeiter Bob Baer schreibt 2001 in seinem Buch »Der Niedergang der CIA«, dass der US-Geheimdienst sich nie von diesem Schlag erholt habe.

Sechs Monate später legt Mughniyah »seine Meisterprüfung in Sachen Terrorismus ab«, wie es heute ein israelischer Geheimdienstmann formuliert. »Mughniyah hat die Amerikaner aus dem Libanon gebombt.« Was er meint, ist die Sprengung des Quartiers der US-Marines, die im Auftrag der UNO als Friedenstruppe und nicht als Besatzungsmacht im Libanon stationiert sind, sowie des Quartiers der französischen Friedenstruppen im Libanon am 23. Oktober 1983.

Um 6 Uhr 25 erschüttern an diesem Tag im Herbst 1983 fast zeitgleich zwei riesige Explosionen Beirut: 5450 Kilogramm TNT pulverisieren das Quartier der Marines und der französischen Friedenstruppen. 58 französische, 214 US-Soldaten sterben, und Ronald Reagan zieht seine Truppen aus dem Libanon ab. Amerikanische Gerichtsakten des Distriktgerichts Columbia in Washington belegen detailliert, dass die Machthaber in Teheran die Anschläge beschlossen, in Auftrag gegeben und hatten durchführen lassen. Beschlossen worden waren die Anschläge von Ayatollah Ruhollah Chomeini selbst. Mit dabei: Ali Hashemi

Rafsandjani, der – folgt man dem rechtskräftigen Gerichtsurteil – an der Diskussion und dem Beschluss zur Durchführung des Anschlages beteiligt gewesen sein soll.

Der Terroranschlag war bestens vorbereitet worden. Am 26. September 1983 sandte das iranische Geheimdienstministerium einen Befehl an den iranischen Botschafter in Damaskus, Ali Akbar Mohtashemi-Pour. Der solle sich bei Hussein Mousavi, einem hochrangigen Hisbollah-Führer, melden. Die Hisbollah solle die internationale Friedenstruppe bekämpfen und »eine spektakuläre Aktion gegen die amerikanischen Marinesoldaten ausführen«. Mohtashemi-Pour kontaktierte einen Offizier der Revolutionären Garden namens Kanani und befahl ihm, den Stützpunkt der US-Marines in die Luft zu jagen. Das jedenfalls bezeugte in einer Videovernehmung ein Mitglied der Hisbollah mit dem Pseudonym »Mahmud« gegenüber dem amerikanischen Gericht. Mahmud war Mitglied der Hisbollah-Zelle, die unter der Leitung von Imad Mughniyah den Anschlag ausführte. Die letzten Details der Terrorattacke wurden bei einem Treffen in der libanesischen Baalbek-Ebene festgelegt. Die Teilnehmer waren der Offizier der Revolutionären Garde Kanani, die beiden Führer der Hisbollah Scheikh Sobhi Tufaili und Scheikh Abbas Mousavi sowie Scheikh Hassan Nasrallah, der gegenwärtige Führer der Hisbollah und persönliche Repräsentant des Obersten Geistlichen Führers des Irans, Ali Chamenei.

Im Mai 1983 war die 24th Marine Amphibious Unit of the U.S. Marines den internationalen Friedenstruppen zugeordnet worden. Die militärischen Beschränkungen, denen die Friedenstruppen zur Beschützung der Bevölkerung und zu ihrer Selbstverteidigung unterlagen, wertet das US-Gericht für den Distrikt Columbia in Washington DC im Verfahren so: »Der Verlauf des Gerichtsverfahrens hat gezeigt, dass die Soldaten der 24th MAU-Einheit, was den Gebrauch ihrer Waffen (in Beirut) betrifft, weitaus größeren Einschränkungen unterlagen als ein ganz normaler US-

Bürger, der einfach nur in den Straßen von Washington DC spazieren geht.«

Am 16. Mai 1984 entführt Mughniyah den gerade in Beirut angekommenen neuen Chef der CIA-Station William Buckley. Ein Jahr lang hält Mughniyah Buckley gefangen. Foltert ihn, hält dies auf Film fest, und es sind Aufnahmen, die niemand vergessen kann, der sie gesehen hat. Dann tötet Mughniyah den CIA-Mann. Buckleys Entführung löst Ronald Reagans größte Krise, die Iran-Contra-Affäre aus – das Geschäft, bei dem Waffenlieferungen an das Regime des Ayatollah Chomeini die Freilassung von Buckley und den im Libanon entführten westlichen Geiseln befördern sollte. Der CIA-Mann war eine wandelnde Enzyklopädie. Wer, wenn nicht er, wusste um die unangenehmen Geheimnisse der CIA Bescheid. Vor allem die schmutzigen. Buckley war für die CIA seit Ende der sechziger Jahre in Vietnam eine der wesentlichen Säulen des »Phoenix Programms« gewesen – einer langjährigen Geheimdienstoperation gegen den Vietkong –, die Kritiker schon damals als »Staatsterrorismus« bezeichneten. Buckleys Entsendung nach Beirut war ein klares Signal vor allem an die Adresse der Hisbollah und ihrer Hintermänner. Buckley sei, so kolportieren heute Geheimdienstexperten »bis in die Haarspitzen mit allen Geheimnissen der amerikanischen Geheimdienstgemeinde abgefüllt« gewesen. »Die USA mussten alles unternehmen, ihn freizubekommen. Koste es, was es wolle. Sie haben es versucht, und es ging natürlich schief.«

Und die Liste der Terroranschläge, die Geheimdienste dem militärischen Mastermind des schiitischen Terrorismus zuordnen, geht weiter. In enger Zusammenarbeit mit den Pasdaran organisierte Mughniyah in den achtziger Jahren die Serie der Geiselnahmen in Beirut sowie am 14. Juni 1984 die Entführung des TWA-Fluges 847 auf seinem Weg von Athen nach Rom. Eines der wenigen Bilder, die von Mughniyah überhaupt existieren, zeigt ihn, wie er die Maschine nach ihrer Landung in Beirut betritt. Ein anderes Foto dokumentiert die Beteiligung von Offizieren der Revolutionären Garden an der Flugzeugentführung. Es zeigt Mughniyah auf dem Flughafen in Beirut im innigen Gespräch mit dem damaligen Kommandanten der Pasdaran im Bekaa-Tal, Hossein Mosleh, im Hintergrund ist die entführte TWA-Maschine zu sehen. 17 Tage lang werden die Geiseln festgehalten, ein amerikanischer Marinetaucher wird getötet.

Die Sonne über Kairo ist an diesem 23. Dezember 2003 längst untergegangen, die Terrasse des Marriott ist mittlerweile verwaist, und es ist schwierig zu unterscheiden, wo bei den Erzählungen des alten Mannes die Information aufhört und die Desinformation beginnt. »Nichts lief damals im Libanon ohne eine direkte oder indirekte Beteiligung der Iraner«, hat der alte Herr gesagt. »Im Krieg aller gegen alle waren die Pasdaran einer der Hauptspieler gegen die Amerikaner, und Imad war der Knüppel, mit dem Chomeini die Amerikaner schlug.«

Deren Reaktion kommt, glaubt man seinen Erzählungen, ein Jahr später am 8. März 1985. In Bir el Abed, einem schiitischen Viertel in West-Beirut, strömen Hunderte Gläubige nach dem Gebet aus der Moschee. Niemand registriert den PKW, der ganz in der Nähe des Ausgangs der Moschee geparkt ist und in dessen Nähe sich das Wohnhaus von Scheikh Fadlallah befindet, dem spirituellen Führer der libanesischen Hisbollah. In der Moschee betet hin und wieder auch Imad Mughniyah. Als die Autobombe explodiert, sterben 80 Menschen, und knapp dreihundert werden schwer verletzt. Unter den Toten ist auch Jihad, ein Bruder Mughniyas. »Allen war klar, das konnte nur eine CIA-Operation gewesen sein, denn viele wurden an diesem Tag getötet – nur nicht die eigentlichen Ziele. Die Operation war dilettantisch geplant und ausgeführt. Das Ganze ist fürchterlich schief gegangen.«

»Ist das nur eine von vielen Geschichten und Gerüchten

aus jenen Tagen, oder waren es tatsächlich die Amerikaner? Das State Department hat eine ähnliche Version der *Washington Post* damals dementiert.« Er lächelt feinsinnig. »Das macht man immer in solchen Fällen. Es gab natürlich keinen Befehl für die Ermordung von Fadlallah und Imad. Den gibt es in solchen Fällen seit Reagans Executive Order 12 333 nie. Irgendjemand spielt hypothetisch eine Idee durch, kommuniziert sie dann, und irgendjemand anderes konzipiert aus der Hypothese die Realität. Das hat den Vorteil, dass man immer dementieren kann und nicht lügen muss. Die CIA bildete im Libanon mit dem libanesischen Deuxième Bureau so genannte Counter-Terrorismus-Experten aus, die organisierten unter der Leitung des britischen MI 6 den Anschlag. Finanziert wurde das Ganze von den Saudis. Sie wussten, dass Mughniyah an diesem Tag in die Moschee kommen sollte. Sie wollten beide auf einen Schlag erledigen.«

Zumindest der langjährige Botschafter Saudi-Arabiens in den USA, Prinz Bandar Bin Sultan, bestätigte 2002, dass Saudi-Arabien die Finanzierung des Anschlags übernommen habe. Nach dem Fehlschlag habe Scheikh Fadlallah die Zeichen der Zeit jedoch sehr wohl verstanden und sich von terroristischen Aktionen zurückgezogen. »Einige Millionen«, so Prinz Bandar mit leisem Zynismus, »haben ihm die Entscheidung allerdings erheblich erleichtert.«

Selbst wenn diese Version nicht stimmen sollte, Konsequenzen hatte der Anschlag dennoch. Für die nächsten Jahre bis 1992 zieht sich Imad Mughniyah in den Iran zurück. Von dort spinnt er seine Fäden, dirigiert den Widerstand der Hisbollah gegen die israelische Besatzungsarmee im Libanon und orchestriert den Kleinkrieg, der beinahe täglich israelische Opfer fordert und die israelische Gesellschaft zunehmend zermürbt. Die israelische Antwort kommt – und sie kommt mit einem Paukenschlag.

Der 16. Februar 1992 ist ein nasskalter Sonntag im Süden des Libanons. Auf der Küstenstraße südlich von Sidon bewegt sich ein Konvoi aus zehn Limousinen in schneller Fahrt nordwärts. Die Insassen können nicht sehen, dass über ihnen eine winzige unbemannte Drohne sie überwacht. Wie aus dem Nichts nähert sich von der See her eine Formation israelischer Kampfhubschrauber. Mit Bordraketen nehmen sie den Konvoi unter Beschuss, fünf Hellfire-Raketen treffen. Ihr Ziel: Scheikh Abbas Mousavi, einer der prominentesten Führer der Hisbollah und ein enger Freund Mughniyahs. Die Israelis erreichen ihr Ziel. Mousavi stirbt. Unter den Opfern: Shiham, die Ehefrau des Hisbollah-Führers. Und seine Kinder. Auch der fünfjährige Sohn Hussein wird zerfetzt. Später wird ein israelischer Kommandant öffentlich sagen: »Nothing kills like overkill.« Der Architekt der Attacke: Ehud Barak, der spätere israelische Ministerpräsident.

In Teheran wird Mughniyah reaktiviert. Seine Rache folgt einen Monat später und demütigt die Israelis bis auf die Knochen. Seit Beginn der neunziger Jahre hat Mughniyah von Teheran aus sein Aktionsfeld rund um den Globus ausgeweitet. Weltweit hat er ein dichtes Netzwerk des schiitischen Terrorismus um sich gesponnen. Ein Zentrum: das Dreiländereck zwischen Paraguay, Argentinien und Brasilien, in dem sich seit Anfang des 20. Jahrhunderts eine große schiitische Diasporagemeinde niedergelassen hat. Das Gebiet ist bis heute ein Knotenpunkt islamistischer Netzwerke von der Hisbollah bis zu Al Qaida. Von hier aus plant Mughniyah im Verbund mit den iranischen Geheimdiensten und Teheraner Diplomaten seine Antwort auf die Ermordung Mousavis und seiner Familie.

In einer präzise geplanten und penibel durchgeführten Operation jagt Mughniyah am 17. März 1992 die israelische Botschaft in Buenos Aires in die Luft. 29 Menschen sterben, 247 werden verletzt. Zwei Jahre später, am 18. Juli 1994, erschüttert eine gigantische Explosion die City der argentinischen Hauptstadt. 87 Menschen sterben, 300 werden verletzt. Vom Amia-Gebäude, dem jüdischen

Kulturzentrum, bleibt nur ein Betongeripppe übrig. Es dauert neun Jahre, bis die argentinischen Ermittlungsbehörden ihren Untersuchungsbericht fertig stellen. Der bis heute als top secret eingestufte Sipri-Bericht, benannt nach dem Namen des argentinischen Geheimdienstes, wird der Öffentlichkeit nicht zugänglich gemacht. Auf 1000 Seiten berichtet Miguel Toma, der Leiter des argentinischen Geheimdienstes, detailliert die Genese des mörderischen Anschlags. Der iranische Überläufer Mesbahi, führendes Mitglied des iranischen Geheimdienstes, bestätigte in mehreren Vernehmungen die Täterschaft der Teheraner Machthaber. Mesbahi wurde von deutschen Richtern des Berliner Kammergerichts bestätigt, dass er ein glaubwürdiger Zeuge sei. Bei einer Zusammenkunft des »Komitees für Sonderangelegenheiten« beschlossen dessen Mitglieder unter der Leitung von Ali Chamenei sowie Ali Rafsandjani beide Anschläge. Das Komitee setzte sich bis Mitte der neunziger Jahre aus dem Obersten Geistlichen Führer des Irans, dem Staatspräsidenten, einigen ausgewählten Mitgliedern des Obersten Nationalen Sicherheitsrats sowie dem Außenminister und dem Führer der Al-Quds-Brigaden zusammen. Die Aufgabe des Komitees war es, weltweit durchzuführende Terroranschläge gegen Regimegegner, westliche sowie jüdische und israelische Ziele zu diskutieren und zu beschließen. So auch im Fall der Anschläge in Buenos Aires.

Imad Mughniyah war für die technische Durchführung des Attentats verantwortlich, das er unter aktiver Hilfe des iranischen Geheimdienstministeriums MOIS geplant hatte. Iranische Diplomaten, die in Buenos Aires, Paraguay und Brasilien residierten, koordinierten die Organisation der Anschläge. Die Täter wurden von Teheran aus den Reihen der libanesischen Terrororganisation, der schiitischen Hisbollah, rekrutiert. Beauftragt wurde Imad Mughniyah vom Nationalen Sicherheitsrat des Irans unter Leitung des Obersten Geistlichen Führers der Islamischen Republik

Iran, Ayatollah Chamenei, dem damaligen Staatspräsidenten Rafsandjani und dessen Außenminister Velajati. Alle befinden sich heute noch in den Zirkeln, die die tatsächliche Macht in der Islamischen Republik Iran ausüben und die Politik des Gottesstaates nach innen wie nach außen bestimmen. Jedem »kritischen Dialog« mit Europa zum Trotz führten sie mehr als ein Jahrzehnt lang eine globale Terrorkampagne gegen den Westen, auch in und gegen die Staaten, mit denen sie auf dem politischen Parkett im Dialog standen. Für Mahmud Ahmadinejad und seine Gefolgsmänner ist im Streit um das militärische Nuklearprogramm des Irans die Wiederaufnahme des Terrors gegen den Westen nicht nur die logische Konsequenz beim Scheitern einer diplomatischen Lösung. Sie ist vielmehr Verpflichtung, ganz im Geist und im Auftrag des verstorbenen Imams Chomeini. Ihr Traum dabei: das Zusammenwirken zweier islamistischer Terrornetzwerke, der schiitischen wie der sunnitischen. Was vielen westlichen Beobachtern angesichts der tiefen Gräben zwischen Schia und Sunna unwahrscheinlich vorkommt und bisher in Europa lange verdrängt wurde, ist seit dem 11. September 2001 für westliche Sicherheitsexperten, Geheimdienstleute und Terrorismusforscher eine beängstigende Perspektive: eine Wiederbelebung der Zusammenarbeit von schiitischem und sunnitischem Terrorismus jenseits aller bestehenden Feindschaften der beiden Hauptströmungen des Islams. Denn eine solche hat es in der Vergangenheit, in den neunziger Jahren, durchaus schon gegeben. »Sunnitische Al-Qaida-Mitglieder wurden zwischen 1992 und 1995 im Libanon von der schiitischen Hisbollah und Imad Mughniyah ausgebildet und trainiert. Verglichen mit Mughniyah sind Bin Laden und seine Leute Lehrlinge und Mughniyah ist der Meister«, sagt Magnus Ranstorp, der Terrorismusexperte mit dem Schwerpunkt schiitische Hisbollah im Libanon.

»Hisbollah und Al Qaida haben in den Neunzigern zwar hin und wieder, aber nie sehr eng zusammengearbeitet«, analisiert ein europäischer Geheimdienstexperte. »Es gab Kontakte, Gespräche, auch technische Unterstützung und Ausrüstung. Das Bindeglied dabei war stets Imad Mughniyah. Dennoch hatte das Ganze, soweit wir wissen, einen eher losen Charakter.« Tatsächlich registrierten westliche Dienste zwischen 1992 und 1996 Phasen reger Kommunikation zwischen Al Qaida und Imad Mughniyah. Die Telefonüberwachung von Osama Bin Laden ergab, dass 10 Prozent seiner Gespräche nach Teheran gingen. Mindestens ein halbes Dutzend Mal reisten Hisbollah-Funktionäre ebenso wie hochrangige Offiziere der iranischen Al-Quds-Brigaden bis 1995 nach Khartoum, wo Osama Bin Laden unter dem Schutz von Hassan al Turabi, dem starken Mann des Landes und spirituellen Führer der sudanesischen Islamisten, einen sicheren Hafen gefunden hatte – so der heutige stellvertretende Verteidigungsminister Brigadegeneral Ahmed Vahidi. Ali Mohammed, ein Al-Qaida-Kadermitglied, der in den USA wegen seiner Beteiligung an den Anschlägen auf die amerikanischen Botschaften in Tansania und Kenia 1998 angeklagt wurde, bestätigte in seiner Aussage vor Gericht, dass er selbst 1993 ein Treffen zwischen Osama Bin Laden und Imad Mughniyah in Khartoum arrangiert hatte. Ali Mohammed war für die Sicherheit des Treffens verantwortlich. Der Mann war bestens für diese Aufgabe qualifiziert. Bevor er zum schiitischen Glauben konvertierte und Al-Queida-Mitglied wurde, war er Mitglied einer amerikanischen Special-Forces-Einheit.

Die Reisen Mughniyahs dienten der Planung von Anschlägen gegen amerikanische Ziele sowie der Unterweisung von Bin Ladens Mudjaheddin in der Kunst terroristischer Anschläge. Bin Ladens fast pathologischer Abscheu vor den Schiiten hat ihn nicht davon abgehalten, mit Mughniyahs Hisbollah zu kooperieren und von ihr zu lernen.

»Im Terrorgeschäft waren und sind Bin Ladens Al-Qaida-Kader die Amateure und Mughniyah ist der Profi.

Bin Laden ist das spirituelle Mastermind des sunnitischen Terrorismus. Imad Mughniyah ist das technische und operative Mastermind, das Hirn des schiitischen Terrorismus. Spätestens seit dem 11. September 2001 haben beide ihre temporäre Zusammenarbeit aus den neunziger Jahren wieder aufgenommen. Die Allianz ist der ultimative GAU für alle westlichen Dienste und Polizeibehörden« lautet die nüchterne Schlussfolgerung eines Sicherheitsexperten. »Gehen beide Netzwerke, das sunnitische und das schiitische zusammen, dann ist das für den Westen ein viel schlimmeres Worst-Case-Szenario als für den Nahen Osten.«

Israel

Der Traum von der Vernichtung

»Hast du getötet?«

»Ja«, sagt er.

»Hast du töten lassen?«

»Ja«, antwortet er.

»Hast du seit unserem letzten Treffen wieder töten lassen?«

Er lächelt. »Ja«, sagt er. Ein Lächeln, das sich, so scheint es, in seinem Bubengesicht tatsächlich dann in Trauer verliert. »Ich weiß es nicht«, antwortet er fast schüchtern auf die Frage, für den Tod wie vieler Menschen er in diesen letzten Jahren verantwortlich gewesen ist. Waren es fünf, zehn oder gar mehr? »Ich weiß es wirklich nicht. Ich zähle die Toten nicht.«

Er klingt ratlos, so als könne er es sich selbst nicht so recht erklären, welche Ursachen es gewesen sind, die ihn diese Karriere haben einschlagen lassen. »Ich bin kein Killer«, sagt er. »Ich bin im Krieg. Also töte ich Menschen, so einfach ist das«, und dann, nach einer Pause, »und so schlimm.« Und wie er dies sagt, verliert seine Stimme jeden Ton, seine Augen jeden Ausdruck. Er sitzt auf dem Dach eines Hauses in Jenin, blickt über die endlose Hügellandschaft im nördlichen Westjordanland, die so schön und ruhig und fast toskanisch scheint. »Dies hier ist mein Land«, sagt er versonnen, »die Israelis haben hier nichts verloren. Niemals.« Seine dunklen Augen blicken sanft. Er sagt »die Israelis«. Er sagt nicht »die Juden«, wie so viele andere hier, aber das macht die Sache auch nicht besser. Er hatte sich, so war mein Eindruck, gefreut, als wir uns in den ersten Märztagen des Jahres 2006 nach einem halben Jahr wieder gesehen hatten, was so selbstverständlich nicht war, denn er steht seit Jahren auf der israelischen Liste derer, die gezielt zu töten sind, sehr weit oben.

»Du siehst, ich lebe noch«, hatte er gelacht. Wir waren durch das Flüchtlingslager gegangen, vorbei an all den schönen, neu gebauten Häusern. Durch die Straßen, die nun so breit angelegt sind, dass die israelischen Panzer, wenn sie denn wieder kämen, dieses Mal eine ausreichend breite Fahrspur fänden. Nicht so wie in jenen zwölf Tagen im April 2002, als über die Fernsehschirme der Welt die Bilder und die Meldungen liefen, die nur von dem einen erzählten. Von der Zerstörung Jenins und den Massakern dort, die Zahal, die israelische Armee, verübt hatte. Was ausgerechnet Peter Hansen, den Leiter des UN-Flüchtlingswerks UNRWA, dazu trieb, seiner Hoffnung Ausdruck zu verleihen, dass die Meldungen über die Massaker an 500, ja an 600 Palästinensern durch die israelische Armee »übertriebene Horrorgeschichten« seien. Aber dann hatte Peter Hansen von »Schlachtfeldern unter Zivilisten« gesprochen und der Weltöffentlichkeit gegenüber bestätigt, dass »ich fürchte, dass die Meldungen nicht übertrieben waren und dass die Bewohner des Lagers Jenin eine humanitäre Katastrophe durchmachten, die in der jüngeren Geschichte wenige Parallelen hat«. Wochen später verneint ausgerechnet Tara'at Mardawi, Mitglied des Islamischen Jihad, in einem CNN-Interview die Frage, ob in Jenin ein Massaker stattgefunden habe. Es habe einen »wirklich harten Kampf gegeben«, ja, aber ein Massaker sei es nicht gewesen. Mardawi muss es wissen. Er war während der Kämpfe in Jenin. Die ägptische Wochenzeitung *Al-Ahram Weekly* zitiert einen Palästinenser mit dem Decknamen »Omar«, der erzählt, dass palästinensische »Pioniere« mehr als 50 Häuser in Jenin mit Sprengsätzen versehen hatten. Tatsächlich sind von den etwa 1000 Häusern des Flüchtlingslagers um die 100 zerstört worden.

Wir reden bei unserem Gang durch das wieder aufgebaute Flüchtlingslager über die Geschehnisse im April 2002, und da lacht er kurz auf. »Im Krieg sind Worte und Bilder manchmal genauso wichtig wie Kugeln und Granaten.« Die Männer in den Straßen grüßen ihn ehrfurchtsvoll auf dem Weg durch das Lager, die kleinen Jungen strahlen voller Stolz, wenn er ihnen zuwinkt.

Dem 29 Jahre alten Zakaria Mohammed Abd al Rahman Zubeidi ist die Unschuld abhanden gekommen, denn die Zeitläufte und unbedingte Treue zu seinem Führer, zu Yassir Arafat, haben ihn in den Krieg katapultiert. Er hat es weit gebracht, ist vom Gelegenheitsdieb zum Fußsoldaten und bis hin zum Strategen des Terrors hochgespült worden und zum Anführer von Yassir Arafats Al-Aqsa-Brigaden im Distrikt Jenin und darüber hinaus zu einem der wichtigsten Kommandeure im Westjordanland aufgestiegen. Zubeidi genießt die Achtung, die Ehre, ja die Zuneigung der Menschen hier in Jenin, die ihm entgegenwogt. Aber dann passiert es bei diesem Gang durch die Straßen, dass er unversehens stehen bleibt. Das sind Momente, in denen er regungslos ins Nichts starrt und schweigt, als sinniere er seinem Leben hinterher. Wie verloren in sich selbst. Und in dem alten Mann, dem er bedingungslos gefolgt ist. Auch wenn der gegangen ist. »Ich lebe für Yassir Arafat«, sagt er dann mit entleerter Stimme. »Ich kämpfe für ihn. Der Rais und nur er ist mein Kommandeur. Auch, wenn er nun tot ist.« Er hat ihm vertraut wie sonst keinem. »Ich bin der Einzige, der jemals Abu Ammar mit einer Pistole bewaffnet besuchen durfte.« Der Vater des Krieges – Abu Ammar. Das war der nom de guerre, der Kriegsname des Friedensnobelpreisträgers Yassir Arafat.

Es ist schon recht warm an diesem frühen Märztag, und Zubeidi hat zum Essen auf dem Dach eines Hauses eingeladen, sitzt nun entspannt auf seinem Stuhl und ist schwer bewaffnet. Mit Pistole und Handgranaten am Gürtel. Auf dem Schoß das M16-Sturmgewehr. Unten liegen in der

Ecke eines Raumes drei Gürtel, acht und zwölf Kilogramm schwer. Für Selbstmord-Bomber, die er auf den Weg schicken wird. Irgendwann. Nach Israel.

»Deine Leute töten Frauen, Männer, sie töten Kinder. Wie ist das für dich, wenn du jemanden zum Töten losschickst. Tun dir deine Opfer leid?«

Er wartet. Gibt sich lange Zeit. »Ja«, sagt er dann, »aber es muss nun mal sein. Sie töten uns, also töten wir sie. So einfach ist das.« Der 29 Jahre alte Zakaria Zubeidi lehnt sich in seinem Stuhl zurück, trommelt mit den Fingerspitzen gedankenverloren auf der Pistole herum, die in seinem Schoß liegt, und wie er so über das Töten von Israelis spricht, liegt in seinem Bubengesicht dieses schüchterne, fast verlegene Lächeln. »Du bist ein Terrorist.« Zubeidi hört die Anklage, zuckt nur mit den Schultern. »Was du Terrorismus nennst, nenne ich Freiheitskampf.« Zakaria Zubeidi hat in den letzten drei Jahren Dutzende Terroranschläge innerhalb Israels organisiert und ist so zu einem Führer geworden, dessen Wort nicht nur in den karstigen Bergdörfern der Westbank gehört wird.

Bei meinem letzten Besuch im Libanon im Sommer 2005 im palästinensischen Flüchtlingslager Ein al Hillweh, in der Nähe von Sidon, hatten sie voll Ehrfurcht über Zakaria Zubeidi gesprochen. Der Führer der PLO dort hatte nichts dagegen, dass ich dabei war, als er zusammen mit einem Kommandanten der schiitischen Hisbollah eine Telefonkonferenz mit Zubeidi in Jenin abhielt. Sie redeten über Strategien im Kampf gegen den Feind, darüber, dass die Schonfrist von Mahmud Abbas, dem Nachfolger von Yassir Arafat, nun endgültig vorbei sei und der Kampf im Sinne des verstorbenen Rais fortgeführt werden müsse.

Als Mahmud Abbas an einem Donnerstag während seines Wahlkampfes zum Präsidenten der palästinensischen Autonomiebehörde in Jenin sprechen wollte, da musste er zunächst um die Erlaubnis von Zakaria Zubeidi buhlen. Der hat dessen Sicherheitseskorte wie streunende Hunde verscheucht, dann Abbas vor den Toren Jenins lange demütigende Stunden warten lassen, bis er ihn dann huldvoll auf seine Schultern hob, um Abbas unter dem Gewehrfeuer der Al-Aqsa-Brigadisten in die Stadt hereinzutragen. »Zubeidi, Zubeidi, Zubeidi«, hat die Menge dem Anführer der Terrorbrigade zugejubelt – Mahmud Abbas hat die Botschaft sehr wohl verstanden, Zubeidi umgehend zum Chef der palästinensischen Polizei im Distrikt Jenin ernannt und ihn auf die Gehaltsliste der palästinensischen Autonomiebehörde gesetzt.

Zubeidi lacht beinahe verschmitzt auf, als ich ihn auf die mir fast surreal scheinende Telefonkonferenz über die libanesisch-israelische Grenze hinaus anspreche. »Wir haben keine Probleme, alle unsere Aktivitäten zu koordinieren«, sagt er. »Wir sprechen unsere Strategie, unseren Widerstand gegen die israelische Besatzung miteinander ab.« Er bestätigt damit, was seit Jahr und Tag einem ewigen Mantra gleich von israelischen Sicherheitsexperten behauptet wird und lange Zeit im Westen als plumpe Desinformation aus Geheimdienstzirkeln des Judenstaates angesehen wurde: dass die Hisbollah und damit Teheran längst zu einem der Akteure im Krieg zwischen Israel und den Palästinensern geworden ist. Glaubt man den Israelis, dann schickt Teheran seit Jahren nicht nur Geld, sondern Waffen, Munition und Instrukteure in die palästinensischen Gebiete. Gegen den Widerstand Teherans, so geben israelische Sicherheitsexperten unter der Hand zu, wird es keine funktionierende Lösung des israelisch-palästinensischen Konfliktes geben.

»Teheran kann und wird jeden Versuch einer Lösung torpedieren«, so die Analyse eines Experten in Tel Aviv. Die Hisbollah kontrolliert mittlerweile Terrorzellen der Hamas, des Palästinensischen Islamischen Jihad, des Volkswiderstandskomitees sowie der Al-Aqsa-Brigaden – im Gazastreifen wie in der Westbank. Die schiitischen Gotteskrieger des Libanons sind nach einer Analyse des israelischen Geheimdienstes direkt für 68 Terrorattacken im Jahr 2004 verantwortlich, bei denen 24 Israelis getötet und 52 verwundet wurden. Die Hisbollah gibt vor allem den Terrorzellen der Al-Aqsa-Brigaden sowie denen des Islamischen Jihad direkte Instruktionen bis hin zu dem Befehl, Selbstmordattentate innerhalb Israels auszuführen. Die einzelnen Zellen erhalten bis zu 10 000 US-Dollar an laufender monatlicher Unterstützung.

Was israelische Dienste behaupten, wird von einigen ihrer palästinensischen Kollegen unter der Bedingung der Anonymität bestätigt. »Die Hisbollah hat mittlerweile in der Westbank und im Gazastreifen eigene Strukturen aufgebaut und teilweise unsere Strukturen, die von Hamas wie vom Jihad, übernommen«, erklärt mir während meiner Märzreise 2006 ein hochrangiger Offizier der palästinensischen Preventive Security in der Westbank. »Sie organisiert den Waffenschmuggel aus Ägypten in den Gazastreifen und von Jordanien aus in die Westbank. Sie organisiert den Geldtransfer aus dem Ausland, schleust von dort Palästinenser über die jordanische Grenze und trainiert im Libanon Palästinenser, die innerhalb Israels Anschläge ausführen sollen. Dahinter steht der Iran.« Dass die libanesische Hisbollah längst zu einer terroristischen Kraft avanciert ist, die in den palästinensischen Gebieten aktiv den Terror schürt und gar organisiert, wurde am 19. Juli 2004 aus berufenem Mund in aller Öffentlichkeit bestätigt. Ausgerechnet vom Führer der schiitischen Terrororganisation selbst, von Scheikh Hassan Nasrallah. An diesem Tag war bei einer Autobombenexplosion in Beirut ein hochrangiges Mitglied der Hisbollah, Ghaleb Awaleh, vermutlich von Israelis getötet worden. Bei der Beerdigungszeremonie verkündet Nasrallah: »Der getötete Ghaleb Awaleh ist wie der getötete Ali Salah von der Gruppe, die sich seit Jahren dem Heiligen Kampf widmet und unseren Brüdern im besetzten Palästina hilft. Wir wünschen es nicht, diese Wahrheit zu verbergen. Wir erklären es offen und mit Stolz. Ghaleb ist für Palästina getötet worden. Er ist ein Märtyrer für Jerusalem. Er ist ein Märtyrer der Al-Aqsa-Moschee. Er ist ein Märtyrer im Kampf gegen den zionistischen Eroberer. Wir werden unsere Unterstützung nicht verstecken, wie wir dies nie getan haben.«

Zwar wird Nasrallah für diese offene Bestätigung der Terroraktivitäten der Hisbollah von Teilen seiner eigenen Organisation wie von arabischen Medien heftig angegriffen – das hindert ihn aber nicht, später noch einmal nachzulegen. Nasrallah gibt in einem Interview vom 27. April 2006, das in der libanesischen Tageszeitung *As-Safir* veröffentlicht wird, zu, militanten palästinensischen Gruppen finanzielle und politische Unterstützung gewährt zu haben. »Sie, die Palästinenser, haben Kämpfer und Fachkompetenz. Sie können Raketen bauen, indem sie sich ins Internet einloggen. Was sie jedoch brauchen, ist finanzieller, politischer und Medien-Support. Und wir bestreiten nicht, dass wir ihnen an diesen Fronten helfen«, sagt er. Nasrallah bestätigt zwar, dass seine Organisation auch Waffen an palästinensische Terroristen geschmuggelt habe, jedoch nur bis 2001, als Jordanien drei Hisbollah-Mitglieder verhaftete, die Katjuscha-Raketen aus Syrien in das Westjordanland brachten.

Zakaria Zubeidi hatte unser Treffen im März nach zwei Stunden beendet und mich durch das Flüchtlingslager zurück ins Zentrum der Stadt gebracht. Auf dem Weg dorthin skizzierte er seine Strategie für die nächsten Monate. Nachdem Hamas nun die palästinensische Regierung stellt, ist Zubeidi dabei, das Bündnis zwischen dem von Teheran finanzierten Palästinensischen Islamischen Jihad und seinen Al-Aqsa-Brigaden noch enger zu schmieden. »Hamas«, erklärte Zubeidi, »wird in den nächsten Wochen und Monaten keine militärischen Operationen in Israel ausführen. Diesen Part werden wir, die Brigaden und der Jihad, übernehmen.« Genau das befürchten israelische Sicherheitsexperten. Nach der katastrophalen Wahlniederlage, so deren Überlegung, werde die Fatah sich möglicherweise unter einer neuen, jungen Führung radikalisieren und versuchen, mit Anschlägen innerhalb Israels eine neue Legitimität bei dem palästinensischen Volk aufzubauen – unterstützt von Teheran.

Wie groß der Einfluss Teherans mittlerweile geworden ist, gibt Zakaria Zubeidi ganz offen zu. Der junge Führer der Al-Aqsa-Brigaden im Westjordanland hat kein Problem damit, die umfassende Unterstützung aus dem Libanon und dem Iran offen zu bestätigen. »Natürlich unterstützt der Iran uns, und wenn Europa das palästinensische Volk verrät, wird der Iran an Europas Stelle treten. Ohne die Hilfe unserer Brüder der Hisbollah könnten wir unseren Kampf längst nicht mehr weiterführen«, erklärt er. »Sie geben uns Geld und Waffen. Wir sprechen unsere militärischen Operationen gemeinsam ab. Die Israelis müssen mit Schmerz und Angst und Blut für die Besatzung meines Landes bezahlen. So lange, bis sie meinem Volk sein Recht und seine Freiheit wiedergeben.« Er schlendert unbefangen durch die Gassen des mit Geld aus den Vereinigten Arabischen Emiraten wieder aufgebauten Flüchtlingslagers, streichelt hier einem kleinen Mädchen übers Haar, tätschelt dort einem Buben die Wange, hört sich huldvoll die Klage eines Straßenhändlers an, nimmt die ehrfurchtsvollen Grüße von Passanten an. Da baut sich einer auf, bereit zum Sprung auf die Führungsebene der Fatah. Zakaria doziert: »Die alten Führer der Fatah hatten ihre Chance. Sie haben mit den Israelis geredet, geredet, geredet – und nichts erreicht. Die Israelis verstehen nur eine Sprache: die Sprache des Kampfes. Nur so kommt mein Volk zu seinem Recht. In diesem Kampf nehme ich jede Unterstützung an, egal, wer sie mir anbietet. Auch aus dem Iran«, meint er und hebt demonstrativ das funkelnagelneue M16-Sturmgewehr.

***

Der Professor und pensionierte Generalmajor der israelischen Armee Yizak Ben Israel war nicht sonderlich erstaunt über das, was er da von seinem Gast hörte. Sein Gesprächspartner erzählte ihm, dass der Ayatollah Ali Chamenei ein ausgesprochen zuvorkommender, gar freundlicher Gastgeber sei. »Er empfing mich mit ausgesuchter Höflichkeit«, beschrieb José María Aznar, der frühere spanische Ministerpräsident, seinen Eindruck anlässlich seines Staatsbesuchs im Iran im Jahre 2001. Das Treffen zwischen Aznar, Ali Chamenei sowie weiteren Ayatollahs fand in einem bescheidenen Privathaus statt. Aber dann, so Aznar zu seinem israelischen Gastgeber, habe der Oberste Geistliche Führer des Gottesstaates ihm noch die conditio sine qua non der iranischen Politik genannt: »Israel zu verbrennen, das ist das primäre Ziel iranischer Politik.« Aznar, irritiert über diese eindeutige politische Aussage seines Gesprächspartners sowie dessen Offenheit, fragte nach. Er habe, so erklärt er dies Yizak Ben Israel im Nachgang, Klarheit gewollt. Die bekommt der spanische Ministerpräsident dann auch: »Gleich zu Anfang erklärte mir Ali Chamenei, warum der Iran Israel und den USA den Krieg erklären müsse, so lange, bis beide Staaten vollkommen vernichtet seien.« Senor Aznar wusste dem Obersten Geistlichen Führer des Irans nur eines zu erwidern: »Ich hatte nur eine Bitte an Ali Chamenei: Er solle mir den geplanten Zeitpunkt für den Angriff nennen.«

Die Episode spiegelt die iranische Politik gegenüber Israel und den USA treffend wieder. Auch wenn sich israelische Politiker und Sicherheitskräfte über das steigende Engagement der libanesischen Hisbollah und des Irans in den besetzten Gebieten Sorgen machen, so sind sie viel mehr darüber beunruhigt, welchen Terrorattacken von Seiten des Irans nicht nur israelische, sondern auch jüdische Einrichtungen künftig weltweit ausgesetzt sein werden. Israelische und jüdische Einrichtungen waren in den letzten 26 Jahren immer wieder Anschlagsziele iranischer Terrorkommandos und nur schwer zu schützen. Die israelische Botschaft in Thailand wollten schiitische Terroristen im Juni 2002 in die Luft jagen; der Anschlag konnte in letzter Minute vereitelt werden. 1992 gelang die Sprengung der israelischen Botschaft in Buenos Aires, zwei Jahre später wurde das jüdische Sozialzentrum der argentinischen Hauptstadt zerbombt. Teheran lässt seine Terroranschläge gerne durch Kader der Hisbollah ausführen. So sollen Spuren, die allzu deutlich nach Teheran weisen, verwischt werden. Beispielsweise bei der Serie von 12 Bombenanschlägen, die im September 1986 Paris erschütterten. Fuad Ali Saleh, ein libanesisches Hisbollah-Mitglied, hatte in Frankreich ein Terrornetzwerk aufgezogen, nachdem er in Ghom ein theologisches Seminar besucht hatte. Im Auftrag Teherans, das bezeugte er 1990 in Frankreich vor Gericht, organisierte er die Serie der Bombenanschläge in Paris.

Bis zum 11. September 2001 hat keine Terrorgruppe mehr amerikanische Bürger getötet als die libanesische Hisbollah. Die Hisbollah, »die Partei Gottes«, so die Bedeutung ihres Namens, wurde 1982 unmittelbar nach dem Einmarsch der israelischen Armee in den Libanon gegründet. Von Beginn an war sie der bewaffnete Arm Teherans, mit dem die Mullahs sowohl die USA als auch Israel treffen wollten. Instrukteure der iranischen Revolutionären Garden trainierten die schiitischen Kämpfer und rüsteten sie auf, und ihre Offiziere kontrollierten die Befehlsstruktur der libanesischen Hisbollah. Unter der Aufsicht des iranischen Botschafters in der syrischen Hauptstadt Damaskus, Ali Akbar Mohtashemi-Pour, stieg die Hisbollah binnen weniger Monate zu einer schlagkräftigen Kampfmiliz im libanesischen Bürgerkrieg auf. Mohtashemi-Pour, der während der Amtszeit des reformorientierten iranischen Staatspräsidenten Chatami zu einem der profiliertesten Reformer aufstieg, war während seiner Botschafterzeit in Syrien in den achtziger Jahren weitaus mehr

Geheimdienstoffizier als Diplomat gewesen. Er orchestrierte Dutzende Entführungen westlicher Bürger im Libanon und war für mindestens dreißig Terroranschläge verantwortlich. Der Mann, der ihm dabei half, war Imad Mughniyah.

Die Hisbollah wurde und wird bis heute mit monatlichen Zahlungen aus Teheran alimentiert und militärisch aufgerüstet. Die Waffenarsenale der Terrorgruppe sind prall gefüllt. Im Herbst 2004 bestätigte Scheikh Nasrallah, der Führer der Hisbollah, dass der Iran seiner Organisation mehr als 12 000 Raketen geliefert hat, mit denen der gesamte Norden Israels bis nach Haifa attackiert werden könne. Die schiitische Organisation ist nicht nur im Nahen und Mittleren Osten gut vernetzt. In Europa, in den USA, in Afrika wie in Lateinamerika hat sie ein globales Netzwerk aufgebaut. Sie kooperiert eng und global mit den sunnitischen Terrorgruppen. Was in Israel und im Westen Terror genannt wird, ist für die schiitischen Gotteskrieger legitimer Widerstand. Seit dem Amtsantritt von Mahmud Ahmadinejad kam es in Teheran wie auch in Syrien, dem engsten Verbündeten des Irans, immer wieder zu Treffen zwischen den Führern verschiedener sunnitischer und schiitischer Terrorgruppen. Auch Mahmud Ahmadinejad wohnte einigen Treffen bei. Aber schon vor dessen Wahl zum Staatspräsidenten war Teheran seit dem Beginn der zweiten Intifada im September 2000 wieder massiv auf der palästinensischen Bühne präsent.

Yassir Arafat hatte die Eiszeit, die seit dem Beginn des Osloer Friedensprozesses zwischen den Mullahs und der palästinensischen Führung herrschte, beendet. Vierzehn Jahre lang, von 1979 bis 1993, war das Verhältnis durchaus von gegenseitiger Herzlichkeit geprägt, die aus den frühen siebziger Jahren herrührte, als Arafats PLO junge schiitisch-islamistische Kader der Revolution in deren Kampf gegen den Schah unterstützte und sie in palästinensischen Ausbildungslagern militärisch schulte. Yassir Arafat war gleich zu Beginn der Islamischen Revolution nach

Teheran geeilt, um den neuen Machthabern seine Reverenz zu erweisen. Die Bindung zwischen den schiitischen Revolutionären und dem palästinensischen Führer war seit jenen Tagen sehr eng. Bis eben 1993, als Arafat den Osloer Verträgen zwischen Israel und den Palästinensern seinen Segen gab. Teheran distanzierte sich von Yassir Arafats Sündenfall, einen Frieden – und sei es auch nur einen kalten und zudem taktisch begründeten – zuzulassen. Erst zu Beginn der zweiten Intifada, also im Jahr 2000, kamen beide Seiten wieder ins Gespräch. Was lange Zeit von vielen Beobachtern als israelische Desinformationskampagne angesehen wurde, stellte sich wenig später als allzu wahr heraus. Yassir Arafat hatte eine strategische Entscheidung getroffen und seine alte Allianz mit der Mullahkratie wieder belebt. Behilflich war ihm dabei ein alter Freund aus den Tagen des libanesischen Bürgerkrieges: Imad Mughniyah.

Die Welt erfährt von Arafats neuem Schulterschluss mit Teheran am 3. Januar 2002. An diesem Tag sitzt Israels Generalstabschef Shaul Mofaz in einer Militärmaschine hoch über dem Roten Meer und schaut durch ein Spezialfernglas auf die See. Unten sieht er einen rostigen blauen Frachter. Drei Monate lang hat Israels Geheimdienst das Schiff beobachtet. Aber jetzt ist Mofaz nervös. Er schaut selbst durch das Fernglas, bis er die Schriftzeichen auf der Bordwand entziffern kann: Karina-A. Im gleichen Moment gibt er den Einsatzbefehl. Binnen Minuten haben Kommandotruppen der Marine das Schiff geentert. Kein Schuss fällt. Den Ablauf des Waffengeschäfts hat der Nahostexperte Robert Satloff vom Washington Institute for Near East Policy detailliert rekonstruiert und in der Zeitschrift *The National Interest* publiziert. Unter Kisten mit billiger Kleidung und Sonnenbrillen finden die Soldaten in wasserdicht verpackten Containern Waffen und Sprengstoffe – genug, um eine kleine Armee zu versorgen: Raketen mit Reichweiten bis zu 20 Kilometern, Granaten, panzerbrechende Waf-

fen, Maschinengewehre, Minen. Dazu genug C4-Spreng-
stoff für 300 Selbstmörderbomben, nämlich 2200 Kilogramm. Das ist fünfmal so viel wie das Gewicht aller
Selbstmörderbomben, die in Israel seit der Staatsgründung
explodiert sind. Doch nicht die Zahl der Waffen erschüttert den Nahen Osten, sondern ihre Herkunft und ihr Ziel.
Die Karina-A kam aus dem Iran, und die Waffen sollten in
den Gazastreifen. So gesteht es der Kapitän in der Haft.
Gern lassen die Israelis den Mann sein Bekenntnis vor
Journalisten der *New York Times* und von Fox TV wie-
derholen. Im Interview nennt der Mann, Omar Akawi,
auch den Auftraggeber: die palästinensische Autonomiebehörde. »Die haben mir gesagt, es seien Waffen für Palästina«, erzählt Akawi und fügt hinzu: »Als palästinensischer Offizier tue ich, was mir gesagt wird.«

Inzwischen haben sich auch amerikanische und europäische Regierungsbeamte die Indizien angeschaut und die israelische Version bestätigt. Der Befehl zum Ankauf solcher
Waffen markiert die strategische Wende des Yassir Arafat
von der friedlichen zur blutigen Lösung des Israel-Paläs-
tina-Konflikts. Dieser Umschwung vollzieht sich gerade in
jener Phase, in der Europa sein größtes Vertrauen in den
Friedensnobelpreisträger Arafat setzt und ihm Direktzah-
lungen zusagt. Wie Arafat den Freundschaftspreis von
zehn Millionen Dollar für die Fracht der Karina-A bezahlt
hat, gehört zu den Geheimnissen dieser Affäre. Bis heute
gibt es kein Indiz dafür, dass Europa die Waffen gegen
Israel bezahlt hat. Wer das beruhigend findet, sollte eine
kleine Wahrscheinlichkeitsrechnung anstellen: Zur Zeit
des Waffengeschäfts kam Europa für mindestens 10 Prozent des laufenden Haushaltsetats von Yassir Arafat und
50 Prozent aller Hilfszahlungen auf. Neben den Europäern
hatte Arafat nur noch zwei Einnahmequellen – erhebliche
Hilfszahlungen der arabischen Staaten und unerhebliche
Steuereinnahmen. Wie groß ist also die Wahrscheinlich-
keit, dass Yassir Arafat Europas Ruf nicht beschmutzt hat?

Seine strategische Wende hin zur erneuten Kooperation mit Teheran hatte Arafat bereits im Sommer 2001 eingeleitet. Bei einem klandestinen Treffen auf der griechischen Mittelmeerinsel Korfu und später in Moskau zwischen Abgesandten Arafats und iranischen Diplomaten wurden die Bedingungen und Details der politischen Volte festgelegt. Organisiert wurde der Waffenschmuggel durch Imad Mughniyah. Was zunächst nur als eine vereinzelte Operation zwischen den iranischen Mullahs und der palästinensischen Führung interpretiert wurde, stellt sich im Nachhinein als eine durchgeplante Strategie heraus. Deren Folgen sind durch die Wahl Ahmadinejads und den überraschenden Wahlsieg der radikal-islamistischen Hamas nun unabsehbar geworden. Die Teheraner Wünsche werden von der Hamas, dem Islamischen Jihad, dem Volkswiderstandskomitee und den Al-Aqsa-Brigaden der Fatah umgesetzt. Ahmadinejads Vernichtungsphantasien Israel gegenüber sowie die unverändert kompromisslose Haltung der Hamas bedeuten für Israel eine tatsächlich tödliche Gefahr.

Wenn der Iran seine militärische Kooperation mit den diversen palästinensischen Terrorgruppen ausbaut und intensiviert, dann – so glaubt man in Jerusalem – droht eine dritte, noch blutigere Intifada, als es die Al-Aqsa-Intifada war. Allerdings sind sich israelische Strategen sicher, auch diesen erneuten Aufstand niederschlagen zu können. Trotz iranischer Unterstützung, trotz einer möglichen aktiven Beteiligung der von Teheran geführten Hisbollah.

Israelische Politiker und Sicherheitsexperten treibt spätestens seit der sich immer schneller drehenden Eskalationsspirale im Streit um das iranische Atomprogramm die eine Sorge um: dass ein nuklear bewaffneter Iran, getrieben von dem Willen, Israel zu vernichten, die Endzeitvision seines neuen Staatspräsidenten Mahmud Ahmadinejad in die Realität umsetzt. In Jerusalem weiß man sehr wohl, dass die theoretisch vorhandene Zweitschlagkapazität, die der jüdische Staat durch seine mindestens 250 Atomwaffen theoretisch ausüben kann, keine Sicherheit bietet. Der Einsatz eines einzigen nuklearen Gefechtskopfes gegen Israel würde nichts anderes als die Vernichtung des jüdischen Staates zur Folge haben. Das wäre dann der nukleare Holocaust.

Der frühere israelische Ministerpräsident Simon Peres, nicht gerade ein Falke auf der politischen Bühne, zieht bei einem Besuch im Vernichtungslager Auschwitz-Birkenau einen direkten Vergleich zwischen Adolf Hitler und Mahmud Ahmadinejad. »Seit Hitler ist Ahmadinejad der Erste, der sich hinstellt und sagt, ›das jüdische Volk muss vernichtet werden‹«, sagte Peres in Auschwitz dem israelischen Rundfunk. Unter Anspielung auf die nuklearen Ambitionen des Iran warnte der Friedensnobelpreisträger: »Hitler hat Vernichtungslager eingerichtet, Ahmadinejad will die Bombe für, wie er sagt, zivile Zwecke. Wir wissen genau, was er vorhat, und deshalb müssen wir seine Erklärungen ernst nehmen.« Auch der neu gewählte israelische Ministerpräsident Ehud Olmert stößt ins selbe Horn. Für ihn ist Mahmud Ahmadinejad ein »Psychopath der übelsten Sorte«. »Ahmadinejad spricht heute so wie Hitler vor der Machtergreifung. Er spricht von der völligen Zerstörung und Vernichtung des jüdischen Volkes.« Deshalb müsse verhindert werden, dass Ahmadinejad an Atomwaffen kommt. Im Streit um das iranische Nuklearprogramm geht es für Jerusalem um die eine Frage: die, ob es einen zweiten Holocaust am jüdischen Volk geben wird oder nicht.

Irak

Teherans langer Arm

Im Januar 2003 war ich mit einem nicht ganz sauberen Visum im Iran und wollte von dort in den Irak reisen. Ohne eine amtliche Genehmigung des Außenministeriums hätte ich meine Reise in den sich abzeichnenden Krieg des George Walker Bush gegen Saddam Hussein vergessen können. Doch als ich bei meinem alten Bekannten Schiravi bei Ershad wegen dieses Problems vorsprach, war er sehr kooperativ und versprach Abhilfe. Er schien mir selten aufgekratzt, wir unterhielten uns und sprachen über den Krieg gegen sein Nachbarland, und Herr Schiravi deutete an, dass dieser durchaus auch Auswirkungen auf die Verhältnisse in der Islamischen Republik haben könne. Ich verzichtete darauf, weiter nachzubohren. Er war immerhin Beamter von Ershad, und ich wollte ihn nicht weiter in Verlegenheit bringen. Dann verwies er mich an eine Ershad angegliederte Medienfirma, die von einem Herrn Taheri geleitet würde. Der sei mein Ansprechpartner und könne sich um alles kümmern.

Herr Taheri war ein Mensch mit einem bemerkenswerten Brustkorb und einer dröhnend lauten Stimme, der mich in perfektem amerikanischem Slang begrüßte, als wären wir alte Freunde und hätten die letzten drei Nächte gemeinsam in einer Whiskybar verbracht. Nachdem er mich so herzlich begrüßt hatte, kam Herr Taheri zum Punkt. »Du hast ein Problem, Junge – und ich bin die Lösung deines Problems.« Ich war erleichtert über den unbürokratischen Weg, den es offensichtlich gab, verspürte aber auch ein leises Misstrauen. »Und wie können Sie das Problem lösen?«, fragte ich ihn. Rein rechtlich gesehen befand ich mich illegal im Iran, mein Transitvisum, das ich mir besorgt hatte, berechtigte mich nicht zu einem Aufenthalt in Teheran und erst recht nicht zum Grenzübertritt in den Irak. »Nun«, meinte Herr Taheri, »du bezahlst mir viertausend Dollar, bar auf die Hand, wartest drei, vier Tage, aber höchstens sechs, und ich sorge dafür, dass dein Name auf die Liste der Journalisten gesetzt wird, die den Grenzübergang zum Irak passieren dürfen.« Ich schaute Herrn Taheri recht verblüfft an, er aber grinste mir freundlich ins Gesicht. Als ich anfing zu lamentieren, gar zu handeln, da meinte Herr Taheri ganz sanft, dass wir uns nicht auf dem Bazar befänden und ich mir über zweierlei im Klaren sein müsse. Ohne seine Hilfe käme ich nie in den Irak, sondern vielmehr vor ein iranisches Gericht, was mir im günstigsten Fall eine Geldstrafe von etwa 10 000 Dollar einbrächte. »Im günstigsten Fall«, schob er dann grinsend nach. Ich überlegte nicht allzu lange und zahlte. Zumal ich in Teheran, aber auch anderswo Gerüchte gehört hatte, denen zufolge Herr Taheri nicht nur der Betreiber der von Ershad unterhaltenen Medienfirmen sei, sondern vielmehr aufs Engste mit dem einen oder anderen iranischen Geheimdienst verbandelt. Was wahr oder auch falsch sein konnte – ich wollte es nicht darauf ankommen lassen.

Während unserer kleinen Konversation hatte immer wieder das Telefon von Herrn Taheri geklingelt, und er begrüßte dann aufs Überschwänglichste Dan aus New York, Barbara aus Auckland, Jan aus Stockholm. Die Dans und Jans und Barbaras wollten alle dasselbe: Herr Taheri sollte ihnen behilflich sein, die notwendigen Papiere und Stempel und Genehmigungen zum Grenzübertritt in den Irak zu bekommen. Herr Taheri mochte sie alle, sagte ihnen das mit großer Freude in der Stimme, nannte ganz offen und ungeniert seinen Preis, und mir schien, dass der Krieg für Herrn Taheri gerade zur rechten Zeit gekommen war. Zum Schluss zeigte er mir seine Liste all der deutschen, europäischen und amerikanischen Kollegen, denen er schon behilflich sein konnte, als wolle er mir mein Unbehagen über meine Zahlung austreiben. Der Anblick dieser Liste immerhin beruhigte mich ungemein, zumal ich feststellen konnte, dass ich mich mit meinen 4000 Dollar im unteren Drittel befand. Fernsehteams mussten weitaus tiefer in die Taschen greifen, amerikanische Journalisten mussten richtiggehend bluten, und Schreiber wie ich kamen nachgerade billig davon. Wir verabschiedeten uns, Herr Taheri empfahl mir einen »guten armenischen Alkoholdealer«, riet mir, mich ruhig im Land herumzutreiben, er habe alles im Griff und würde sich bei mir melden.

Die Stimmung in Teheran war in diesen Januartagen von nervöser Unruhe geprägt. Niemand wusste, welche Auswirkungen der Krieg der USA gegen Saddam Hussein haben würde, und fast jeder, mit dem ich sprach, machte aus seinem Abscheu über die korrupte Elite der Theokratie kein Hehl. In den Zeitungen wurde recht offen darüber spekuliert, was passieren würde, sollte die von den USA angestrebte Demokratisierung des Iraks tatsächlich gelingen. Ein demokratischer Irak mit seiner schiitischen Mehrheit musste den Mullahs Alpträume bereiten. Denn natürlich hatten die Machthaber in Teheran schon seit Jahren realisiert, wie sehr die iranischen Völker von der Idee des Gottesstaates enttäuscht waren. Zudem drohte den Mullahs eine andere, mindestens genauso große Gefahr. Seit Anbeginn der Schia waren deren religiöse Zentren immer im irakischen Nadjaf und in Kerbala gewesen, dort, wo sich die Grabmäler von Ali, dem ersten Imam, und seinem Sohn Hussein befanden. Erst mit dem Erfolg der schiitischen Revolution des Ayatollah Chomeini hatte sich das religiöse Zentrum der Schiiten in das iranische Ghom verschoben, wo nun fast alle bedeutenden Ayatollahs der Schia residierten und wo nun die Pilgerströme der schiitischen Gläubigen aus aller Welt sich hinwandten. Die Stellung Ghoms als neues Zentrum der Schia war durchaus ein schweres politisches Pfund, das die Macht der Mullahs in der Islamischen Republik zementierte. Wenn die USA den Sieg gewinnen und ihr Demokratisierungsprojekt durchsetzen würden, könnte Ghom seine vorherrschende Stellung in der Gemeinschaft der Schiiten wieder an die *Hawsa,* den religiösen Lehrbetrieb von Nadjaf und Kerbala, verlieren und in die drittklassige Bedeutung zurückfallen, weil die Pilger nun wieder zu den irakischen heiligen Stätten reisen würden. Zwar wollten die iranischen Mullahs nichts sehnlicher als den Fall Saddam Husseins – aber nicht um den Preis, dass sie im Sog von dessen vorhersehbarer Niederlage mitgerissen würden.

Am Abend nach meinem Geschachere mit Herrn Taheri besuchte ich eine Party, die von einem Freund in Teheran ausgerichtet wurde. Die Frauen waren alle unverschleiert, präsentierten ungeniert ihre Reize, wie es hierzulande eher selten der Fall sein dürfte, und natürlich gab es Alkoholika jedweder Art. Es wurde getanzt und viel gelacht und noch mehr diskutiert. Unversehens geriet ich in eine heftige Diskussion mit einem jungen Dozenten der Teheraner Universität. Er hatte in Berlin Soziologie studiert und war nach Chatamis Wahl zum Staatspräsidenten voller Hoffnung in den Iran zurückgekehrt. Er brachte es fertig, in einem Atemzug auf den widerlichen amerikanischen Imperialismus zu schimpfen und seiner Hoffung Ausdruck zu verleihen, dass die Vereinigten Staaten so schnell wie möglich ihre Invasion im Irak begönnen, um dort die Demokratie zu implantieren, obwohl diese dort selbst natürlich nicht existieren würde. Dann ereiferte er sich über das massenmörderische Treiben der Zionisten in Palästina und erklärte mit schon etwas schwerer Zunge, dass er, sosehr er die Mullahs hasse, deren Unterstützung für den Freiheitskampf der Palästinenser begrüßen würde. Und natürlich durfte in seiner Klagelitanei der westliche Kulturimperialismus nicht fehlen. Von Coca-Cola über McDonald's bis hin zu Daily Soap Operas überschwemme der Westen den Orient mit der eigenen Inhalts- und Wertelosigkeit.

Ich war müde und dachte die ganze Zeit nur daran, ob der freundliche Herr Taheri tatsächlich sein Wort halten und mein Geld also gut angelegt sein würde, und hörte dem eifernden Soziologen nur noch mit einem Ohr zu. Aber als er dann Voltaire zitierte und Kant und noch ein paar von mir geschätzte Vertreter der europäischen Säkularisierung, um schlussendlich festzustellen, dass eigentlich nur der Islam – wenn auch nicht der des Herrn Chomeini – eine erfolgreiche und tatsächliche Demokratie erschaffen könne, da machte ich einen Fehler. Er hatte all die genannten Geistesgrößen als glühende Bewunderer des Islams beschrieben, sie alle hätten die fundamentale Überlegenheit der Werte und Ideale des wahren Islams anerkannt. Ich hätte wissen müssen, dass viele seiner Aussagen dem Whisky geschuldet waren, dem er an diesem Abend zugesprochen hatte. Ich versicherte ihm – was ganz sicher auch richtig war –, dass ich absolut davon überzeugt sei, dass er sich weitaus besser in den Schriften der europäischen Aufklärung auskennen dürfte als ich selbst, und fragte ihn dann, ob es nicht sein könne, dass das unerhörte Demokratisierungsdefizit in den islamischen Ländern auch eine Folge davon sei, dass es seit Jahrhunderten aus dem Islam heraus keine aufklärerischen Denker wie die von ihm so verehrten mehr gegeben habe. Er schwieg, schaute mich böse an und wartete. »Voltaire hat im Islam mitnichten eine vernünftige oder natürliche Religion gesehen«, fuhr ich gereizt fort. »Der Prophet Mohammed war in Voltaires Wahrnehmung vielmehr ein ›erhabener und verwegener Marktschreyer‹ und der Koran schien ihm ein ›Mischmasch, ohne Verbindung und ohne Kunst‹.«

»Dem von dir so geliebten Herrn Voltaire zufolge hat der Islam mit Vernunft nicht sonderlich viel zu tun, stattdessen viel mit ›Raserey‹ und ›Enthusiasterey‹.« Tatsächlich hatte der französische Aufklärer in seinem kleinen Buch »Von dem Korane« dies so ausgeführt und kein Hehl aus seiner Kritik am Islam gemacht. In einem Brief an Friedrich II.

hatte Voltaire den Islam heftig angegriffen: »Doch dass ein Kamelhändler in seinem Nest Aufruhr entfacht, dass er seine Mitbürger Glauben machen will, dass er sich mit dem Erzengel Gabriel unterhielte, dass er sich damit brüstet, in den Himmel entrückt worden zu sein und dort einen Teil jenes unverdaulichen Buches empfangen zu haben, das bei jeder Seite den gesunden Menschenverstand erbeben lässt, dass er, um diesem Werk Respekt zu verschaffen, sein Vaterland mit Feuer und Eisen überzieht, dass er Väter erwürgt, Töchter fortschleift, dass er den Geschlagenen die freie Wahl zwischen Tod und Glauben lässt: Das ist nun mit Sicherheit etwas, das kein Mensch entschuldigen kann, es sei denn, er ist als Türke auf die Welt gekommen, es sei denn, der Aberglaube hat bei ihm jedes natürliche Licht erstickt.«

Mein soziologischer Partyfreund hörte mir zu, dann beschimpfte er mich als rassistischen Imperialisten und wankte davon.

* * *

Nach einigem Hin und Her war ich schließlich im Februar 2003, kurz vor dem Einmarsch der Amerikaner im Irak, aus Teheran kommend in Suleimaniya im Nordirak angekommen. Herrn Taheri hatten die 4000 Dollar, die er mir für ein ordnungsgemäßes Visum abgeknöpft hatte, dazu getrieben, sein Wort zu halten. Er hatte dafür gesorgt, dass mein Name auf der Liste derer stand, die die iranisch-irakische Grenze überqueren durften. Vor dem UNO-Sicherheitsrat in New York tobte derweil das diplomatische Fingerhakeln zwischen denen, die den Krieg gegen den Irak des Saddam Hussein forderten, und jenen, die ihn kategorisch ablehnten. Jedoch war längst ausgemachte Sache und jedem klar, dass George Walker Bush so oder so seinen Krieg beginnen würde. Ich fuhr mit ein paar australischen und neuseeländischen Kollegen über Kherrmanchar zur Grenze. Von dort aus brachten uns Peshmerga, Kämpfer der Patriotischen Union Kurdistans (PUK), nach Suleimaniya, der Hauptstadt des Teils des Nordiraks, der von der PUK kontrolliert wurde. Im Suleimaniya Palace Hotel waren in jenen Februartagen nur wenige westliche Journalisten. Niemand wusste, wann der Krieg beginnen würde. Die mediale Invasion von ausländischen Kriegsberichterstattern sollte erst später einsetzen, und so verbrachten wir unsere Zeit damit, zu warten.

Die kurdische Partei war bemüht, den Journalisten die Arbeit so leicht wie möglich zu machen. Sie gaben uns jede nur denkbare Unterstützung, öffneten ihre Gefängnistore jedem Reporter, der mit gefangenen Ansar-ul-Islam-Terroristen reden wollte. Ich hatte mich schon in Deutschland mit Ansar ul Islam beschäftigt, jenen Steinzeit-Islamisten, die in der Nähe von Halabdscha direkt an der irakisch-iranischen Grenze eine Schreckensherrschaft errichtet hatten, die der der Taliban in Afghanistan in nichts nachstand. Etwa tausend islamistische Kämpfer terrorisierten die Bevölkerung der kurdischen Bergdörfer und lieferten sich immer wieder richtiggehende Schlachten mit den Kämpfern der PUK.

Am letzten Sonntag im Februar hatte mich ein Peshmerga-Kommandant der PUK im Hotel in Suleimaniya angerufen und vorgeschlagen, mit Kollegen an die Frontlinie zu kommen, wo sich Ansar-ul-Islam-Kämpfer und Peshmerga-Einheiten gegenüberstanden. Voraussetzung: Ich müsse die PUK schriftlich von jeder Verantwortung entbinden, und so fand ich mich in der Nacht zum Montag in den Shinerve-Bergen nahe Halabdscha in einem Unterstand aus Lehm, Steinen und Dung wieder.

Es ist kalt, die Nacht totenstill. Dyari Mohammed kauert neben mir. Er starrt in die Dunkelheit. Sein Kopf ist mit einem schwarzen Tuch vermummt, das nur die Augen frei lässt. Sein Oberkörper steckt in einem zerschlissenen, dick wattierten Armeeparka. An seinem Gürtel baumeln zwei Handgranaten, in den Taschen stecken drei Reservemagazine. Dyari Mohammed hat Angst, Höllenangst. Er ist ein kurdischer Kämpfer, ein Peshmerga-Soldat der Patriotischen Union Kurdistans. »Peshmerga bedeutet: die den Tod nicht fürchten«, sagt er. Er hat es den Tag über schon oft gesagt. 18 Jahre alt ist der Junge und erzählt, dass er sein ganzes Leben lang davon geträumt hat, Peshmerga zu sein, einer von denen, die den Tod nicht fürchten. Draußen hat nasskalter Nieselregen das Gelände vor dem Unterstand in eine rutschige Schlammwüste verwandelt, drinnen zieht uns die Kälte in die Knochen.

Der Junge kauert da in dickbauchigen Pluderhosen, hängt mit gekrümmtem Rücken über dem Mauervorsprung, hält sich an seiner Kalaschnikow fest und starrt nach draußen. Fixiert irgendetwas. Schweigt. Und redet. Verstummt. Redet. Über den Tod, das Sterben. »Nach was schaust du? Siehst du was?« Meine Frage geht an ihm vorbei. »Ich fürchte den Tod nicht«, sagt er mit brüchiger Stimme. Nichts ist in dieser Nacht zu sehen, nur Schattenrisse von Bäumen, Gebüschen, Gesteinsformationen, schemenhaft sind Wolkenmassen zu ahnen, die der Wind gegen die Shinerve-Berge im Osten Kurdistans an der iranischen Grenze treibt. Diese Stille, diese gottverdammte Stille.

Dyari zittert und bebt am ganzen Leib. Dort draußen sind sie. Nicht irgendwo, sondern hier. Knapp dreihundert Meter von diesem Unterstand entfernt. Die, die seinen Freund Saban verbrannt haben. Die Männer Gottes. Die Kämpfer von Ansar ul Islam.

Am 4. Dezember 2002 war Dyari im Nordirak, direkt an der Grenze zum Iran, Zeuge, wie sein gleichaltriger Freund, von Männern umringt, auf Knien um sein Leben bettelte: »Er weinte und flehte ›Im Namen Allahs, tötet mich nicht!‹.« Die Männer lachten, zapften dann aus einem Landrover Benzin ab, gossen es über Dyaris Freund. Dann zündeten sie ihn an und sahen zu, wie er verbrannte. Schließlich schoss einer dem Freund des Jungen eine Kugel in den Kopf.

»Hast du geweint?«

»Ja«, sagt Dyari.

»Du hast alles gesehen.«

»Ja.«

Die Reise von Suleimaniya nach Halabdscha hatte uns eineinhalb Stunden lang durch eine hügelige Schlammwüste an armseligen Dörfern vorbeigeführt. Auf Dächern verlehmter Ziegelhäuser waren hin und wieder Satellitenschüsseln zu sehen, in Teestuben saßen knorrige Männer, rauchten und tranken Tee, neben sich alte Kalaschnikows. Aus militärischen Checkpoints der PUK heraus winkten uns halbwüchsige Peshmergas freundlich zu. Unsere Wegstrecke lag in der Reichweite der Raketen von Ansar ul Islam; hin und wieder wurde die Gegend aus den Bergen heraus unter Granaten- und Mörserbeschuss genommen. Nachts sickerten vereinzelte Kämpfer in die Ebene, um Anschläge zu verüben. Im Schritt-Tempo kämpfte sich der Wagen durch den Lehmpfad.

In der Kommandantur in Halabdscha hatte uns Burham Said Sofi, der stellvertretende Kommandant der Peshmerga, vor einer Militärkarte die gegnerischen Positionen erläutert. »Ohne die Hilfe der Amerikaner können wir Ansar ul Islam nicht vernichten. Wir kommen nicht in ihr Gebiet. Die Islamisten haben den einzigen Zugang in ihr Gebiet mit einem dreifachen Sperrgürtel aus Minen, Sprengfallen und TNT gesichert. Wir brauchen amerikanische Hilfe, Kampfflugzeuge und Helikopter, die uns den Weg frei bomben«, hatte Said Sofi gesagt.

Die Hilfe ist in diesen Februartagen 2003 längst da. Amerikanische Special Forces, Navy Seals wie Delta-Forces-Kommandos sind in das von Ansar ul Islam kontrollierte Gebiet eingesickert, bereiten den Angriff vor. »Bald«, antwortet Said Sofi, auf die Frage, wann Ansar ul Islam mit Hilfe der Amerikaner bekämpft würde, »bald ist das Problem gelöst. Wir müssen es lösen, denn wenn der Krieg richtig losgeht, können es sich die Amerikaner nicht leisten, in ihrem Rücken tausend zum Tod im Namen Allahs bereite Islamisten zu haben. Und die können chemische Kampfstoffe einsetzen. Sie haben nichts Großes, aber wirkungsvoll ist das, was sie haben, garantiert.«

Sofis Truppen hatten im Kampf gegen die Ansar ul Islam allein 2002 mehr als 350 Tote zu beklagen, die Gegenseite lediglich knapp fünfzig Tote. »Ansar ul Islam«, so erklärt Said Sofi, »ist sehr gut ausgerüstet. Ihr Nachschub funktioniert ungebrochen. Sie bekommen ein paar Waffen von Saddams Geheimdiensten, das meiste aber aus dem Iran. Kalaschnikows, Granaten, TNT, Minen, RPGs, Mörser und Granaten bis zum Kaliber 120 mm. Im Iran haben sie ein sicheres Hinterland, dahin ziehen sie sich zurück, dort versorgen sie in Krankenhäusern ihre Verwundeten. Über den Iran reisen Islamisten aus aller Welt in das Gebiet von Ansar ul Islam ein.« Zum Beweis legte er mir Kopien von etwa 50 Reisepässen auf den Tisch. Die dokumentieren vor allem eines: Ob aus Syrien, Jordanien, Saudi-Arabien, den Maghreb-Ländern oder aus England, Deutschland, Frankreich und Dänemark – die Gemeinde der in Kurdistan kämpfenden globalen Gotteskrieger reiste über den Iran in das Gebiet von Ansar ul Islam ein. »Glauben Sie wirklich«, fragt Said Sofi, »dass das ohne Wissen, Duldung und Unterstützung der Radikalen in Teheran möglich gewesen ist?«

Vor allem die Revolutionären Garden, die Pasdaran, hatten die Ansar-ul-Islam-Kämpfer seit 2002 mit Waffen, Munition und Ausbildung unterstützt. Anhänger und Sympathisanten der Ansar ul Islam aus aller Welt erreichten deren Territorium ganz offen und ungehindert. Aus Deutschland, Großbritannien, Frankreich, Italien, den skandinavischen Ländern pilgerten die Islamisten über Teheran in das Gebiet der Ansar ul Islam, um dort eine Ausbildung in der Kunst des terroristischen Tötens zu erhalten. Westliche Sicherheitsbehörden haben zu diesem Zeitpunkt nur Hinweise und vage Indizien, aber keine harten Beweise für diesen Terroristentreck durch den Iran, der nur unter der Patronage und mit Hilfe von Teilen der Revolutionären Garden möglich ist. So erzählt das an diesem Tag Said Sofi, und dann wünscht er sich nur eines: »Das Beste, was die USA machen könnten, wäre, wenn sie, nachdem sie Saddam erledigt haben, gleich weitermarschieren. Nach Teheran.«

Bei Kämpfen mit Ansar ul Islam war der kurdischen PUK im Jahr 2002 ein ganzer Packen von Schriften des in Deutschland verbotenen Kalifatsstaates in die Hände gefallen. Metin Kaplan, der die Idee des Kalifats, und zwar in seiner islamistischen Ausprägung, propagiert hatte, war zugleich ein extremer türkischer Nationalist. Was ihn nicht daran hinderte, seine türkisch-deutschen Anhänger ausgerechnet in den Teil des Iraks zu schicken, der kurdisch war. Für Kaplan sind Kurden nichts anderes als »Bergtürken«. Dennoch sandte er seine Getreuen nach Kurdistan zu Ansar ul Islam. Was dem kurdischen Geheimdienst der PUK in die Hände gefallen war, las sich zunächst eher erbaulich unter Titeln wie: »Religiöse Gespräche mit Kindern: Der Glaube«, das Ganze in deutscher Sprache, die Ausgabe der »ZEIT – Punkte 2/99« über Türken in Deutschland. Aber auch Kampfschriften des selbst ernannten Kalifen Metin Kaplan über den Jihad fanden sich, in denen zum Heiligen Krieg gegen Christen, Juden und ungläubige Muslime aufgerufen wird. Besonders auffällig waren Schriften mit dem Titel »Jihad«. Verfasser ist der palästinensische Islamist Dr. Abdullah Azzam, Mentor und geistiger Ziehvater von Osama Bin Laden. Acht Islamisten aus Deutschland – aus Köln, Aachen und Essen – sowie den Niederlanden will der kurdische Geheimdienst in den letzten Monaten des Jahres 2002 eindeutig bei der Einreise aus dem Iran in das Gebiet von Ansar ul Islam registriert haben. Die Informationen stammen von Quellen aus dem Ansar-ul-Islam-Gebiet sowie von Flüchtlingen. Zwei der aus Deutschland Kommenden sollen die deutsche Staatsangehörigkeit haben. Unter den Decknamen Abdul Rahman, Muhammad, Jalal, Husni hätten sich die deutschen Jihadisten über Wochen in den Trainingscamps von Ansar ul Islam aufgehalten.

Dass dies nur Indizien, keine Beweise für eine aktive Unterstützung der radikalen Ansar ul Islam durch Teheran seien, den Einwand lässt Said Sofi nicht gelten. Wie weit verzweigt das Netz der Ansar-ul-Islam-Anhänger war, zeigt das persönliche Telefonbuch von Reza Mohammed, das Said Sofi dann auf den Tisch legt. Telefonnummern von europäischen Islamisten aus Saudi-Arabien, dem Jemen und Nordafrika. Peshmerga-Kämpfer fanden das Buch bei der Leiche des 30-jährigen Ansar-Terroristen. Knapp hundert Namen, Adressen und Telefonnummern sind dort aufgelistet. Die Herkunft der dort verzeichneten Islamisten: Deutschland, London, die Schweiz, Paris und die USA. Neben einem Scheikh Said aus Solingen finden sich unter Duisburger und Essener Telefonnummern Mitglieder der Islamisten-Vereinigung Al Tawhid, gegen die ab April 2002 von der Generalbundesanwaltschaft in Karlsruhe ermittelt wurde. Al Tawhid war die deutsche Dependance des jordanischen Terroristen Abu Moussab al Zarqawi.

Said Sofi ordert einen Trupp Peshmergas, der uns zur Front begleiten soll. Auf Pick-ups sitzen junge Burschen und alte Männer, dick vermummt in alten Armeeuniformen und mit Kalaschnikows chinesischer Bauart ausgestattet. »Ansar ul Islam ist nicht nur unser Problem«, sagt Said Sofi. »Sie haben dasselbe Programm wie die Taliban, und ihre Ideologie ist die von Osama Bin Laden«, erklärt der Kommandant. »Ansar ul Islam ist Al Queida. Es gibt keine besseren Guerilla-Kämpfer als Osama Bin Ladens Jihadis«, behauptet Said Sofi. »Keine besseren und keine grausameren. Ihre Religion ist nicht der Islam, ihre Religion ist der Terror.«

Das hatte er am Mittag erklärt, und unter lautem Hupen und Brüllen der Pick-up-Motoren waren seine Soldaten an die Front gefahren. Jetzt ist es Nacht, und ich stehe mit

Dyari Mohammed in diesem Unterstand. Seit einer Stunde werden die Stellungen der PUK aus dreihundert Metern Entfernung beschossen. Unter schrillem Pfeifen schlagen ununterbrochen Mörsergranaten und vereinzelte RPG-Geschosse um die Unterstände ein. Gewehrkugeln lassen aus der Erde kleine Lehmklümpchen aufspritzen. Die Peshmergas feuern zurück, ein gegenseitiges zielloses Schießen, und nur der Zufall schützt in dieser Nacht die Menschen auf beiden Seiten.

»Ich bin Muslim, ich glaube an Gott, werde immer an meinen Gott glauben«, sagt jetzt spät in der Nacht Dyari Mohammed zu mir, »aber deren Gott ist nicht meiner, deren Religion nicht meine.« Und dann beschreibt er, was in jener Dezembernacht im Vorjahr, als sein Freund getötet wurde, noch geschehen war.

In den Unterständen und Bunkern auf den beiden Hügeln nahe der kleinen Ortschaft Tapa Kapa kauern in der Nacht zum 4. Dezember 2002 nur wenige Peshmergas der Patriotischen Union Kurdistans. Viele ihrer Kameraden haben Fronturlaub. Es ist der Tag vor *Id al Fidr,* dem Festtag am Ende des Heiligen Fastenmonats Ramadan, in dem es Muslimen verboten ist zu kämpfen. Der Angriff der Krieger Gottes in den kurdischen Bergen überrascht die Peshmergas um vier Uhr zwanzig am Morgen im Schlaf. Die Kämpfer Gottes werden von Afghanistan-Veteranen Al Qaidas kommandiert. Nach knapp drei Stunden ist der Kampf um die beiden Hügel vorbei. Es ist ein klarer Wintermorgen, und die Berge um die kurdische Stadt Halabdscha, nahe der iranischen Grenze, glänzen in strahlendem Weiß. Die Streiter Gottes treiben 24 überlebende Peshmergas der PUK an den Rand der Straße, die von Khurmal nach Halabdscha führt. Dort liegen akkurat nebeneinander gereiht 28 im nächtlichen Kampf getötete PUK-Kämpfer, und von weitem scheint es so, als würden sie schlafen. Dann beginnen die Ansar-ul-Islam-Kämpfer mit ihrer Arbeit. Dem Schächten der Gefangenen.

Die Streiter Allahs preisen ihren Gott, und manche singen, während sie einigen ihrer Gefangenen mit Messern die Kehle durchschneiden. Anderen wird mit Macheten die Schädeldecke abgeschlagen, das Hirn dann aus der Kopfschale herausgenommen und neben die zerspaltenen Köpfe gelegt. Dann schneiden die Heiligen Krieger ihren Opfern Ohren, Nasen und Hände ab, reißen ihnen die Augen aus. Weitere gefangene Peshmergas werden zerhackt. Lebend und langsam und Stück für Stück. Ein ritueller Akt des Tötens, dem eine grausame Botschaft innewohnt: den Opfern die Seele zu nehmen und die Soldaten der PUK zu demoralisieren.

So wird die Geschichte in jener Nacht zum 4. Dezember 2002 von Dyari, dem 18-jährigen Jungen, der den Tod nicht fürchtet, erzählt. »Seit ich gesehen habe, was Ansar ul Islam macht, bete ich nicht mehr«, sagt der Junge mir in dieser Nacht. »Ich habe Angst davor, so zu sterben.« Der Kampf an jenem 4. Dezember, das Abschlachten der Gefangenen, ihre Verstümmelung, ist von Ansar ul Islam selbst auf Video aufgenommen worden. Aus dem Filmmaterial ergibt sich, dass neben islamistischen Kurden auch arabische Al-Qaida-Kämpfer am Töten beteiligt waren und die Befehle gaben.

Am Morgen nach dem Beschuss unseres Unterstands gingen wir nach Halabdscha, in die Stadt der gebeugten Männer, wie es mir schien. Nur selten sah man Frauen in den Gassen oder Kinder. Kinder mit monströs deformierten Köpfen oder Augen, in denen ein verblödet stierer Blick liegt. Kinder, bei deren Anblick man weint. Aber so sehen vier oder sechs oder zehn Jahre alte Kinder dieser Stadt aus, wenn der Vater oder die Mutter vor fünfzehn Jahren zu viel Gas inhaliert und diesen Vorgang dennoch überlebt hat.

Die Stadt ist hässlich und grau, was nichts mit der Farbe ihrer Häuser zu tun hat. Nichts mit den Lehm- und Schotterstraßen, nichts mit den unzähligen offenen Teestuben, die noch aus drei Metern Entfernung wie schwarze Löcher wirken. Wie klebriger Mehltau hat sich die Erinnerung an die Ereignisse des 16. März 1988 in die Menschen und in ihre Stadt hineingefressen. Das lässt sie nicht los. Saddam Hussein hat an jenem Tag die Stadt vergast und 6000 Menschen waren tot.

»Rauchen Sie?«, hatte mich Doktor Baban Tage zuvor gefragt. »Ja«, hatte ich ihm gesagt. »Das ist gut, denn wenn Sie ein extremer Kettenraucher sind, dann leben Sie länger. Ihre Chancen, das Vergasen zu überleben, sind dann nämlich viel größer«, meinte der Doktor in seinem Haus in Suleimaniya, und er hatte dies in aller Ernsthaftigkeit und sehr entschieden gesagt. Doktor Baban musste es wissen, denn er erforscht seit jenem Tag, an dem Saddam die Kurden vergast hatte, die Folgen. Daran musste ich denken, als ich mit Dyari Mohammed später durch die Gassen von Halabdscha schlenderte und in einer Teestube einen vielleicht elf Jahre alten Jungen sah, glatzköpfig, mit aufgequollenem Gesicht und ohne Augenbrauen und Lider. Einen Jungen, dessen Kopf ständig unkontrolliert hin und her zuckte, der griente und greinte und sabberte und nur dumpfe Laute von sich geben konnte. Seine Eltern hatten den Gasangriff des Saddam Hussein überlebt. Er war behindert zur Welt gekommen.

An diesem Tag schleppte sich das Leben nur mühsam durch den Bazar. Angst lähmte die Menschen, eine seltsame Mischung aus Spannung und Agonie hatte die Stadt ergriffen. Knapp eine Stunde vorher hatte sich an einem Checkpoint der PUK am Stadteingang ein Selbstmordattentäter der Ansar ul Islam in die Luft gesprengt. Die Wucht der Explosion hatte den Jeep, mit dem der Attentäter gefahren war, zwanzig Meter weit durch die Luft geschleudert, bevor der Wagen auf allen vier Rädern wieder aufsetzte. Auf der Straße waren über eine Fläche von fünfzig Metern die zerrissenen Körperteile der vier Toten verstreut. Köpfe, abgerissene Unterleiber, zerfetzte menschliche Gedärme. Die Männer um den Checkpoint schrien wie wild durcheinander, stolperten und tapsten wie blinde Hühner durch das blutige Chaos, brüllten sich Befehle zu. Ich hatte, inmitten dieses Chaos stehend, irgendwann an mir heruntergeschaut, wie um mir zu bestätigen, dass noch alles da ist, hatte diese weißlich gelbe Masse gesehen, in der ich stand, hatte Fetzen dieser Masse an meinen Beinen kleben sehen und mir ich weiß nicht wie lange nichts dabei gedacht, bis ich dann irgendwann begriff, dass ich in den Resten eines Menschen stand, inmitten seiner Gedärme.

Die Ungewissheit über den drohenden Krieg und der Schreck über den Anschlag verschloss den Männern dort den Mund. Vor unzähligen Teestuben standen die Menschentrauben, saßen Alte und Junge in Pluderhosen und Jacken, auf der Straße, auf dem Kopf die traditionelle kurdische Bedeckung. Sie rauchten und tranken und antworteten auf jede Frage, bis dann die nach Ansar ul Islam fiel. Die Gesichter verschlossen sich. Wie auf Befehl verstummten alle, und als ich auf einen von ihnen zuging, wich der Mann in stummem Schrecken vor mir zurück und lief weg. Dyari und seinen Peshmerga-Kameraden war dies peinlich, sie stürzten ihm hinterher, zerrten ihn zurück und bedrängten ihn, die Frage doch zu beantworten. Mit gesenktem Blick und stumm schüttelte der nur den Kopf. »Gehen Sie«, sagte dann einer, »gehen Sie schnell.« Die Stadt war in ihrer Angst vor Ansar ul Islam eingefroren. Einer, der eine Woche zuvor aus Biyara – dort, wo Ansar herrschte – geflohen war, erzählte dann doch, was es mit der Angst der Menschen von Halabdscha auf sich hatte. »Ansar hat überall seine Augen und Ohren, auch hier. Wenn wir mit ausländischen Journalisten reden, dann werden sie kommen und uns töten und unsere Frauen töten und unsere Kinder töten. Sie schlachten uns. Sie hassen euch und sie werden euch töten und uns auch. Reden wir mit euch über Ansar, dann ist das für Ansar Verrat.« Dann lief er davon.

In ihrem Herrschaftsgebiet um Biyara an der iranischen Grenze hatten die Islamisten ein System etabliert, das bis ins kleinste Detail ein Abziehbild der Taliban-Herrschaft in Afghanistan ist. Ausländischen Journalisten war die Einreise in ihr Gebiet verboten. Ansar ul Islam hatte ein Kopfgeld auf sie ausgesetzt. Frauen durften, wenn überhaupt, nur in Begleitung ihrer Männer und in der Burka verhüllt auf die Straße, Männer mussten sich Bärte stehen lassen. Musik und Spiele waren verboten, Produkte durften nicht mit Illustrationen weiblicher Körper, auch nur in Umrissen erkennbar, abgebildet, schon gar nicht verkauft werden. Getreu dem Vorbild der Taliban, die die Buddha-Statuen in Afghanistan gesprengt hatten, zerstörten die Ansar-Kämpfer heilige Schreine des Nafschabandi-Mystiker-Ordens, einem Sufi-Orden, den viele Kurden verehrten. Flüchtlinge aus dem Gebiet der Ansar ul Islam berichteten, dass auf Befehl der arabischen Mudjaheddin in die unwirtliche Bergwelt ein weit verzweigtes Höhlensystem in die Berge getrieben worden sei. »Little Tora Bora« nannten es die Menschen dort in an Anlehnung an das afghanische Vorbild. Tatsächlich gab es mehr als nur vage Verbindungen zwischen Ansar ul Islam und Al Qaida. Auf seiner Website www.abubaseer.com veröffentlichte Abu Baseer, mutmaßliches Al-Qaida-Mitglied, schon vor dem 11. September 2001 eine Erklärung, dass die Ziele von Ansar ul Islam und die von Al Qaida dieselben seien. Die Feinde von Ansar ul Islam seien die Feinde von Al Qaida. Auf direkte Anweisung von Osama Bin Laden, so schrieb die in London erscheinende arabische Zeitung *Az-Zamman* am 27. September 2001, seien über Abu Baseer in London mindestens 150 000 Dollar an Ansar ul Islam geschleust worden. Ausgerechnet neben einem Handbuch zur Bombenherstellung und einer Munitionsinventarliste von Al Qaida fand ein Reporter der *New York Times* in einem Al-Qeida-Gästehaus in Kabul Dokumente des Netzwerks mit dem Datum 11. August 2001, die belegen, dass Ansar ul Islam mit Al Qaida weit mehr als nur lose verbunden ist. Unter den Dokumenten, so schreibt die *New York Times,* seien Namenslisten mit den Pseudonymen von Afghanistan-Kämpfern. Darunter auch die von Kurden. Ebenso ein Memorandum der »Irakischen Islamischen Kurdistan-Brigade« in Afghanistan, in dem kurdische Städte wie Biyara in den Shinerve-Bergen aufgelistet waren. Die verschiedenen islamistischen Gruppen Kurdistans werden in diesem Memorandum aufgefordert, sich zu vereinen und das Land nach den Regeln der Taliban zu beherrschen. Der Weg zu diesem Ziel, zitiert die *New York Times* aus den Dokumenten, sei der Weg des Jihad im Krieg gegen die »Kreuzzügler und Juden«, niedergelegt in der Kriegserklärung von Al Qaida aus dem Jahre 1998: »Verjagt diese Juden und Christen aus Kurdistan und geht den Weg des Jihad. Beherrsche jedes Stück Land, das du beherrschst, unter der Herrschaft der Islamischen Scharia.«

Am 1. September 2001, zehn Tage vor dem Anschlag in New York, reiste ein ganzer Trupp hochrangiger Al-Qaida-Vertreter über den Iran in das Gebiet um Biyara ein. Führer aus dem Kreis der später berufenen 15-köpfigen *Shura,* dem Rat von Ansar ul Islam, waren schon zuvor, mit Zwischenstation in Teheran, eigens zu Osama Bin Laden nach Afghanistan gepilgert. Mit dabei waren Mullah Namo und Omar Barzani, die damals wichtigsten Ansar-Führer in den Shinerve-Bergen. Osama Bin Laden und die kurdischen Gesandten vereinbarten eine enge Kooperation. Al Qaida brauchte einen sicheren Ausweichort nach der erwarteten Reaktion der USA auf die Anschläge auf das World Trade Center. Eines dieser sicheren Rückzugsgebiete sollte die Bergregion im irakisch-iranischen Grenzgebiet sein. Nach dem Beginn des Krieges zerschlugen amerikanische Cruise Missiles die Lager der Ansar ul Islam. Amerikanische Special Forces und kurdische Peshmerga besetzten das Gebiet der kurdischen Taliban.

Die überlebenden Ansar-ul-Islam-Mitglieder flüchteten in den Iran. Iranische Revolutionäre Garden halfen ihnen bei ihrem Rückzug.

* * *

Was bitte qualifiziert einen Planungsoffizier der Revolutionären Garden dazu, als Chargé d'affaires, als Geschäftsträger der iranischen Botschaft, in der irakischen Hauptstadt Bagdad zu arbeiten? Das fragen sich im Sommer 2004 Analytiker wie der Maschaallah Schamsalwaezin heißende Berater des strategischen Zentrums für Nahostfragen in Teheran. Der iranische Chargé d'affaires, Hussein Kazemi Ghomi, ist zugleich hochrangiger Geheimdienstoffizier und untersteht als solcher dem Brigadegeneral der Revolutionären Garden. Ghomi, so antwortet Maschaallah Schamsalwaezin auf die oben gestellte Frage, soll im Auftrag Teherans im Irak verhindern, dass das Land zur Ruhe findet und stabile, gar demokratische Verhältnisse geschaffen werden. Maschaallah Schamsalwaezin zufolge liegt es im Interesse Teherans, wenn die bürgerkriegsähnlichen Zustände sowie die Besatzung des Iraks durch westliche Truppen so lange wie möglich anhalten. Stehen amerikanische Truppen im Irak unter Feuer, so das Kalkül Teherans, werden die Vereinigten Staaten von Amerika schwerlich bereit oder in der Lage sein, ihr Augenmerk auf das zweite Land der »Achse des Bösen« zu konzentrieren und gar militärisch gegen die Mullahkratie vorzugehen.

Diesen Überlegungen dienten die Aktivitäten von Herrn Ghomi, bevor die USA ihn ausweisen ließen. Monat für Monat hatte er Millionen von Dollar empfangen, die das Büro des iranischen Revolutionsführers Ali Chamenei in den Irak hineinpumpte. Die Gelder flossen an die Miliz des jungen Schiitenführers Moqtada al Sadr, gingen an die Befehlshaber der schiitischen Al-Badr-Miliz sowie sunnitische Terroristen von Al Qaida. Teheran hat seit dem Sturz des

Regimes von Saddam Hussein ein den ganzen Irak umfassendes Netzwerk etabliert, das nur ein Ziel hat: das Land im Zustand der Instabilität zu halten. Mit Terror, mit Bomben, mit Agitation. Die Botschaft aus Teheran nach Washington ist klar: Ohne Mitwirkung Teherans wird der Irak nicht zur Ruhe kommen. Auf Betreiben Teherans können die US-amerikanischen Truppen tatsächlich im Morast des aufgewühlten Iraks versinken. Sollten die USA ernsthaft die Idee erwägen, die schiitische Mullahkratie wegen ihres Nuklearprogramms militärisch zu attackieren, so die Drohung aus Teheran, wird der schiitische Gottesstaat die im Irak stationierten britischen und amerikanischen Truppen den Preis dafür zahlen lassen. Teheran gibt sich janusgesichtig, droht den USA ganz offen damit, dass die Supermacht im Irak einen noch blutigeren Preis zu zahlen hat, und lockt gleichzeitig mit eigener Hilfestellung bei der Befriedung des Landes. Der Iran gefällt sich in der Rolle des Brandstifters, der den Feuerwehrmann gibt.

Der frühere stellvertretende Außenminister des Iraks, Labee Abbawi, zwang sich 2004 noch zur diplomatischen Zurückhaltung bei der Frage, welche Rolle der Iran im Irak spiele, und sprach lediglich von »Schwierigkeiten mit benachbarten Ländern«. Eine Woche später benannte Iraks Verteidigungsminister Scheikh Hazim al Shaalan im Interview mit der kuwaitischen Tageszeitung *Al-Anbaa* Ross und Reiter. »Der Iran«, so al Shaalan, »ist der Feind Nummer eins.« Das Nachbarland wolle »die Demokratie im Irak töten«.

Die aktive Einmischung des Irans im Nachkriegs-Irak trieb dessen Verteidigungsminister al Shaalan zu einer furiosen Attacke gegen die Islamische Republik. Die Führung um die konservativen Hardliner in Teheran »sabotiert den Wiederaufbau und die demografische Identität des Irak. Sie unterstützen den Terror und bringen Feinde in den Irak«, redete er Tacheles. Während sein Volk leide, seien »gewisse Nachbarn« dabei, »Öl ins Feuer zu gießen«. Dafür gebe es

»zahlreiche Beweise«. Unzählige iranische Agenten würden in den Irak eingeschleust. Ein sichtbares Indiz für al Shaalans Behauptung war die Verhaftung von vier iranischen Agenten in Kerbala nach seiner Verlautbarung. »Die iranische Einmischung ist gewaltig und seit der Wiedererrichtung des irakischen Staates beispiellos«, so die Klage des irakischen Verteidigungsministers. In einem Gespräch mit der *Washington Post* hatte sich Scheikh al Shaalan gar öffentlich Gedanken über mögliche Lösungen des Problems gemacht. »Wir können den Tod in die Straßen Teherans schicken, wie sie ihn in unsere senden. Aber wir können das nicht machen, wenn wir eine Demokratie sein wollen. Wenn mein Volk mir allerdings sagt: Mach es, dann werde ich es machen.«

Westliche Geheimdienste verfolgen schon seit Frühjahr 2004 mit zunehmender Sorge, wie weit und massiv sich Teheran in die Entwicklung des Iraks einmischt. Die Hardliner um den eigentlichen Machthaber in Teheran, das Geistliche Oberhaupt Ali Chamenei werden dabei bis heute, so die Schlussfolgerung, im Wesentlichen von drei Motiven angetrieben. Erstens muss Teheran befürchten, seine theologische und damit die politische Kontrolle über die Schiiten zu verlieren, wenn die *Hawsa* – das Gremium höchster schiitischer Gelehrsamkeit mit Sitz im irakischen Nadjaf und Kerbala – nun nach dem Sturz Saddams wieder die ihr historisch zustehende Rolle als eigentliches Zentrum der Schia einnimmt. Ein befriedeter Irak würde genau das zur Folge haben. Fällt das iranische Ghom, das diese Rolle in den letzten 25 Jahren auszufüllen suchte, wieder in den Zustand relativer Bedeutungslosigkeit zurück, muss Teheran versuchen, seinen Einfluss in Nadjaf und Kerbala zu zementieren – gegen eine arabisch-schiitische Geistlichkeit im Irak, die ihrem persischen Pendant misstrauisch bis ablehnend gegenübersteht. Das iranisch-schiitische Prinzip der *Velayat-e-Faqih* wird von der Mehrheit der irakischen Geistlichkeit nicht anerkannt. Der irakische Groß-Ayatollah Sistani, im Irak anerkannter Führer der Schiiten, bevorzugt eine eher pietistische Auslegung des schiitischen Islams. Die radikale revolutionäre Ideologisierung der Schia durch Ayatollah Ruhollah Chomeini lehnt Sistani wie die meisten anderen irakischen Ayatollahs ab.

Zweitens würde eine funktionierende Demokratie im Irak in den Iran ausstrahlen, die Machtbasis der Ayatollahs im Land erschüttern und der städtischen, vielleicht gar rebellischen Jugend des Gottesstaates in ihrem Streben nach Freiheit Auftrieb geben. Zum Dritten sieht sich das Regime in Teheran durch die Stationierung amerikanischer Truppen an seiner Türschwelle massiv bedroht. Teheran sieht sich – und das zu Recht – strategisch von den USA umzingelt. Im Westen stehen US-Truppen im Irak. Die Türkei ist Nato-Mitglied. Im Norden haben die USA militärische Stützpunkte in den GUS-Staaten. Im Osten stehen die USA in Afghanistan. Dagegen richtet sich die Teheraner Strategie. Der amerikanische Druck auf Teheran, sein nukleares Rüstungsprogramm aufzugeben, schreckt die Machthaber im Iran nicht. Seit 2003 demonstriert Teheran immer wieder, dass der Iran die USA im Irak in Bedrängnis bringen kann. Dabei achten die Mullahs allerdings strikt darauf, eine rote Linie nicht zu überschreiten, die die USA zu einer massiven Reaktion zwingen würde. So drohte schon am 8. April 2004 das Pressebüro der Islamischen Revolutionären Garden der amerikanischen Regierung: »Im Morast des Iraks erwartet die Amerikaner ein Schicksal, das schrecklicher als Vietnam ist.« In seiner nächsten Freitagspredigt frohlockte die graue Eminenz iranischer Politik, der frühere Präsident Ali Akbar Hashemi Rafsandjani, und nahm genau diese Formulierung in seine Rede auf: »Die USA versinken im irakischen Morast. Sie sollten schleunigst verschwinden.« Rafsandjanis Analyse hatte zugleich Ankündigungscharakter: »Die gegenwärtige Situation im Irak repräsentiert sowohl eine Drohung als auch eine Möglichkeit. Eine Drohung, weil das verwundete Monster

Amerika wütende Aktionen gegen uns ausführen kann. Es gibt aber auch die Möglichkeit, dem Monster eine Lektion zu erteilen, sodass es kein anderes Land mehr attackieren will.«

Hinter den seit 2004 immer wieder aufflackernden Kämpfen zwischen amerikanischen Truppen und der Miliz des jungen schiitischen Geistlichen Moqtada al Sadr sehen westliche Geheimdienste die lenkende Hand Teherans. »Es ist kein Zufall«, erzählt ein hochrangiger westlicher Geheimdienstmitarbeiter am 23. Dezember 2005 in der jordanischen Hauptstadt Amman, »dass ausgerechnet damals die Kämpfe zwischen al Sadrs Miliz und den Amerikanern in Nadjaf wieder aufflackerten. Das ist der Knüppel, den Teheran Washington immer wieder zeigt. Im September desselben Jahres sollte das Nuklearprogramm des Irans erneut vor das Direktorat der IAEA in Wien kommen. Hinter den Kulissen erhöhten die USA den Druck, durch den Weltsicherheitsrat Sanktionen gegen den Iran zu verhängen. Europa konnte sich dem nicht mehr allzu lange verschließen, nachdem der Iran die Europäer derartig vorgeführt hatte.« Der Geheimdienstmann rekurrierte auf die Ankündigung Teherans, dass die Herstellung von Uranzentrifugen wieder aufgenommen würde.

Was der Mann Ende 2005 gesagt hat, liest sich im Nachhinein wie eine Vorankündigung kommender Entwicklungen. Teherans Nuklearprogramm wird von der neuen Machtelite um den Staatspräsidenten Mahmud Ahmadinejad ganz offen und ungeniert weiterverfolgt. Gleichzeitig verstärkt der Gottesstaat seine Destabilisierung des Iraks. Offiziere der britischen Armee, die im Süden des Iraks stationiert ist, behaupten, dass sich die Situation in der Hafenstadt Basra wie auch in weiten Teilen des irakischen Südens seit dem Machtantritt Mahmud Ahmadinejads verschlechtert hat. Neue panzerbrechende Waffen, die die hochmodernen britischen und amerikanischen Panzer zerstören, seien aus dem Iran in den Irak geliefert worden.

Mehrere Hundert Instrukteure der Revolutionären Garden des Irans seien zusätzlich ins Land geschleust worden, würden Aufständische ausbilden und sich an Angriffen gegen die alliierten Truppen beteiligen.

Wer im Dezember 2005 durch den irakischen Süden bis hin nach Basra fuhr, konnte sich zudem des Eindrucks nicht erwehren, dass der Süden des Iraks faktisch schon vom Iran kontrolliert wird. Tatsächlich sind in schiitischen Städten wie Kerbala, Nadjaf, Basra und Nasriyeh zahllose Büros von iranisch gelenkten Wohlfahrtsorganisationen und Parteien eröffnet worden. Fahnen der Islamischen Republik Iran und der Hisbollah wehen dort im Wind. Unzählige Poster des Revolutionsführers Ayatollah Chomeini zieren die Wände.

In den Verwaltungen, den Schulen, bei den Sicherheitskräften und in den sozialen Hilfswerken dominieren Mitarbeiter, die mit ihrer Nähe zum Iran nicht hinterm Berg halten. Britische Offiziere klagen hinter vorgehaltener Hand darüber, dass »der Süden faktisch in der Hand Teherans ist. Die Mullahs können uns tatsächlich die Hölle heiß machen und uns in ernste Schwierigkeiten bringen«, sagt in diesen Dezembertagen ein Major der britischen Armee. »Wir haben es mit einer weit über tausend Kilometer langen Grenze zwischen dem Iran und dem Irak zu tun. Auf iranischer Seite gibt es mindestens fünf Ausbildungslager, in denen irakische Insurgenten ausgebildet werden. Von den Revolutionären Garden des Iran. Wir können diese Grenze nicht kontrollieren.«

Dass der radikale schiitische Geistliche Moqtada al Sadr massiv von Teheran finanziert und militärisch aufgerüstet wurde, hatte im Frühjahr 2004 ein Bericht des italienischen Geheimdienstes Servizio per le Informazioni e la Sicurezza Militare (SISMI) enthüllt. Gestützt auf Aussagen übergelaufener Mitarbeiter des iranischen Geheimdienstes sowie Dokumente, die den kurdischen Sicherheitsdiensten in die Hände gefallen waren, kam der Bericht zu dem

Schluss, dass es das strategische Ziel »ultrakonservativer Ayatollahs« sei, »eine islamische Regierung nach dem Vorbild Chomeinis zu errichten«. Verschiedene Berichte zeigten »die Präsenz hochkarätiger iranischer Agenten sowie von Militärinstrukteuren« in irakischen Schiitengebieten.

Bei seinem Besuch in Teheran wurde Moqtada al Sadr zwar nicht vom damaligen iranischen Präsidenten Chatami empfangen, dafür jedoch von Hashemi Rafsandjani, dem Leiter des Geheimdienstes der Revolutionären Garden, Murthada Radha'i, sowie dem Kommandeur der Al-Quds-Brigaden der Revolutionären Garden, Brigadegeneral Qassem Suleimani. Der ist nicht nur Kommandeur der Al-Quds-Brigaden und damit zuständig für deren Terroraktivitäten im Ausland, sondern spezieller Berater des Obersten Geistlichen Führers Ali Chamenei für den Irak und Afghanistan. Westlichen Geheimdiensten zufolge war bei diesem Treffen auch Mohammed Bagher Zolghadr anwesend. Der Kommandeur der Revolutionären Garden befehligt die iranischen Geheimdienstoperateure im Irak. Bei diesem Treffen soll iranischen Überläufern zufolge die finanzielle, militärische und logistische Zusammenarbeit zwischen Moqtada al Sadrs Mahdi-Armee und den Revolutionären Garden vereinbart worden sein. Nach der Wahl von Mahmud Ahmadinejad eilte Moqtada al Sadr im Herbst 2005 erneut zu einem klandestinen Besuch nach Teheran. Bei seinem Treffen mit Qassem Suleimani und dem neuen iranischen Präsidenten wurde die weitere finanzielle, militärische und logistische Zusammenarbeit verabredet.

Ein hochrangiger Überläufer der iranischen Al-Quds-Brigaden, der heute in Großbritannien untergetaucht ist, behauptet, dass der irakische Schiitenführer al Sadr neben den Kosten für Ausrüstung und Training seiner Miliz monatlich mit 80 Millionen US-Dollar aus dem Iran unterstützt wird. Die Quelle mit dem Alias-Namen »Abu Hayder« berichtete der in London herausgegebenen arabischen

Zeitung *A-Sharq Al Awsat,* dass in drei Lagern in der Nähe von Qasr Shirin, Ilam und Hamid im Süden des Irans 800 bis 1200 Kämpfer in »Guerillakriegsführung, Spionagetraining und der Produktion von Auto- und Suizidbomben« ausgebildet wurden. Im Irak selbst seien knapp 14 000 iranische Geheimdienstoperateure tätig. Getarnt als Pilger der Heiligen Stätten in Nadjaf und Kerbala, führten iranische Agenten direkte Aktionen auch gegen alliierte Truppen aus. Sie seien auch an der Planung von Attentaten gegen moderate schiitische Geistliche im Irak beteiligt. So sollen hinter einem fehlgeschlagenen Attentat gegen den höchsten irakischen Geistlichen, Ayatollah Ali al Sistani, am 15. Februar 2004 iranische Geheimdienstler gestanden haben.

Ein zweiter Überläufer mit dem Alias-Namen Al-Hadji Sa'idi, so berichtet ebenfalls *A-Sharq Al Awsat,* gab zu Protokoll, dass iranische Agenten der Al-Quds-Brigaden und der Revolutionären Garden allein in Nadjaf und Kerbala 3000 Wohnungen angemietet hätten. Iranische Agenten hätten auch hinter dem Mord an Ayatollah Mohammed Bakir al Hakim gestanden, dem einstigen Führer des »Supreme Council of the Islamic Revolution in Iraq« (SCIRI). Die mörderische Bombenexplosion vor der Imam-Ali-Moschee in der Heiligen Stadt Nadjaf am 29. August 2003 kostete Ayatollah al Hakim und 124 weitere Menschen das Leben. Die meisten westlichen Geheimdienste schreiben diesen Anschlag Al Qaida zu. Einige jedoch vermuten die Urheber im Iran. Al Hakim hatte Jahrzehnte im iranischen Exil gelebt, aber nach seiner Rückkehr in den Irak die teheranischen Machthaber mehr als nur brüskiert: »Der iranische Gottesstaat«, so al Hakim, »ist kein Vorbild für den künftigen Irak.« Ob die radikalen Machthaber in Teheran allerdings so weit gehen, einen Bombenanschlag dieser Dimension ausgerechnet vor der Imam-Ali-Moschee in Nadjaf verüben zu lassen, darf zumindest in Frage gestellt werden.

Glaubt man dem Überläufer Al-Hadji Sa'idi, haben sich vor den irakischen Wahlen 500 000 iranische Pilger im Irak als Wähler registrieren lassen, um Teheran genehme Parteien zu unterstützen. Tatsächlich wissen säkulare schiitische Quellen in Bagdad mindestens sechs Abgeordnete des neu gewählten irakischen Parlaments zu benennen, die auf der Gehaltsliste Teheraner Geheimdienste stünden: Abu Mukhtabi Sari (der frühere Führer der irakischen Hisbollah), Abu Hassan al-Ameri (Leiter der Al-Badr-Division), Abu Mahdi al Mohandes und Tajah Al-wan (beide führende Mitglieder der Al-Badr-Division), Dager Mousavi (der Führer der »Stiftung der Märtyrer des Imam Hussein«) sowie Tahsin Aboudi, ein hochrangiger Beamter des irakischen Innenministeriums. Was schiitische Quellen aus Bagdad behaupten, wird durch Unterlagen des italienischen Geheimdienstes bestätigt. Der hatte in Zusammenarbeit mit dem Geheimdienst der kurdischen PUK »harte Beweise gefunden, dass Teheran 2005 seine Destabilisierungskampagne intensiviert hat. Die Iraner haben Tausende panzerbrechende Minen in den Irak geschleust. Instrukteure der libanesischen Hisbollah haben die Aufständischen im Gebrauch der Minen unterrichtet. Im Auftrag Teherans kämpfen Aktivisten der libanesischen Hisbollah aktiv gegen die amerikanischen und britischen Truppen«, erklärt ein italienischer Geheimdienstoffizier.

So zweifelhaft oder interessengeleitet die Aussagen von Überläufern oder anonymen Geheimdienstmitarbeitern auch sein mögen und oft genug sind, so klar sind allerdings die Äußerungen iranischer Akteure selbst. Ali Akbar Mohtashemi, Anfang der achtziger Jahre Mitbegründer der libanesischen Hisbollah und einer der profiliertesten Sprecher der so genannten Reformer in Teheran, bestätigt, »dass der Iran den irakischen Widerstand, der von Moqtada al Sadr und der Mahdi-Armee repräsentiert wird, unterstützt«. Moqtada al Sadr hatte seine »Armee des Mahdi«

als den »schlagendem Arm der Hisbollah und der Hamas im Irak« bezeichnet.

Al Sadrs wichtigste Verbindung in den Iran läuft über Ayatollah Kazem al Haeri in Ghom. Haeri, ein enger Vertrauter des Geistlichen Oberhauptes Ali Chamenei, hat noch im Frühsommer 2004 öffentlich bestätigt, dass al Sadr »bei einem Treffen mit mir seine Bereitschaft erklärt hat, bedingungslos meine Autorität zu akzeptieren und den Befehlen meines Repräsentanten Al-Askhuri, den ich nach Nadjaf entsandt habe, zu folgen«. Tatsächlich klagen auch heute noch schiitische Geistliche und Politiker im Irak darüber, dass sie unter massivem Druck stünden, den Ayatollah aus Ghom »als Quelle der Nachahmung anzuerkennen«. Al Haeris Repräsentanten in Nadjaf zur Seite gestellt ist ein naher Verwandter: Erkenntnissen des italienischen Geheimdienstes SISMI zufolge hat Irans Führer Chamenei eigens Mohammed Hussein al Haeri in den Irak beordert, um alle Aktivitäten gegen die Koalitionstruppen zu koordinieren. Die stehen, sorgfältig aus Teheran orchestriert, jetzt schon mit dem Rücken zur Wand. »Die Amerikaner können ja gerne glauben und verlautbaren, dass sie in acht Monaten Frieden im Irak haben werden«, sagte 2004 Scheikh Mohammed al Abadi, hochrangiges Mitglied der Al-Badr-Division, des militärischen Armes des Höchsten Rates für die Islamische Revolution im Irak (SCIRI). »Aber auch wenn sie achtzehn Jahre in diesem Land stehen werden, sie werden keinen Frieden finden.«

Dass Teheran seine Destabilisierungskampagne im Irak in den letzten Monaten forciert hat, belegen Unterlagen des Geheimdienstes des amerikanischen Pentagon. Der hatte sich zwar im Vorfeld des Irak-Krieges als wahrer Meister der Desinformation, der Lüge gar herausgestellt, dennoch bestätigen deutsche wie italienische Geheimdienstmitarbeiter, die sich nicht gerade vor Liebe und Hochachtung ihren amerikanischen Kollegen gegenüber verzehren, deren Richtigkeit. Abu Mustafa al Sheibani, ein von den iranischen

Al-Quds-Brigaden geführter Warlord, leitet im Irak ein Netzwerk von Aufständischen. 367 Namen listen die amerikanischen Papiere auf. Ein Team von 17 Bombenbauern, deren Mitglieder in Lagern der libanesischen Hisbollah sowie im Iran selbst in der Kunst des Bombenbauens ausgebildet worden sind, bekämpfen die westlichen Truppen im Irak. Sie werden von Offizieren der Al-Quds-Brigaden geführt.

Waren nach dem Sturz des irakischen Diktators Saddam Hussein im Bewusstsein des Westens sunnitische Aufständische oft genug zu Al Qaida gehörige Islamisten, die für die mörderischen Kämpfe im Zweistromland verantwortlich waren, so hat sich in den letzten Monaten die Situation radikal geändert. Amerikanische, britische und jordanische Geheimdienstmitarbeiter kommen nun zu folgender Conclusio:»Der Feind, mit dem die westlichen Besatzungstruppen im Irak mittlerweile konfrontiert sind, ist nicht mehr so sehr al Zarqawi und dessen Anhänger«, analysiert in Amman ein Beamter des jordanischen Geheimdienstes General Intelligence Department (GID).»Al Zarqawi hat sich ins Abseits gestellt«, so die zynische Bemerkung des GID-Offiziers.»Der Mann hat ganz einfach zu viele Köpfe genommen.« Tatsächlich habe die unvorstellbare Grausamkeit, mit der der Soziopath al Zarqawi seit 2003 im Irak wüte, viele Muslime im Irak – auch solche, die die alliierten Besatzungsmächte bekämpfen – abgestoßen, erzählt der Mann weiter.»Der wahre Feind der Briten und Amerikaner im Irak ist der Iran, und Teheran kämpft schon heute einen heißen Krieg gegen die USA. Im Irak.«

Tatsächlich haben sich die Machthaber in Teheran – im Wissen der kommenden Invasion des Iraks durch hauptsächlich amerikanische Truppen – seit dem Sommer 2002 auf die drohende Gefahr vorbereitet. Teheran hatte nicht nur die islamistische Ansar ul Islam im kurdischen Teil des Iraks mit Waffen, Geld und Logistik unterstützt, sondern vielmehr noch im Süden des Landes, wo die überwiegende

Mehrheit der Bevölkerung schiitisch ausgerichtet ist, seine fünfte Kolonne implantiert. Wohl wissend, dass die arabischen Schiiten des Iraks mit den persischen Schiiten des Irans nur der gemeinsame Glauben verbindet, was die arabischen Schiiten nicht gerade zu willfährigen Helfershelfern der Mullahkratie werden lassen würde, hatte die islamistische Machtelite in Teheran den Tag X, den Tag des Sturzes von Saddam Hussein, bestens vorbereitet. Und so finanzierte und organisierte Teheran den Apparat der irakischen Al-Badr-Division. 11 740 Mitglieder der schiitischen Miliz werden von Teheran ständig alimentiert. Das belegen Unterlagen der Revolutionären Garden des Irans, die der Autor hat einsehen können. Die Zahlungen laufen bis heute. Gleichzeitig wurden Vorkehrungen getroffen, nach dem Fall Saddam Husseins im schiitischen Süden des Landes die Schlüsselstellungen in der Verwaltung, in den Behörden der Provinzen, in Polizei und Milizen mit treuen Anhängern der Islamischen Revolution zu besetzen.

* * *

Rückblick in den Norden des Iraks, zurück in die Zeit im Februar und März 2003, als in Suleimaniya in den Hinterzimmern des schönen, fast liebreizenden Suleimaniya Palace Hotels die politischen Grabenkämpfe toben.

Kurdistan ist zum Aufmarschgebiet der versammelten irakischen Oppositionsgruppen geworden. Von säkular bis radikal-fundamentalistisch, von national bis kommunistisch – die meisten der über 70 Oppositionsgruppen haben sich im Palace Hotel in Suleimaniya einquartiert. Herren im Ayatollah-Gewand, solche im Maß- und andere im Kampfanzug sitzen in der Lobby des Hotels, konferieren in Hinterzimmern und warten. Als »Papiertiger« sind sie in der internationalen Presse bezeichnet worden, als Gucci-Kämpfer, deren Umsturz nahe sei. Macht- und einflusslos seien sie, da über ihre Politik doch nur in Washington, im

Streit zwischen Pentagon und State Department, entschieden würde. Sie hören diese Einschätzungen, wiegen vorsichtig ihre Köpfe und lächeln feinsinnig.

Es ist dann ausgerechnet Abu Abdullah Jafery, der Vertreter der irakischen Hisbollah, einer radikalen schiitischen Oppositionsgruppe, der im Gespräch die Sache auf den Punkt bringt. Wir kannten uns aus früheren Tagen, als wir uns 2002 in Bagdad über den Weg gelaufen waren. Er in seiner Funktion als einer der wenigen Schiiten, die es in einem der Geheimdienste Saddam Husseins zur Anstellung gebracht hatten, ich als recherchierender Journalist. Er war in diesen Frühjahrstagen 2002 höflich, aber sehr unverbindlich im Umgang mit mir gewesen. Und als ich nun im März 2003 eines Nachmittags durch die Lobby des Palace Hotels lief und durch das Gewusel all der Journalisten und irakischen Oppositionellen sowie all der verschlossen blickenden westlichen Herren, denen man schon auf große Distanz ansehen konnte, dass sie nur eine Profession haben konnten, als ich also an diesem Nachmittag im Palace ausgerechnet Abu Abdullah Jafery über den Weg lief, waren wir beide recht erstaunt über die Zufälligkeiten des Lebens. In Bagdad hatte er noch einen anderen Namen getragen, aber nun klärte er mich darüber auf, dass er eben tatsächlich der Vertreter der schiitischen Hisbollah innerhalb des Iraks gewesen sei. Jafery zeigte sich großzügig und lud mich zum Essen ein.

Wir gingen in den Bazar von Suleimaniya zu einer kleinen Hähnchenbraterei, wo er mir eine Lektion in irakischen Realitäten gab. »Natürlich sind wir als versammelte Opposition hier nur Statisten, Cheerleader für die US Army. In Washington wird das Spiel zwischen Rumsfeld und Powell entschieden. Was immer wir auch hier beschließen, wird am Tag danach schon Geschichte sein, aber«, und dann lächelte er, »das eigentliche Spiel beginnt erst an dem Tag, nachdem der Krieg der USA gegen Saddam beendet sein wird. Dann geht der wirkliche Krieg los. Der Krieg der verschiedenen schiitischen Richtungen gegeneinander. Der Krieg der Sunniten gegen die US-Truppen. Der Krieg der Sunniten gegen die Schiiten, der Kurden gegen die Turkmenen, der Säkularen gegen die Gläubigen, und Washington wird darauf keine Antwort haben.«

Er wollte mir nicht erzählen, was genau sein Funktion innerhalb von Saddams Geheimdiensten war, wollte auch nicht darüber reden, wie und auf welchen Wegen er dessen Staat verlassen hatte. Jafery hatte hingegen kein Problem, darüber zu plaudern, dass er gerade aus Teheran gekommen sei. »Der wichtigste Spieler auf dem irakischen Feld – und das nehmen die USA bis heute jedenfalls nicht wahr – wird Teheran sein und dort ganz bestimmt nicht Herr Chatami. Teheran kann und wird den Alliierten nach dem Krieg das Leben zur Hölle machen«, sagte er und grinste mit leiser Überheblichkeit. »Nicht nur durch die Al-Badr-Brigade. Nicht nur durch die anderen schiitischen Milizen, die sofort nach dem Ende des Krieges auftauchen werden. Teheran wird jeden unterstützen, den es als Knüppel gegen die USA benutzen kann.« Er war ein junger, smarter Mann von 33 Jahren, und mein Erstaunen darüber, dass er, in dieser Hähnchenbraterei sitzend, genüsslich ein türkisches Efes-Bier trank, nahm er nur mit sanfter Überheblichkeit zur Kenntnis.

Wie Recht er mit seiner Prognose hatte, sollte mir zwei Jahre später in Basra, wo ich mich für zwei Tage, aus Amman kommend, aufhielt, ein dort stationierter Kommandeur einer britischen Armeeeinheit bestätigen. »Machen wir uns doch nichts vor, alter Junge«, näselte er in unnachahmlich britischer Arroganz. »Ohne die frommen Herren aus Teheran läuft hier gar nichts. Sie kontrollieren alles. Und sie können uns in wahrhaft ernste Schwierigkeiten bringen.«

Geleitet werden die iranischen Aktivitäten von Qassem Suleimani. Der hat in einem Arbeitstreffen mit hochrangigen Vertretern der Al-Quds-Brigaden, der libanesischen Hisbollah und verschiedenen schiitischen, aber auch sunnitischen Führern des Aufstands im Irak Ende 2004 die Strategie vorgegeben. »Alles, was die amerikanischen und britischen Truppen in Schwierigkeiten bringt, muss ausgeführt werden. Märtyreroperationen, Autobomben, Entführungen. Lasst sie bluten. Lasst sie lange bluten.« So zitiert das ein iranischer Überläufer, der dem Treffen beigewohnt haben will. Stimmt das? Der britische Befehlshaber aus Basra rümpft nur die Nase bei dieser Frage. »Fahren Sie in den Süden, gehen Sie nach Basra und schauen Sie sich um. Dann sehen Sie, dass genau das geschieht, Tag und Nacht. Und wir sind hilflos.«

Das Teheraner Kalkül könnte durchaus aufgehen. Im großen Spiel um sein nukleares Rüstungsprogramm weiß Teheran den Kontrahenten in Washington und London gegenüber eine Karte zu spielen, die die Islamische Republik schon ein Vierteljahrhundert zuvor im Libanon zu spielen wusste. Mit Geiselnahmen und mörderischen Bombenattentaten hatten die Mullahs die unbesiegbare westliche Supermacht USA aus dem Zedernstaat herausgebombt, gedemütigt und bluten lassen. »Wenn Sie sich anschauen, was damals im Libanon geschehen ist, und wenn Sie beobachten, was heute im Irak geschieht«, so ein nahöstlicher Sicherheitsexperte, »dann finden Sie dasselbe Muster, eins zu eins. Und wissen Sie was: Die Mullahs kommen damit durch. Weil westliche Gesellschaften es nun einmal nur sehr begrenzt hinnehmen, wenn ihre Jungs in schwarzen Plastiksäcken nach Hause zurückkehren.«

Terror

Es wird kein Friede sein

Am 5. Februar 2003 tritt der damalige US-Außenminister Colin Powell vor den Sicherheitsrat der Vereinten Nationen. Powell wird vor dem UN-Gremium die wohl wichtigste Rede seiner politischen Laufbahn halten, eine Rede, die über Krieg und Frieden entscheiden wird, über einen Krieg, der – dem dient die Rede Powells – von den Vereinten Nationen als ein notwendiger Verteidigungsakt im Kampf gegen den globalen islamistischen Terror legitimiert werden soll. Tag für Tag hat sich Colin Powell in den Wochen zuvor intensiv vorbereitet, ist von Mitarbeitern der amerikanischen Geheimdienste immer wieder gebrieft worden, von denen der CIA und denen des US-Verteidigungsministeriums, ist tief in deren Archive eingedrungen, hat sich die Erkenntnisse und die Beweise seiner Dienste vorlegen lassen. Als Powell nun am 5. Februar 2003 vor den Sicherheitsrat tritt, ist er von seiner Causa, die er gleich vertreten wird, zutiefst überzeugt. In einer fulminanten Power-Point-Präsentation legt der amerikanische Außenminister seinen Kollegen die gesammelten Erkenntnisse, die Beweise der amerikanischen Geheimdienstgemeinde auf den Tisch. Bilder, Tonbandmitschnitte, Satellitenaufnahmen, Aussagen von Überläufern. Die Unterlagen sollen belegen, dass der Irak nicht nur über einsatzfähige chemische und biologische Massenvernichtungswaffen verfügt, sondern vielmehr auch seit Jahr und Tag mit den islamistischen Terroristen der Al Qaida kooperiert.

Powells Rede geriet zum Desaster. Sie wird seinen Ruf erschüttern, seinem internationalen Ansehen schweren Schaden zufügen. Monate später wird er Stück für Stück demontiert werden, denn es wird sich immer deutlicher herausstellen, dass nichts von dem, was er in gutem Glauben der Weltgemeinschaft präsentierte, der Wahrheit entsprach. Der Irak des Saddam Hussein hat im Februar 2003 keine einsatzfähigen Massenvernichtungswaffen mehr. Seine ehemals prall gefüllten chemischen und biologischen Waffenarsenale sind leer. Das Land, das vor dem zweiten Golfkrieg 1991 nur noch Monate vom erfolgreichen Bau der Atombombe entfernt war, hat nach einem zwölfjährigen, von den Vereinten Nationen verhängten Sanktionsregime keine nennenswerten militärischen Nuklearaktivitäten mehr entfalten können. Es fehlten die Ressourcen. Ebenso wenig hat sich die Behauptung erhärten lassen, dass es – von ein paar informellen Treffen zwischen Mitarbeitern irakischer Geheimdienste und radikalen Islamisten abgesehen – eine enge Kooperation zwischen Al Qaida und den irakischen Machthabern gab. Alles, was den Geheimdiensten Saddam Husseins nachgewiesen werden kann, sind Aktivitäten, die nun mal eben dem Berufsbild eines Geheimdienstes entsprechen. Saddams Dienste versuchten lediglich, sich Informationen und Einblicke zu verschaffen. Über den neuen mächtigen Mitspieler im Nahen Osten: Al Qaida.

Drei Jahre später, im Jahr 2006, hat sich nun schier unaufhaltsam die nächste Krise im Mittleren Osten aufgebaut. Wie zuvor im Fall des Iraks rücken zwei Probleme in den Mittelpunkt: die Frage nach der Existenz von nuklearen Massenvernichtungswaffen sowie die staatsterroristischen Aktivitäten einer Regierung. In den Besitz Ersterer zu kommen und, als probates Mittel der Politik, das Zweite zu praktizieren – unter diesem Generalverdacht steht die Islamische Republik Iran. Zu Recht. Nicht nur westliche Regierungen lähmt die eine große Angst: dass einem unkontrollierbaren nuklearen Wettrüsten im Nahen und Mittleren Osten Tür und Tor geöffnet werden könnte und dass, horribile dictu, eines nicht ganz so fernen Tages Massenvernichtungswaffen in die Hände islamistischer Endzeitkrieger gelangen werden. Die islamisch-arabischen Nachbarn des persisch-schiitischen Gottesstaates Iran sind sich in einem mit den Staaten des Westens einig. Sie haben Angst – Angst, dass der Iran nicht nur dabei ist, den nuklearen Brennstoffkreislauf zu schließen, sondern in der Folge nur eines im Sinn hat: eine militärische nukleare Infrastruktur zu etablieren. Das eigentliche Ziel der Ayatollahs, so trommelt es angesichts dieser Befürchtungen seit Jahren aus Washington, Tel Aviv, Paris und mittlerweile gar auch aus Berlin, sei eben nicht die friedliche Nutzung der Atomenergie. Der schiitische Gottesstaat wolle sich vielmehr zur nuklearen Supermacht in der Region aufschwingen, die über weit reichende und einsatzfähige Raketensysteme zum Transport nuklearer Sprengköpfe verfügt. Eine nukleare Supermacht, die nicht nur die Existenz Israels bedrohe, sondern zudem auch, viel schlimmer noch, eine unmittelbare Gefahr für Europa bedeute. Das ballistische Programm des Irans stellt, das kann als Tatsachenbehauptung festgestellt werden, eine direkte strategische Bedrohung für Rom, Paris, ja gar für Berlin dar. Teheran kann mit seinen Shahab-3-Raketensystemen nicht nur ganz Israel ins Visier nehmen. Der Iran ist darüber hinaus schon jetzt in der Lage, mit der modifizierten Shahab 3 Ziele in 2500 Kilometern Entfernung zu erreichen. Shahab-4-Raketensysteme mit einer Reichweite bis nach ganz Europa stehen vor ihrer erfolgreichen Erprobung. Die Raketensysteme Teherans sind darüber hinaus dazu ausgelegt, nukleare Gefechtsköpfe zu transportieren. Das ergeben alle Analysen westlicher Geheimdienste, aber auch die unabhängiger Forschungsinstitute wie des International Institute for Strategic Studies in London oder des Institute for Science and International Security (ISIS) in Washington.

Eine solche Perspektive gerät den Akteuren westlicher Politikgestaltung vollends zum Horrorszenario, zumal ihnen klar ist, dass sie auf diese Herausforderung keine Antwort haben. Dies gilt vor allem angesichts der Jahrzehnte währenden blutigen Vergangenheit der Islamischen Republik Iran, während deren sie sich als Exporteur des schiitisch-islamistischen Terrors einen Namen gemacht hat. Darüber hinaus versetzt die Tatsache, dass der Iran seit Beginn der 1990er Jahre immer wieder – mal enger, mal loser gefasst – mit den islamistischen Netzwerken des sunnitischen Terrors kooperiert hat, nicht nur westliche Sicherheits- und Polizeibehörden in Panik. Sondern viel mehr noch deren politische Dienstherren in den Regierungsstuben von Washington über London und Paris bis hinein ins deutsche Kanzleramt. Teheran und Osama Bin Ladens Al Qaida: Sie sind der Alptraum westlicher Sicherheitsbehörden schlechthin. Denn alles, wovon Bin Ladens sunnitische Gotteskrieger träumen, all das, was ihnen bis zum heutigen Tag als terroristisches Kampfmittel nicht zur Verfügung steht – all dies ist vorhanden. In den Katakomben des schiitischen Gottesstaates, was in den letzten Apriltagen 2006 einen hochrangigen BND-Beamten einen Stoßseufzer hervorbringen lässt:»Wenn beide zusammengehen, Sunna und Schia, dann gnade uns Gott, denn sie werden uns vom Spielfeld pusten. Teheran hat chemische und biologische Massenvernichtungswaffen. Auch wenn jeder ordentliche Ayatollah den wahhabitischen Erlöser, der Osama nun mal ist, hasst wie die Pest – in ihrer Endzeitvision von Armageddon stehen sie beide zusammen. Gegen den gemeinsamen Feind. Gegen uns. Gegen unsere Werte, gegen unseren way of life. Aber way of life bedeutet für Leute wie Ahmadinejad und seine Hintermänner nur eines: Der muss bekämpft werden.« Der Mann stützt sich bei seiner Aussage auf Papiere seines Dienstes, Vermerke, Transkriptionen von Telefongesprächen sunnitischer Gotteskrieger, die im schiitischen Zahedan, in Ghom, in Meshed – also auf iranischem Boden – vom bundesdeutschen Nachrichtendienst abgehört worden sind.»Glauben Sie wirklich, dass diese

Jungs seit Jahr und Tag dort leben und agieren können, ohne dass Teheran das nicht weiß, nicht unterstützt?«, so seine bittere Schlussfolgerung.

Eine Antwort, gar eine Gegenstrategie hat der Geheimdienstmann allerdings nicht. Ebenso wenig wie seine politischen Vorgesetzten. »Unser Problem besteht darin, dass wir immer noch glauben, dass unsere Gegner Gegner sind, mit denen wir reden, verhandeln können. Und das auch noch auf Augenhöhe. Selten so gelacht!«, kommentiert der bundesdeutsche Nachrichtenmann alle diplomatischen Bemühungen, die zunehmend eskalierende Krise um den schiitischen Gottesstaat in den Griff zu bekommen.

Dies ist ein Horrorszenario, das heute, im Jahr 2006, wie ein Déjà-vu-Erlebnis aus den Jahren 2002 und 2003 daherkommt, als die amerikanische Regierung bis zum Schluss öffentlich eine diplomatische Lösung des drohenden Irak-Krieges propagierte, obwohl die Entscheidung zum Krieg längst gefallen war. Ein Szenario, das sich nun scheinbar in der sich aufbauenden Iran-Krise wiederholt. Als sei's ein Bühnenstück aus dem Gruselkabinett amerikanischer Desinformationsküchen im Umfeld neokonservativer Denkfabriken im Pentagon. Und weil jedes gute Stück auch seinen Bösewicht haben muss, so kann auch dieses nicht ohne einen solchen auskommen. Sein Name: Mahmud Ahmadinejad. Wiewohl der noch längst nicht die für eine solche Rolle nötige Qualifikation, vergleichbar einem Saddam Hussein, aufweisen kann, gibt er sich doch alle Mühe, vor der westlichen Welt als Widergänger des Bösen aufzutreten.

Derweil kann sich die veröffentlichte Meinung im Westen noch immer nicht so recht entscheiden, ob der, der die Schurkenrolle auf der Teheraner Bühne so trefflich ausfüllt, nun etwa doch ernst zu nehmen ist oder lediglich in leiser Überheblichkeit zu kommentieren sei. Darüber verblasst die Tatsache, dass für den Iran (im Gegensatz zum Irak) zutrifft, was von durchaus interessierten Seiten von Washing-

247

ton bis Jerusalem dem schiitischen Gottesstaat seit Jahren vorgeworfen wird. Die atomaren Aktivitäten der Ayatollahs haben tatsächlich nur das eine Ziel: eine umfassende militärische Nuklearinfrastruktur aufzubauen. Davon jedenfalls sind die Inspekteure der Wiener Atomkontrollbehörde IAEA überzeugt, wie sie im privaten Gespräch seit Jahr und Tag unumwunden zugeben – auch wenn sie bis zum heutigen Tag keine smoking gun, keinen Beweis, gefunden haben. »Was ist eine smoking gun?«, so die zynische Frage eines Inspektors. Der Mann liefert die Antwort sogleich nach. »Wenn wir bei unseren Inspektionen rein zufällig über eine Bombe stolpern, die die Mullahs vergessen haben wegzuräumen! Das ist eine smoking gun. Oder wenn Herr Chamenei eines schönen Morgens die Güte haben wird, bei CNN vorbeizuschauen, seine Bombe auf den Studiotisch legt und mitteilt: ›Wir haben die Bombe.‹ Auch das ist eine smoking gun.«

Dass Teheran nicht nur zur friedlichen Nutzung atomar herumwerkelt, davon gehen mittlerweile auch die Skeptiker unter den westlichen Experten aus. Strittig ist nur noch die Frage, ab welchem Zeitpunkt der Iran in den exklusiven Club der Atomwaffenmächte aufgestiegen sein wird. In spätestens eineinhalb Jahren – prognostizieren Pessimisten und denken, nicht sehr glücklich, an militärische Optionen. In acht oder zehn Jahren – orakeln Optimisten, sehnen sich nach diplomatischen Lösungen und träumen davon, dass sich das Problem von selbst lösen wird: indem sich das Regime der Mullahs irgendwann und irgendwie von selbst verflüchtigt. Ratlosigkeit herrscht allerorten – und in Teheran jubelt einer angesichts der Ohnmacht der westlichen Regierungen.

Dass Teheran seit Jahren gezielt und sehr bewusst globalen Terror als Mittel zur Durchsetzung seiner Politik betreibt, beweisen nicht nur die Äußerungen von iranischen Überläufern oder Oppositionellen, wiewohl deren Aussagen seit dem Desaster des Colin Powell unter Generalverdacht stehen. Die Herrscher des schiitischen Gottesstaates haben allerdings in der Vergangenheit tatsächlich und nachweisbar während zweier Dekaden im Namen ihres Gottes ihre Killer rund um den Globus geschickt. Auf Geheiß der iranischen Regierung wurden jene getötet, die es gewagt hatten, das islamische Verfassungsprinzip, die »Herrschaft des Rechtsgelehrten« und damit Chomeini oder seinen Nachfolger Chamenei zu kritisieren. Die Teheraner Killer Gottes zerbombten zudem Menschen aus nur einem einzigen Grund: weil sie Juden waren. Sie hielten, teilweise über Jahre hinweg, Bürger westlicher Staaten in mörderischer Geiselhaft. Auch nur aus einem Grund: weil sie Bürger eben dieser westlicher Staaten waren. All das beweisen rechtskräftige Gerichtsurteile aus Deutschland, den USA ebenso wie Rechtshilfeersuchen westlicher Staaten, internationale Haftbefehle europäischer Untersuchungsrichter, Unterlagen, Dokumente, Vermerke, Arbeitsberichte westlicher Geheimdienste sowie Auswertungsberichte diverser Polizeibehörden aus Österreich, Argentinien und der Schweiz.

Auch die deutschen Behörden haben viele Indizien gesammelt, die den iranischen Staatsterrorismus belegen. Die Richter des Berliner Kammergerichts haben in ihrem Urteil zu den Mykonos-Morden detailliert auf 395 Seiten die Strukturen des iranischen Staatsterrorismus aufgedeckt und die Hintermänner, die im Namen Gottes morden lassen, namentlich benannt. Mitunter minutiös rekonstruieren diese Unterlagen, wie und auf wessen Befehl die Mullahkratie ihre Selbstmordattentäter und staatlich alimentierten Mörder den Opfern auf den Hals hetzte. Diese Unterlagen erzählen allerdings auch, wie im wohlfeilen Polit-Geschacher zwischen Teheran und westlichen Regierungen wie der des bundesdeutschen Kanzlers Hemut Kohl, aber auch der rot-grünen Regierung von Gerhard Schröder all die bekannten Fakten unter den Teppich gekehrt wurden. Dokumente, die an dieser Stelle zwar benannt, jedoch nicht in epischer Breite zitiert werden können. Aus gegebenem Anlass: Deutsche Staatsanwälte sowie der eine oder andere ihrer ministeriellen Dienstherren neigen nun einmal dazu, eine solche Zitation als eine die deutsche Staatssicherheit gefährdende »Beihilfe zum Geheimnisverrat« zu werten. Hausbesuche zu unangemessen früher Morgenstunde sind dann die Folge.

Erpressbar waren westliche Regierungen – wobei die nachweisliche Benennung der deutschen, der österreichischen und französischen nur unzureichend ist – während zweier Dekaden. Aus wirtschaftspolitischen Interessen haben europäische Regierungen von konservativ bis hin zu rot-grün weggeschaut, wenn die von Teheran gesandten Töter Gottes in Genf, Hamburg, Wien, Berlin und anderswo ihre Befehle exekutierten. Europäische Regierungen ließen gar Täter, auch wenn sie schon verhaftet waren, wieder frei. Nicht ohne Grund. Die Angst war zu groß, dass das Regime der Ayatollahs seine Terrorkommandos erneut von der Leine lassen würde, falls die Justiz vorausgegangene Terroranschläge rechtsstaatlich verfolgen und aburteilen würde. Die Schreibtischtäter, die westliche Regierungen dazu nötigten, saßen und sitzen noch heute in Teheran an den Schalthebeln der Macht. Es sind genau die Herren, die heute angesichts der Krise um die iranischen Nuklearambitionen im diplomatischen Gewand augenzwinkernd versichern: dass ihre Absichten selbstredend nur eines sind – friedlich.

Zwei Beispiele dokumentieren das recht eindrucksvoll. Am 20. März 2006 erlässt ein Untersuchungsrichter des Schweizer Kantons Vaud einen internationalen Haftbefehl gegen den früheren Geheimdienstminister des Irans, den Hodschatulislam Ali Fallahiyan. Gegen den existiert bereits seit dem 9. Dezember 1998 ein rechtskräftiger deutscher Haftbefehl. Ausgestellt von den Richtern des Berliner Kammergerichts, die erstmals die staatsterroristischen Aktivitäten der iranischen Regierung in ihrem Gerichtsurteil zum Mykonos-Prozess festgestellt haben. Auf sechs Seiten dokumentiert nun 2006 der Schweizer Richter Namen und Funktion der Männer in Teheran, die den am 24. April 1990 verübten Mord an dem iranischen Professor Kazem Rajavi in Auftrag gegeben haben. Der iranische Exilpolitiker war in seinem Haus in Coppet, einem kleinen Dorf in der Nähe von Genf, getötet worden. Für den Auftrag war aus Teheran das »Team 13« angereist. Diese »13 Personen«, so schreibt der Richter in seinem internationalen Haftbefehl, »waren in die Planung, Organisation und Ausführung des Mordes involviert. Alle hatten eigens ausgefertigte Pässe. Eine Reihe dieser Pässe sind am selben Tag in Teheran ausgestellt worden.« Die Ermittlungen des Schweizer Richters ergaben, dass der Mord vom höchsten Führungsgremium der Islamischen Republik Iran, dem »Komitee für Sonderangelegenheiten«, beschlossen und genehmigt wurde. Neben dem damaligen Geheimdienstminister Ali Fallahiyan sind in diesem Gremium der damalige iranische Außenminister und jetzige Berater von Ali Chamenei, Ali Velajati, Ali Hashemi Rafsandjani sowie der Oberste Geistliche Führer des Landes, Ali Chamenei, vertreten. Ali Fallahiyan hatte diesem Entscheidungsgremium den geplanten Mord an dem Regimekritiker vorgetragen. Und die Herren stimmten der Liquidierung zu. Jeder Tötungsauftrag, jeder geplante Anschlag im Ausland muss dem »Komitee für Sonderangelegenheiten« zur Genehmigung vorgelegt werden. Der Oberste Geistliche Führer selbst muss als politische Instanz einen Tötungsauftrag oder geplanten Terroranschlag genehmigen. Dem Schweizer Geheimdienst liegen Informationen vor, denen zufolge eines der Mitglieder des iranischen Killerteams Mahmud Ahmadinejad gewesen sein soll. Zwar wurden zwei der am Mord beteiligten iranischen Agenten später in Frankreich zunächst verhaftet. Aber obwohl ein gültiger internationaler Haftbefehl vorlag, beschloss die französische Regierung von François Mitterrand, sie freizulassen. Aus Teheran war die deutliche Drohung gekommen, dass, sollte Frankreich die Agenten nicht umgehend auf freien Fuß setzen, das Land mit einer Terrorserie zu rechnen habe. Paris setzte die beiden Agenten sogleich in den nächsten Flieger nach Teheran.

Ahmadinejad steht zudem im Verdacht, schon ein Jahr zuvor bei einem anderen Mordauftrag der Ayatollahs mitgewirkt zu haben. Nach dem Ende des Krieges zwischen dem Iran und dem Irak – und bevor Chomeini den Heiligen Krieg gegen die Kurden ausrief und die Führungsmitglieder der Kurdischen Partei DPK-I für vogelfrei erklärte – ließ sich die Führungsspitze der kurdischen Partei auf Verhandlungen mit dem Regime in Teheran ein. Als Ort der Gespräche wurde Wien vereinbart, die Verhandlungen begannen am 12. Juli 1989. Am 13. Juli drangen mehrere Personen in den Besprechungsraum ein und eröffneten aus automatischen Waffen das Feuer auf Dr. Abdul Rahman Ghassemlou und dessen Parteikollegen, Dr. Azar Ghaderi sowie Dr. Razul Fadel. Die österreichische Polizei fand die Tatwaffen, eine Maschinenpistole der Marke Beretta 9 mm sowie zwei Pistolen der Typen Beretta und Llama mit dem Kaliber 7,65 und die dazugehörenden Schalldämpfer in einem Plastiksack neben einem Müllcontainer. Der Führer des Mordkommandos war Jafari Sahraroodi, ein enger Freund von Mahmud Ahmadinejad. Beide waren zu diesem Zeitpunkt Mitglieder der Al-Quds-Brigaden, der Eliteeinheit der Revolutionären Garden des Irans, die für die Ausführung von Morden und terroristischen Anschlägen im Ausland zuständig ist. Sahraroodi wurde von der österreichischen Polizei verhaftet. Nachdem die iranische Regierung sofort in Wien interveniert und der Alpenrepublik mit einer Terrorserie gedroht hatte, durfte Sahraroodi das Land verlassen. Ermittlungen der österreichischen Polizei sowie der Geheimdienste ergaben, dass Mahmud Ahmadinejad die Waffen, mit denen der Mord ausgeführt wurde, ins Land geschmuggelt hatte. Ahmadinejad führte zudem das Reserveteam an, das für den Fall bereitstand, dass das eigentliche Killerteam nicht zum Einsatz kommen sollte. Der österreichische grüne Nationalratsabgeordnete Peter Pilz präsentierte 2005 einen iranischen Zeugen, der diese Version bestätigte. Die Justiz des Alpenstaates hält den Zeugen »C«, wie er aus Gründen der Sicherheit nur genannt wird, für glaubwürdig. »Das genau ist unser Problem«, sagt ein mit den Untersuchungen betrauter Ermittler. »Was glauben Sie, wie sehr wir ermuntert werden, einen Haftbefehl gegen Ahmadinejad auszustellen. Wir müssten ihn dann ja verhaften, wenn er zum Skifahren nach Österreich kommt. Will das wer wirklich?«, fragt der Mann.

Auch der Wiener Mordanschlag wurde von dem »Komitee für Sonderangelegenheiten« geplant und beschlossen. Die Mitglieder dieses Komitees bilden bis heute die eigentliche Machtelite des Irans. Ihre Macht ist unbegrenzt. Sie stützen sich auf die Revolutionären Garden sowie deren Al-Quds-Brigaden, die die Prätorianergarde des Systems darstellen, sie kontrollieren die konservative Justiz des Landes sowie den Geheimdienstapparat. Bei Terroranschlägen im Ausland bedient sich dieses Komitee häufig der Hilfe der schiitischen Hisbollah des Libanons. Die Richter des Berliner Kammergerichts bezeichnen die libanesische Hisbollah als »eine Gemeinschaft von Tätern«. Die Regierung in Teheran benutzt die Hisbollah seit Jahr und Tag für »Attentate, Geiselnahmen, Flugzeugentführungen und Bombenattentate«, so auch die Erkenntnisse des deutschen Bundesamtes für Verfassungsschutz. Die unausgesprochene Drohung, dass Teheran die Hisbollah auch in Zukunft weltweit für Terroranschläge einsetzen wird, versetzt westliche Geheimdienste in mehr als nur gelinde Panik.

Die iranischen Geheimdienste stützen sich bei ihren Aktivitäten vor allem in Deutschland auf ein eng geknüpftes Netz. Eine Analyse eines deutschen Geheimdienstes kommt zu dem Schluss, dass »eine Reihe staatlicher und halbstaatlicher iranischer Einrichtungen im Bundesgebiet sowie zahlreiche ganz oder teilweise in iranischem Eigentum befindliche Firmen nach deutschem Recht ... den Nachrichtendiensten des Iran ideale Stützpunkte mitten im Operationsgebiet« bieten.

Sollte sich die Krise um das iranische Atomprogramm in den nächsten Monaten weiter verschärfen, gar zur militärischen Auseinandersetzung eskalieren, befürchten westliche Geheimdienste und Polizeibehörden, wird Teheran unter anderem mit Terror reagieren. Der neue Staatspräsident des Gottesstaates, so die Analyse eines hochrangigen BND-Mitarbeiters, »steht für nichts anderes. Ahmadinejad hat eine jahrelange Karriere im iranischen Geheimdienstapparat hinter sich. Er wird im Fall einer Eskalierung des Nuklearstreites skrupellos die Terrorkarte spielen. Er hat den Apparat dazu, die Ressourcen und den unbedingten Willen. Wir stehen dieser Sache vollkommen hilflos gegenüber«, so seine resignierte Erkenntnis.

Ahmadinejad sitzt in seinem Land zunehmend fester im Sattel. Zwar gesteht ihm sein Amt faktisch nur geringe Machtbefugnisse zu. Allerdings ist Ahmadinejad im inneriranischen Machtkampf mit der klerikalen Elite, die ihn zu Amt und Würden verholfen hat, dabei, genau dies zu ändern. Ahmadinejad hat seinen fulminanten Wahlsieg nicht gegen irgendwen errungen. Ausgerechnet über einen der Granden der schiitischen Revolution siegte er, der seit den ersten Tagen der Revolution in Teheran die Strippen gezogen hat: den früheren Parlamentssprecher und zweimaligen Staatspräsidenten der Islamischen Republik Iran, Ali Hashemi Rafsandjani. Der hatte noch drei Tage vor der entscheidenden Stichwahl im Interview auf die Frage, wer der Sieger sein werde, sich selbst genannt, wenn auch nur »mit einer Nasenlänge Vorsprung«. Mahmud Ahmadinejad gewann mit mehr als 17 Millionen Stimmen doppelt so viele Wähler wie der schiitische Theologe und Dollar-Milliardär Hashemi Rafsandjani.

Während Rafsandjani für das in 27 Jahren Herrschaft satt und korrupt gewordene religiöse Establishment steht, repräsentiert Ahmadinejad eine junge Führungsgeneration, die trotz tiefer Gläubigkeit die klerikale Kaste dennoch zutiefst verachtet. Denn die hat die Revolution des Ayatollah Chomeini verraten, sie hingegen wollen sie nun vollenden. Zunächst im Iran, so der Traum der jungen nach der Macht Greifenden, dann in den anderen Ländern des *Dar ul Islam*, des Hauses des Islams. Durch Feuer und Schwert, mit Martyrium der wahrhaft Gläubigen im Jihad, dem Heiligen Krieg, so Ahmadinejad. Denn es gilt die *Umma* gegen den gemeinsamen Feind zu einen. Und den kennen sie, denn wenn eines sie eint, dann ist es der jahrzehntelange Kampf gegen diesen gemeinsamen Feind, weltweit und mit einer einzigen Strategie: mit Heiligem Terror. Die Männer im Umkreis um Mahmud Ahmadinejad haben es im Geschäft des Tötens im Namen ihres Gottes zu einer wahrhaft meisterlichen Perfektion gebracht. Unmittelbar, nachdem Ahmadinejad in einer weitestgehend demokratischen Wahl seinen Sieg errungen hatte, begann er damit, die Schlüsselstellungen der Macht mit genau diesen Männern zu besetzen.

So unterschiedlich die beiden Kandidaten bei der letzten Wahl um das Amt des Staatspräsidenten auch waren, sosehr sie in den Grabenkämpfen um die eigentliche Macht im Staat heute gegeneinander stehen, die seit dem Kantersieg des ehemaligen Bürgermeisters von Teheran zwischen den arrivierten Machteliten der schiitischen Theokratie und den neuen, nach oben strebenden Revolutionären toben – in einem Punkt jedoch haben beide keinen Dissens. Beide wollen den schiitischen Gottesstaat als nukleare Militärmacht etablieren. Auch in einem zweiten Punkt trennt Rafsandjani nichts von Ahmadinejad: Beide haben seit den ersten Tagen der Revolution Terror in seiner blutigsten Ausprägung nach innen wie nach außen, gegen die eigenen Völker wie gegen auswärtige, nicht nur propagiert – beide haben Terror während zweier Jahrzehnte selbst ausgeführt. Rafsandjani als massenmörderischer Schreibtischtäter im Präsidentengewand des Gottesstaates. Ahmadinejad als dessen Henker, als Exekutor des Terrors, der stolz darauf war und ist, sich im Namen der Revolution und zum höheren Ruhme seines Gottes die Hände blutig gemacht zu haben.

Einer, der aus Ahmadinejads Dorf kommt – aus Ganswar südöstlich von Teheran –, der mit ihm als Junge zusammen Fußball gespielt hat, hat Ahmadinejad später wieder gesehen. Der Mann lebt in Europa im Exil und träumt Nacht für Nacht von ihm. »Ich schäme mich, dass dieser Mensch aus unserem Dorf gekommen ist«, sagt er heute, ohne namentlich genannt werden zu wollen, denn er hat immer noch Angst nach all den Jahren. »Er war drei, vier Monate in Evin. Dann ging er nach Kurdistan in den Krieg. Dann kam er zurück nach Evin. Er war nicht mein Folterer. Das waren andere.« Es ist schwierig, sich mit ihm zu unterhalten, darüber, was Evin war, was ihm dort widerfuhr. Wie interviewt man Folteropfer? »Er kam zu mir in die Zelle«, sagt er. »Wir redeten. Er prahlte damit, dass er tausendmal den Gnadenschuss gemacht hätte.« Tatsächlich gibt es einige, die bezeugen, dass der iranische Staatspräsident in den Anfangstagen der Islamischen Revolution nicht nur ein Mörder im Namen seines Gottes war, sondern es auch als Technokrat des Terrors zu wahrer Meisterschaft gebracht hat. Liest man Akten westlicher Polizei-, Geheimdienst- und Gerichtsbehörden, dann erschließt sich einem, dass der iranische Staatspräsident keiner ist, dessen Aussprüche man als Rhetorik, als verbales Zähnefletschen abtun sollte. Der Mann ist ein Mann der Tat.

Wer ist Mahmud Ahmadinejad? Wofür steht der 1956 als Sohn eines Schmiedes geborene Iraner? Sein Name spiegelt sein Programm wider. Ahmadinejad bedeutet so viel wie »zur tugendhaften Rasse des Propheten gehörig«. Der Junge beginnt mit neun Jahren, den Koran auswendig zu lernen. Als Jugendlicher kämpft er schon in den frühen siebziger Jahren gegen den gottlosen Schah. Nach der Revolution wird er Mitglied der Revolutionären Garden, und im Krieg gegen den Irak kämpft er als Mitglied der Al-Quds-Brigaden hinter den feindlichen Linien in Kurdistan. Er beendet sein Studium zum Ingenieur der Stadtplanung, wird Provinzgouverneur und 2003 Oberbürgermeister von Teheran.

Ahmadinejad ist ein Politiker, der zutiefst von seiner Mission beseelt ist und zudem tatsächlich an die Wiederkehr des zwölften Imams der Schiiten glaubt. Der im Alter von fünf Jahren in die große Verborgenheit entrückte Imam harrt darauf, dass die Bedingungen für seine Wiederkehr geschaffen werden, um ein tausendjähriges Reich der Glückseligkeit zu schaffen. Am Ende dieses Goldenen Zeitalters, so die Überzeugung der Schia, wird Allah dann Gericht halten. Im Gegensatz zu den meisten Schiiten ist Ahmadinejad jedoch davon überzeugt, dass, bevor der verborgene Imam wieder in die Welt zurückkehren kann, zunächst eine Ära der Gewalt, des Chaos, der blutigen Anarchie herrschen muss. Das glaubt auch sein geistiger Mentor, der Ayatollah Mesbah Yazdi, radikaler Kleriker der Islamischen Republik. Yazdi ist vollkommen in der blutigen Endzeiterwartung verhaftet. Ahmadinejad trifft seine Entscheidungen immer erst, nachdem er sich mit seinem Mentor beraten hat. Als der iranische Staatspräsident im Januar 2006 seine Rede vor den Vereinten Nationen hält, da wähnt er sich vom grünen Licht des verborgenen Imams umhüllt, so erzählt er später voller Inbrunst von seiner Erleuchtung.

Was wie die versponnenen Schnurren eines religiösen Eklektikers daherkommt, ist allerdings mehr als nur brandgefährlich. Denn Ahmadinejad meint all das ernst und weiß sich der Unterstützung seiner getreuen Anhänger in der Regierung sicher. Er tourt durch die Dörfer und Städte der Provinzen des Landes, schart die verarmten Massen um sich, mobilisiert deren Emotionen und versucht das revolutionäre Feuer der ersten Jahre der Revolution wiederzubeleben. Durchaus mit Erfolg. Während in den Salons in Teherans Norden voller Verachtung die neuesten Witze über Ahmadinejad kursieren, jubeln ihm die Massen in den Provinzen zu. Dass er in den ersten Monaten seiner Amtszeit kaum eines seiner sozialpolitischen Versprechungen realisiert hat, sehen ihm seine Anhänger nach – gibt er ihnen doch im Streit mit dem Westen ihre revolutionäre nationale Würde zurück, indem er hart und kompromisslos bleibt. Zwar steht das versprochene Brot für das verarmte Volk noch aus – doch stattdessen hat es ihm seinen Stolz wiedergegeben.

Die Männer, die Ahmadinejad in Ministerämter, auf Gouverneursposten und in die Schlüsselstellungen der Macht gehievt hat, haben fast alle eines gemeinsam. Sie haben wie er im Krieg mit dem Irak an der Front gekämpft, sind zutiefst gläubig und stehen der erstarrten Kaste der arrivierten Kleriker skeptisch bis ablehnend gegenüber. Fast alle haben eine Karriere in den Revolutionären Garden, den Al-Quds-Brigaden oder den diversen Geheimdiensten des Landes hinter sich. Fast allen sind schwerste Menschenrechtsverbrechen nachzuweisen, viele haben in der Vergangenheit im Ausland Terroranschläge geplant und aktiv ausgeführt. Westliche Nachrichtendienste haben zweifelsfrei festgestellt, dass einige der maßgeblichen Köpfe um Ahmadinejad teilweise seit Beginn der neunziger Jahre mit islamistischen Kadern der Al Qaida in Verbindung gestanden haben, die Terrorgruppe mit Geld, Waffen, Logistik und Training unterstützt haben.

Beispiel 1: Mostafa Mohammed-Najjar. Der Mann, den Ahmadinejad zum Verteidigungsminister ernannte, war jahrelang hochrangiger Kommandeur der Revolutionären Garden und der Al-Quds-Brigaden. Die amerikanische CIA unterstellt ihm, dass er wesentlich an der Planung des Bombenattentats auf das Quartier der US-Marines im Oktober 1983 in Beirut beteiligt war, bei dem 214 amerikanische Soldaten getötet wurden. Der iranische Verteidigungsminister hat in der Vergangenheit kein Hehl aus seiner Beteiligung an diesem Terroranschlag gemacht. Der ehemalige Minister der Revolutionären Garden, Mohsen Rafiqdost, hat im Gespräch mit dem Autor bestätigt, was er schon 1987 öffentlich erklärt hatte: »Beides, der Sprengstoff wie die Ideologie, die dazu führte, dass knapp 300 amerikanische Soldaten und Offiziere in die Hölle gesandt worden sind, kam aus dem Iran.« Rafiqdost bestätigt, dass Mostafa Mohammed-Najjar wesentlich an der Planung des Attentats, das Imad Mughniyah ausgeführt hat, beteiligt war.

Beispiel 2: Manouchehr Mottaki. Der 52 Jahre alte neue Außenminister des Irans war in den 1980er Jahren Botschafter seines Landes in der Türkei, bis ihn die dortige Regierung des Landes verwies. Ermittlungen der türkischen Polizei und türkischer Geheimdienste hatten Mottakis direkte Beteiligung an mehreren Terroranschlägen in der Türkei sowie an mehreren Morden und Entführungen iranischer Dissidenten, die in der Türkei Zuflucht gefunden hatten, aufgedeckt.

Beispiel 3: Hodschatulislam Gholam-Hossein Mohseni Ezhei. Der neue Geheimdienstminister des Irans hat eine blutige Vergangenheit als Richter islamischer Gerichte hinter sich. Human Rights Watch beschuldigt ihn, für mehrere Hundert Todesurteile verantwortlich gewesen zu sein.

Beispiel 4: Hodschtulislam Mostafa Pourmohammadi. Der neue Innenminister des Irans wird ebenfalls von Human Rights Watch schwerster Menschenrechtsverletzungen beschuldigt. Während der Gefängnismassaker 1988 war Pourmohammadi als Ankläger im Teheraner Evin-Gefängnis für Folterungen und Todesurteile von Hunderten Männern, Frauen und Kindern verantwortlich.

Beispiel 5: Ahmed Vahidi. Der stellvertretende Verteidigungsminister des Irans hat eine lange Karriere in den Ge-

heimdiensten des Landes hinter sich. Als Top-Komman-
deur der Revolutionären Garden und als Leiter der Al-
Quds-Brigaden war er unter anderem für die Kooperation
mit den sunnitischen Netzwerken des islamistischen Terrors zuständig. Seit Beginn der neunziger Jahre ist Vahidi
mit Aiman al Zawahiri, der Nummer zwei von Osama Bin
Ladens Al Qaida, eng befreundet. Vahidi unterstützte Zawahiri beim Aufbau von Al-Qaida-Trainingscamps im Sudan und in Afghanistan. Mitte Juli 1996 traf sich Vahidi
im pakistanischen Grenzort Konli mit Osama Bin Laden
und Aiman al Zawahiri zu einem Arbeitstreffen. Zwar gab
es keine konkreten Ergebnisse, man verabredete jedoch
weitere Treffen in Teheran, um gemeinsame Operationen
gegen die USA zu planen. 2001 handelte der Al-Qaida-
Mann in einem Gespräch mit Vahidi die Bedingungen aus,
unter denen hochrangige Al-Qaida-Mitglieder im Iran Zuflucht bekämen.

Obwohl der schiitische Gottesstaat von vielen radikalen
Sunniten, vor allem von saudischen Wahhabiten, fast der
Apostasie, des Abfalls vom wahren Glauben, verdächtigt
wird und es zwischen Sunna und Schia immer Spannungen
und Auseinandersetzungen gegeben hat, haben die schiitischen Machthaber in Teheran seit Beginn der Islamischen
Revolution immer wieder sunnitische Terror-Organisatio-
nen unterstützt, und zwar auf allen Ebenen: finanziell, lo-
gistisch und militärisch. Noch heute unterhält das Regime
der Ayatollahs im Iran mindestens zwei Dutzend militärische Ausbildungslager, in denen Muslime aus Südostasien,
dem Nahen und Mittleren Osten und aus Nordafrika ein
Terrortraining absolvieren. Entführungen, Selbstmordattentate, Autobombenanschläge und der Gebrauch von
Sprengstoffen aller Art werden in diesen Lagern gelehrt.
Die Terrorausbildungslager stehen unter der direkten Kontrolle der Al-Quds-Brigaden, deren Instrukteure die Trai-
ner stellen. Den Absolventen wird die hohe Kunst des kons-
pirativen Lebens und Arbeitens in einer feindlichen, der

westlichen Umgebung beigebracht. Sogar der Umgang mit Alkohol wird mit den islamischen Absolventen in diesen Ausbildungslagern trainiert.

Einer Analyse der amerikanischen CIA zufolge, deren Richtigkeit durch Unterlagen der deutschen Polizei und Geheimdienstbehörden bestätigt wird, haben die Al-Quds-Brigaden ein weltweites Rekrutierungsnetz. Iranische Botschaften und Konsulate, iranische Kultur- und Wirtschaftsbüros sowie islamische Kommunikationszentren und so genannte Nichtregierungsorganisationen (NGOs) dienen als Anlauf- und Rekrutierungsstellen für sunnitische wie schiitische Islamisten. Über diese Stellen laufen auch die Geldströme, die Logistik, die Ausrüstung, die es braucht, um eine globale Terrorstruktur zu unterhalten. Eine eigens im iranischen Außenministerium eingerichtete Abteilung assistiert den Al-Quds-Brigaden bei der Rekrutierung potentieller Terroristen. Sie organisiert die Reise von gewaltbereiten Islamisten in den Iran über Drittstaaten, wo ihnen zur Ermöglichung ihrer Arbeit neue Pässe ausgestellt und Identitäten zugewiesen werden.

Eines der wichtigsten iranischen Terror-Ausbildungslager ist die Imam-Ali-Garnison in Teheran. Je 50 Islamisten aus arabischen Staaten durchlaufen in je fünf Gruppen zu zehn Mann die Ausbildungskurse, so berichten zwei iranische Überläufer, die in England und in Deutschland leben. Deren Glaubwürdigkeit wird von Mitarbeitern des BND bestätigt. »Die beiden sind tatsächlich keine iranischen Tschalabis.« Ein irakischer Exilpolitiker dieses Namens hatte es 2003 zu trauriger Berühmtheit gebracht, indem er Washington irakische Überläufer päsentierte, die den Herren im Weißen Hauses genau das erzählten, was die hören wollten: dass Saddam natürlich Massenvernichtungswaffen besitze und mit Al Qaida eng kooperiere. Beides stellte sich im Nachgang des Irakkrieges als fasch heraus.

Eine Liste iranischer Terrorausbildungslager, die von den Al-Quds-Brigaden unterhalten wird, wurde kürzlich von einer iranischen Website ins Internet gestellt. Deutsche Geheimdienstmitarbeiter bestätigen ihre Richtigkeit. Die Liste stimmt mit ihren eigenen Erkenntnissen sowie denen anderer westlicher wie nahöstlicher Sicherheitsdienste überein.

1) Imam-Ali-Garnison, Tajrish Square, Teheran
2) Bahonar-Garnison, Chalous-Straße, nahe dem Staudamm von Karaj
3) Ghom's Ali-Abad-Garnison, an der Autobahn Teheran – Ghom
4) Mostafa-Chomeini-Garnison, im Bezirk Eshrat-Abad, Teheran
5) Crate-Camp-Garnison, 40 Kilometer von der Autobahn Ahwaz–Mahshar
6) Fateh-Qani-Hosseini-Garnison, zwischen Teheran und Ghom
7) Qayour-Asli-Garnison, 30 Kilometer von der Autobahn Ahwaz–Chorramshar
8) Abouzar-Garnison, im Bezirk Qaleh-Shahin, Ahwaz, Provinz Chusistan
9) Hisbollah-Garnison, Varamin, östlich von Teheran
10) Eezeh-Training-Garnison
11) Amir-ol-Momenin-Garnison, Ban-Roushan, Provinz Ilam
12) Kothar-Training-Garnison, Dezful-Straße, Shoushtar, Provinz Chusistan
13) Imam-Sadeq-Garnison, Ghom
14) Lavizan Training Center, nordöstlich von Teheran
15) Abyek Training Center, westlich von Teheran
16) Dervish Training Center, 18 Kilometer von der Autobahn Ahwaz–Mahshar
17) Qazanchi Training Centre, im Dreieck Ravansar – Kherrmanchar-Kamyaran
18) Beit-ol-Moqaddas-Universität, Ghom
19) Navab-Safavi-Schule, Ahwaz

20) Nahavand Training Center, 45 Kilometer von Nahavand, West-Iran

Zusätzlich haben die Revolutionären Garden des Irans eine ganze Armee potentieller Selbstmordattentäter bereitstehen. Anfang Oktober 2005 erklärte der Brigadegeneral Mohammed Kassari der iranischen Nachrichtenagentur ILNA, dass der Iran Selbstmordattentäter habe, die »bereit sind zurückzuschlagen. Wir kennen die Schwächen unseres Feindes und wir wissen, wie wir vorzugehen haben«, so Kassari. »Die Feinde eines nuklearen Irans können nichts Verdammtes machen, um die nuklearen Ziele des Irans zu verhindern.«

Mohammed Reza Jaafari ist der Leiter der Selbstmordbrigaden. Dem leitenden Offizier der Revolutionären Garden zufolge stehen die so genannten »Liebenden der Märtyrer-Garnison« bereit, den westlichen Feind in dessen eigenen Ländern zu attackieren. »Wir wollen Amerika und Israel wissen lassen, dass jeder unserer heldenhaften Märtyrer einer Atombombe vergleichbar ist«, äußerte sich Jaafari schon im Sommer 2005 iranischen Medien gegenüber. Jaafari, der Oberbefehlshaber des »Kommandos der freiwilligen Märtyrer«, droht unverhohlen mit dem globalen Einsatz von Selbstmordkommandos. 40 000 Kämpfer seien bereits rekrutiert. Auch in den USA und anderen Nato-Staaten hielten sich solche jederzeit einsatzbereit. »Der Feind hat Angst«, stellt Jaafari voller Genugtuung fest, »dass die Kultur des Martyriums zu einer Weltkultur aller Freiheitsliebenden wird.« Seine Märtyrereinheiten seien in vier Divisionen zu je 10 000 Mann organisiert und würden global eingesetzt, falls das Land militärisch bedroht sei. Auch Jaafari ist ein enger Freund des iranischen Staatspräsidenten Ahmadinejad. Der hatte im Sommer 2005 während eines Empfangs iranischer Künstler das Hohelied des Selbstmordattentats gesungen. »Märtyreroperationen sind die höchste Form der Kunst«, äußerte sich Ahmadinejad.

Auch Hossein Allahkaram, der Führer der Ansar e Hisbollah, einer extrem radikalen paramilitärischen Einheit im Iran, kündigte im Herbst 2005 koordinierte Selbstmordanschläge in westlichen Ländern an.

Hinter den Ansar e Hisbollah und der Idee, Selbstmordattentäter im Westen einzusetzen, steht ein Mann: der Besitzer der Zeitung *Partow-e sokhan*. Ayatollah Mesbah Yazdi, der radikalste Hardliner der Islamischen Republik und der geistige Mentor Ahmadinejads. Mesbah Yazdi steht nicht nur hinter dem triumphalen Wahlsieg Ahmadinejads. Er hatte auch die Idee, in seiner Zeitung Freiwillige im ganzen Land dazu aufzurufen, sich als Selbstmordattentäter zur Verfügung zu stellen. Die Resonanz war groß. 40000 potentielle Selbstmordattentäter sollen sich westlichen Geheimdienstberichten zufolge auf diese Anzeige hin gemeldet haben. Ayatollah Yazdi rühmt Ahmadinejads Regierung als »die erste islamische Administration in der Geschichte der Islamischen Republik«. »Wir haben«, so ein hochrangiger BND-Mitarbeiter, »ernst zu nehmende Erkenntnisse, dass das mehr als nur platte Rhetorik ist. Der Iran bereitet sich tatsächlich auf eine militärische Auseinandersetzung vor. Die Selbstmordbrigaden sind ein Teil ihrer Strategie zurückzuschlagen. Im Westen und gegen den Westen.«

Der Verdacht, dass Teheran tatsächlich mit Al Qaida kooperiert hat, lässt sich am Fall des jordanischen Terroristen Abu Moussab al Zarqawi dokumentieren. Auswertungsberichte des deutschen BND und des Bundeskriminalamtes belegen eindeutig, dass al Zarqawi »logistische Unterstützung von staatlicher Seite« erhalten hat. Das Regime in Teheran hatte keinerlei Probleme, eng mit dem fanatischen Schiitenhasser al Zarqawi zu kooperieren. Mehr als eineinhalb Jahre lang unterstützten hochrangige Mitarbeiter der Al-Quds-Brigaden den Terroristen. Mit Geld, Waffen, falschen Passidentitäten. Auszüge aus einem deutschen Auswertungsbericht des Bundeskriminalamtes (BKA) dokumentieren die Zusammenarbeit staatlicher Stellen des Irans mit Abu Moussab al Zarqawi. Al Zarqawi benutzte demnach 12 verschiedene Passidentitäten. Ausgestattet mit britischen, libanesischen, jemenitischen und iranischen Pässen, konnte al Zarqawi unbekümmert reisen. »Das können Sie nur machen, wenn Sie die direkte Unterstützung eines Geheimdienstes haben«, sagt dazu ein BKA-Beamter, »oder glauben Sie wirklich, dass Sie sich solche Pässe in der nächsten Kebabstube für drei Euro fünfzig kaufen können?«

Der Iran ist, so die Erkenntnisse des BKA, zumindest in den Jahren 2001 und 2002 eine wichtige logistische Basis des Netzwerkes von Al Qaida gewesen. Die Islamische Republik bildete für viele Kämpfer das »Tor nach Afghanistan« und war Knotenpunkt für Geldtransfers und Kuriere. Außerdem diente der Iran al Zarqawi und seinen Anhängern als Zufluchtsort, als sie 2001 vor der Bombardierung durch die Amerikaner aus Afghanistan flohen. Im Iran benutzte al Zarqawi Satellitentelefone, Festnetzanschlüsse, Faxgeräte, Mobiltelefone und seine Yahoo-E-mail-Adresse nach Belieben, um neue Terror-Aktivitäten zu planen – was einem Terroristen in einem Land wie dem Iran nur mit Unterstützung entsprechender Geheimdienste gelingt.

Ein leitender BND-Mitarbeiter analysiert das Papier so: »Niemand kann im Iran leben, sich frei bewegen, Satellitentelefone benutzen, sich falsche Identitäten besorgen ohne die aktive Unterstützung der Machteliten des Landes. Al Zarqawi ist von der obersten Führung der Revolutionären Garden des Irans über Jahre hinweg protegiert und unterstützt worden. Brigadegeneral Qassem Suleimani, Kommandeur der Revolutionären Garden und der Al-Quds-Brigaden, hat bis mindestens 2004 Zarqawi mit Waffen und Geld unterstützt. Auch wenn der Schiiten tötet, heißt das nicht, dass Leute wie Suleimani ihn nicht unterstützen.« 900 000 Dollar soll Suleimani, ein enger Berater des Obersten Geistlichen Führers Ali Chamenei, an al Zarqawi weitergeleitet haben. Der Kommandeur der Al-Quds-Brigaden soll, so der BND-Mann, im Frühjahr 2004 den Befehl erteilt haben, dass al Zarqawi, »wann immer er will«, über den Grenzübergang zwischen Halabdscha und Ilam in den Iran einreisen kann. Suleimani soll auf die Frage, warum er den Schiitenhasser al Zarqawi so sehr unterstützt, im Kreis seiner Getreuen geantwortet haben, dass al Zarqawi »die nationalen Interessen des Irans« unterstütze, indem er im Irak verhindere, dass eine pro-amerikanische Regierung dort demokratisch stabile Verhältnisse etablieren könne. Die guten Verbindungen Al Qaidas in den Iran erklären auch, warum bis zum heutigen Tag drei Söhne von Osama Bin Laden im Iran eine sichere Zuflucht gefunden haben.

Mit Ahmadinejad ist nun im Iran ein Mann am Ruder, von dessen politischen Freunden und Weggefährten nicht wenige seit Jahren mit einer engen Kooperation zwischen schiitischen und sunnitischen Terrornetzwerken liebäugeln. »Der Mann an der Spitze Irans ist ein Extremist, er will den Export der islamistischen Revolution«, heißt es in deutschen Geheimdienstkreisen. »Wenn das die neue Außenpolitik Irans wird, droht dem Westen ein terroristischer Super-GAU. Dann werden sunnitische Al-Qaida-Terroristen und schiitische Terrororganisationen eng zusammenarbeiten. Gegen den gemeinsamen Feind. Gegen den Westen.« Ein Szenario ängstigt westliche Geheimdienste ganz besonders. Der Iran radikalisiert sich und liefert Al Qaida künftig das, wovon die Killer Gottes bis heute nur träumen: chemische und biologische Kampfstoffe für ihren Heiligen Krieg gegen den Westen.

»Kommt Europa dem Iran im Streit um das Atomprogramm der Mullahs nicht entgegen, drohen diese mit Terror gegen britische Soldaten im Irak und gegen die französischen Interessen im Libanon«, so ein Mitarbeiter des jordanischen Geheimdienstes GID. Dass solche Drohungen ein gängiges und gut funktionierendes Mittel iranischer Politik sind, hat sich bereits in den 1990er Jahren gezeigt, als so die Mykonos-Mörder und das Killer-Kommando der in Wien ermordeten kurdischen Oppositionspolitiker freigepresst wurden.

Dass nach Ahmadinejads Amtsantritt Realität wird, was bisher nur angekündigt wurde, befürchten nun die europäischen Verhandlungspartner des Irans. Zumal ihre Geheimdienste über alarmierende Erkenntnisse verfügen. »Für Ahmadinejad ist die Terrordrohung keine diplomatische Fingerübung. Der glaubt an die ›Reinheit‹ der Islamistischen Revolution und setzt um, was er androht«, stellt ein westlicher Geheimdienst fest. »Die Tatsache, dass sunnitische Jihadisten und Schiiten einander hassen, ist für beide kein Grund, nicht zu kooperieren. Sie haben einen gemeinsamen Feind«, wissen westliche Geheimdienste.

Der Autor konnte eine Liste der Killer Gottes, die im Iran einen sicheren Hort gefunden haben, einsehen. Die Liste liest sich wie das Who is Who des globalen Jihad. Knapp 25 hochrangige Führungskader von Al Qaida – Planer, Organisatoren und Ideologen – aus Ägypten, Usbekistan, Saudi-Arabien, Nordafrika sowie aus Europa. Auch drei von Osama Bin Ladens Söhnen, die ganz oben in der Al-Qaida-Hierarchie stehen, befinden sich auf dieser Liste: Saeed, Mohammed und Othman.

Al-Qaida-Sprecher Abu Ghaib genießt ebenso iranischen Schutz wie Abu Dagana al Alemani (genannt »der Deutsche«), der aus dem Iran heraus die Zusammenarbeit der unterschiedlichen jihadistischen Netzwerke in aller Welt koordiniert. Sie leben in sicheren Häusern der Revolutionären Garden in und um Teheran. »Das ist keine Haft oder Hausarrest«, stellt ein hochrangiger Geheimdienstmitarbeiter klar. »Die können schalten und walten, wie sie wollen.« Diese Einschätzung gilt auch für Saif al Adel, Militärchef und Nummer drei von Al Qaida. Anfang Mai 2003 schneidet der saudische Geheimdienst seine Telefonate mit dem Organisator der Anschlagsserie in der saudischen

Hauptstadt Riad mit, der im gleichen Monat mehr als 30 Menschen, darunter sieben Ausländer, zum Opfer fallen. Den Befehl zu den Attentaten gab Saif al Adel von iranischem Staatsboden, wo er unter den Fittichen des iranischen Geheimdienstes agiert.

Iranische Geheimdienste, so die Erkenntnisse nahöstlicher wie westlicher Sicherheitsdienste, arbeiten schon seit Jahren immer wieder mit den verschiedenen sunnitischen Jihad-Organisationen von Al Qaida zusammen. »Als Islamist gehe ich zu den Saudis, um Geld zu bekommen«, skizziert der jordanische GID-Mann die bisherige Praxis islamistischer Gotteskrieger. »Wenn ich Waffen, logistische Unterstützung oder militärisch-terroristische Ausbildung und Ausrüstung brauche, gehe ich zu den Iranern.«

Ahmadinejad droht derweil im Nuklearstreit mit dem Westen unverhohlen mit der nächsten Stufe der Eskalation. Konkret mit dem Beginn der industriellen Aufnahme von Urananreicherungsaktivitäten, einem für den Atombombenbau unverzichtbaren Schritt. Irans breite nukleare Infrastruktur ist zwar sinnvoll, sofern sich ein Land unabhängig von fossilen Brennstoffen machen will. Aber sie birgt auch die Gefahr, tatsächlich für militärische Zwecke angelegt zu sein. »Wenn ich mir alles auf den Tisch lege, was wir an Erkenntnissen über das iranische Nuklearprogramm besitzen, sowie sämtliche Informationen, die wir über das iranische Mittelstreckenraketenprogramm besitzen«, so ein IAEA-Inspektor, »dann lautet meine Antwort auf die Frage, ob der Iran die Bombe baut, nur so: selbstverständlich!«

Die praktische Konsequenz dieser Antwort lässt westliche Geheimdienste schaudern: »Kommt irgendwer, die USA oder auch Israel, auf die Idee, das iranische Atombombenprogramm um zehn Jahre zurückbomben zu wollen, dann gnade uns Gott«, so ein westlicher Geheimdienstmitarbeiter. »Dann lassen die Mullahs global ihre Kettenhunde von der Leine. Sie werden alle schiitischen

Terrornetzwerke mit den sunnitischen Netzwerken global ausrüsten und unterstützen, und zwar mit allem, was sie haben. Für uns ein Super-GAU, gegen den wir nicht gewappnet sind.«

Nukleare Ambitionen

Der Traum von der Atombombe

Die Rede ist sorgsam inszeniert; der Ort, an dem sie gehalten wird, eigens ausgesucht. In Meshed, der »Stätte des Martyriums«, so die Bedeutung des Namens der heiligsten Stadt im Iran, begibt sich Mahmud Ahmadinejad am 11. April 2006 vor die Kameras des staatlichen Fernsehsenders seines Landes. Bereits am Tag zuvor hat er verkünden lassen, dass er in einer Ansprache eine bedeutsame Mitteilung zu machen habe. Nun tritt er vor seine Nation und erklärt der Welt im Gestus des Triumphators, dass der »Iran sich den Nuklearmächten der Welt zugesellt hat«. Mahmud Ahmadinejad wählt sehr bewusst diese mehrdeutige Ausdrucksweise, die die Zuhörer unwillkürlich an eines denken lässt: nicht an die friedliche Nutzung der Nukleartechnologie, sondern an deren militärische Verwendung. In prahlerischem Impetus droht er, der Iran werde künftig der Welt gegenüber in einer ganz anderen Sprache sprechen. Denn nun habe, Allah sei gedankt, die Islamische Republik mit Gottes Segen und dank des Einsatzes der jungen Generation des Landes die Probleme der nuklearen Energieerzeugung von A bis Z gelöst: Der Iran könne atomaren Brennstoff produzieren. Die Feinde des Irans seien erzürnt, aber niemals könne dieser Zorn sein Land davon abhalten, weitere Fortschritte zu machen.

Selten ist einem hochrangigen UN-Vertreter eine schallendere Ohrfeige verpasst worden als an diesem Tag. Mohammed el Baradei, der Leiter der Wiener Atomkontrollbehörde IAEA, ist auf dem Weg nach Teheran, um wieder einmal im zähen und mühsamen Verhandlungsmarathon die Machthaber des Gottesstaates dazu zu bewegen, der Forderung des UN-Sicherheitsrates nachzukommen und die Urananreicherung auszusetzen. Als vertrauensbildende Maßnahme, um die eskalierende Krise im Streit um das iranische Nuklearprogramm zu entschärfen. Allen Beteiligten ist klar, dass die Krise schon längst im Stadium psychologischer Kriegsführung angelangt ist. Es wissen auch alle, dass diese Krise unversehens tatsächlich in einen kriegerischen Schlagabtausch abgleiten kann – auch wenn die beteiligten Verhandlungspartner immer und immer wieder sagen, dass diese Auseinandersetzung nur auf diplomatischem Weg beigelegt werden könne.

Mohammed el Baradei muss sich auf seinem Weg nach Teheran gefragt haben, welchen Sinn seine Exkursion in den Iran an diesem Tag noch haben kann, hat ihm doch der iranische Präsident nichts anderes mitgeteilt, als dass sein Land natürlich nicht daran denke, der Aufforderung des UN-Sicherheitsrates nachzukommen und die Urananreicherung auszusetzen. Gut möglich, dass el Baradei, dem von den USA in den Jahren zuvor eine zu große Nachsicht den Teheraner Machthabern gegenüber vorgeworfen worden war, an seine Äußerung vom 23. Januar 2006 gedacht hat. In einem Gespräch mit der US-amerikanischen Zeitschrift *Newsweek* fand der Friedensnobelpreisträger el Baradei erstmals harsche, fast kriegerische Worte. »Diplomatie«, so el Baradei, »heißt nicht nur reden. Diplomatie muss druckvoll unterstützt werden – in extremen Fällen auch durch militärische Gewalt.« Eine verblüffende Wendung in der Haltung el Baradeis, der seit 2002 die nuklearen Aktivitäten des Irans mehr als nur zurückhaltend bewertet hatte. Den Sinneswandel el Baradeis erklärt in der *Frankfurter Allgemeine Zeitung* der frühere Planungschef im deutschen Verteidigungsministerium, Hans Rühle, so: »Die Antwort findet sich in einem tragbaren Computer, den ein iranischer Informant im Jahr 2004 den Vereinigten Staaten übergeben hatte. Auf der Festplatte waren mehr als tausend Seiten in der Landessprache Farsi gespeichert, die geheime Informationen über das iranische Nuklearprogramm sowie über die iranische Mittelstreckenrakete vom Typ Shahab-3 enthielten.« Rühle zufolge fanden die amerikanischen Analytiker detaillierte Blaupausen zum Bau einer unterirdischen Anlage für Nukleartests, die in ihrem Ausmaß exakt der pakistanischen Versuchsanordnung von 1998 entsprochen haben sollen. Darüber hinaus hätte die Auswertung des Laptops ergeben, dass der Iran über ein vollständiges Design für eine kleinere Anlage zur Produktion von Urangas verfüge. Wenn das stimmt, würde dies darauf hindeuten, dass der Iran klandestin und an allen IAEA-Inspektionen vorbei waffenfähiges Uran anreichern kann und dies vermutlich bereits getan hat. Was die US-Analytiker vollends alarmierte, waren detaillierte Anleitungen für das Design eines nuklearen Gefechtskopfes für die Shahab-3-Raketen des Irans.

Ein IAEA-Inspektor, mit der Materie vertraut, deutet den Inhalt des Laptops vorsichtig: »Wenn das alles stimmt, ist dies schon ein Indiz für ein mögliches zweites, uns bisher nicht bekanntes militärisches Nuklearprogramm des Irans.« Dazu passen Informationen über Aktivitäten des Irans in der Vergangenheit. Iranische Emissäre übergaben der IAEA Anfang 2006 Unterlagen, in denen die Entwicklung von Halbkugeln aus Uranmetall dargestellt wird. Und für die gibt es nur eine Verwendungsmöglichkeit: Atomwaffen. »Natürlich«, so die iranischen Abgesandten, habe der Iran niemals von diesem Dokument Gebrauch gemacht. Es sei ihnen eher zufällig und vor allem unverlangt ausgehändigt worden. Was sich wie Erzählungen aus Tausendundeiner Nacht anhört, hat einen mehr als nur ernsten Hintergrund. Der Schmugglerring, der dem Iran 1987 angeblich unverlangt dieses sowie weiteres brisantes Atomwaffen-Know-how übergeben hat, wurde von Abdul Qadeer Khan geleitet. Der Vater der pakistanischen Atombombe war 2004 überführt worden, ein weltweit operierendes Atomschmuggel-Netzwerk geleitet zu haben. Der bekennende Islamist Khan hatte Libyen und dem Iran militärische Nukleartechnologie geliefert: Urananreicherungszentrifugen und das Design für nukleare Gefechtsköpfe. Khan hatte schon in den achtziger Jahren dafür geworben, dass muslimische Staaten die Atombombe haben müssen.

Die Informationen, die die IAEA sowohl von den USA als auch dem Iran selbst erhielt, ließen nur einen einzigen Schluss zu: Der Iran besitzt seit 19 Jahren ein komplettes Design für einen nuklearen Sprengkörper. Zudem hat der schiitische Gottesstaat unter Bruch seiner vertraglichen Pflichten als Unterzeichnerstaat des 1968 geschlossenen und 1970 in Kraft getretenen Atomwaffensperrvertrags 400 Kilogramm Urantetrafluorid in Uranmetall umgewandelt. Eine Umwandlung, die für ein ziviles Atomprogramm vollkommen sinnlos ist, denn Uranmetall ist als Brennstoff weder für einen Leicht- noch für einen Schwerwasserreaktor geeignet. Für ein militärisches Atomprogramm hingegen sehr wohl. Als hätte ihn eine dumpfe Ahnung beschlichen, hatte el Baradei in seinem Bericht vom März 2003 eigens darauf hingewiesen.

Was kein westlicher Experte mehr bestreitet, kann bis zum heutigen Tage nicht bewiesen werden, auch wenn es evident ist. Der Iran ist dabei, seine breite nukleare Infrastruktur zu vollenden. Dass der Point of no Return erreicht ist, ab dem das Land aus eigener Kraft und selbständig in der Lage ist, sich zur nuklearen Supermacht im Nahen und Mittleren Osten aufzuschwingen, hat Ahmadinejad mit der stolzen Verkündung im Fernsehen mehr als deutlich gemacht. Indem die Mullahs das Problem der Urananreicherung technisch in den Griff bekommen haben, ist ihnen auf dem Weg zum atomar bewaffneten Staat tatsächlich ein Quantensprung gelungen. Und zwar vollkommen legal. Teheran hat den Atomwaffensperrvertrag vom 1. Juli 1968 unterschrieben. Als Signaturstaat hat das Land das unbedingte Recht, die Kernenergie friedlich zu nutzen, und muss dabei von der internationalen Völkerfamilie nicht nur technisch, wissenschaftlich oder finanziell unterstützt werden. Das Regularium des Atomwaffensperrvertrags verpflichtet die internationale Gemeinschaft auch dazu, die notwendige Hardware zu liefern. Allerdings nur dann, wenn ein Land bedingungslos auf den Kauf und die Herstellung von Atomwaffen verzichtet. Problematisch ist dabei jedoch, dass die technischen Prozesse der friedlichen Nutzung der Kernenergie weitestgehend mit den illegalen Prozessen eines Atomwaffenprogramms identisch sind. Erst in der allerletzten Phase eines nuklearen Brennstoffkreislaufs ist erkennbar, ob er militärisch oder friedlich verwendet wird.

Das weiß auch Gholamreza Aghazadegh. Der Leiter der iranischen Atomenergiebehörde AEOI verlautbart zeitgleich zur Erklärung seines Staatspräsidenten westlichen Reportern, dass iranische Techniker in der unterirdischen Urananreicherungsanlage von Natanz erstmals die technischen Probleme der Urananreicherung gelöst hätten. Mit Hilfe von 164 Zentrifugen hätten die Wissenschaftler gasförmiges Uran auf einen Gehalt von 3,5 Prozent an Uran-235 angereichert. Nun würde sein Land damit beginnen, Uran im industriellen Umfang anzureichern. Aghazadeghs Stellvertreter, Mohammed Saadi, kündigt nur Stunden später der regierungseigenen Nachrichtenagentur MEHR an, dass es das erste Ziel des Irans sei, in den nächsten Monaten eine Kaskade von 5000 hintereinander geschalteten Anreicherungszentrifugen in Betrieb zu nehmen. Das Ziel sei eine Verzehnfachung auf eine Kaskadenschaltung von 50 000 hintereinander geschalteter Zentrifugen, und die Anlage in Natanz sei von Anfang an auf diese Kapazität angelegt gewesen. Selbstverständlich sei das iranische Nuklearprogramm ausschließlich für zivile Zwecke ausgelegt, käut Aghazadegh die immer gleiche Phrase iranischer Politik wieder.

Die Reaktion auf der politischen Bühne des Westens ist

dennoch eindeutig. In scharfen, wenn auch in diplomatischer Sprache gehaltenen Worten wird die Erklärung Ahmadinejads unisono verurteilt, der Iran aufgefordert, von seinem nuklearen Treiben zu lassen, während gleichzeitig immer wieder darauf hingewiesen wird, dass die Erklärung des iranischen Staatspräsidenten bei Lichte betrachtet zunächst nur eines bedeute: Teheran sei nun zwar – möglicherweise – in der Lage, Uran auf einen Anreicherungsgrad von 3,5 Prozent zu bringen. Für eine Bombe hingegen sei hingegen ein Anreicherungsgrad von mehr als 90 Prozent vonnöten. Die Aussage ist so wahr, wie sie an der tatsächlichen Bedeutung der Erklärung Ahmadinejads vorbeigeht. Beim Bau einer Atombombe besteht das größte Problem eben nicht darin, Uran auf einen ausreichend hohen Prozentgrad anzureichern. Hat ein Land das grundsätzliche Problem der Anreicherung auf 3,5 Prozent gelöst, ist es nur noch eine Frage der Zeit und der Menge der zur Verfügung stehenden Gaszentrifugen, bis ausreichend hoch angereichertes Uran für den Bau einer Atombombe hergestellt werden kann. Wird durch 1500 Gaszentrifugen immer wieder flüssiges Urangas gejagt, dauert es lediglich einige Monate, um atombombenfähiges Uran zu produzieren.

Zwei Tage nach seiner Fernsehansprache legt der iranische Staatspräsident in einer Rede in Teheran nach. »Amerika, sei wütend und ersticke an deiner Wut!«, hatten Tausende Studenten vor der amerikanischen Botschaft lauthals skandiert. Das war 1980, als dort noch immer 52 amerikanische Geiseln in völkerrechtswidriger Gefangenschaft gehalten wurden. Der Versuch amerikanischer Special Forces, die gefangenen US-Diplomaten durch ein militärisches Kommandounternehmen zu befreien, war in einem Desaster sondergleichen gescheitert. Mahmud Ahmadinejad, der damals als einer der Verbindungsmänner zwischen dem Büro des Revolutionsführers Ruhollah Chomeini und den Geiselnehmern fungierte, nimmt nun 26 Jahre später genau diesen Satz in seiner Teheraner Rede mit spöttisch überlegener Miene wieder auf: »Für alle, die wütend sind darüber, dass der Iran erstmals erfolgreich Uran anreichern kann, haben wir eine Antwort: Seid wütend und erstickt an eurer Wut!«, sagt Ahmadinejad in Teheran. »Wir werden mit niemandem über das Recht des Irans sprechen, Uran anzureichern«, fügte der Präsident hinzu.

Was sich hinter dem technischen Erfolg versteckt, den Mahmud Ahmadinejad so stolz der Welt verkündet, und welche Folgen ein solcher technischer Durchbruch in einem zivilen Atomprogramm, zumindest theoretisch auch für ein militärisches Nuklearprogramm haben kann, hatte mir siebzehn Monate zuvor jemand in Teheran erzählt: ein schüchterner Mann, der während eines abendlichen Gesprächs nervös seine Hände knetete und die ganze Zeit auf der Stuhlkante hin und her rutschte.

Dieser Ahmed Shirzad ist ein kleiner untersetzter Mann mit freundlichem Gesicht und müden Augen. Wie er jetzt da sitzt, ist es nur sehr schwer vorstellbar, dass er der Mann ist, der in aller Öffentlichkeit atomare Rüstungsgeheimnisse seines Landes ausgeplaudert hat – in der Islamischen Republik Iran und nicht aus dem sicheren Exil heraus. Er weiß, dass sein Leben nur noch auf Abruf existiert, und dennoch klingen seine leisen Töne wie Donnerhall. Und jetzt betrachtet Ahmed Shirzad seinen Schatten. In seinem Gesicht stehen Trauer und Resignation. Dahinter: Angst, Unruhe, Unsicherheit. Nicht so sehr Angst um sich selbst, vielmehr um seine Frau und seine Kinder, denn Ahmed Shirzad weiß, dass die Mächtigen seines Landes sie werden büßen lassen, wenn er nicht endlich Ruhe hält.

»Ich rede mit Ihnen über alles, nur nicht über Massenvernichtungswaffen, nukleare Rüstungsprogramme des Irans und auch nicht über Terror«, hatte er einen Tag zuvor am Telefon gesagt. »Security – die Sicherheit. Das sollten Sie verstehen! Das müssen Sie verstehen.« Er klang müde. »Ihre eigene Sicherheit oder die Ihres Landes?«, hatte ich ihn gefragt, und Shirzad hatte geschwiegen. »Das werden Sie sehen«, hatte er dann gesagt und die Lobby des Homa-Hotels in Teheran als Treffpunkt benannt.

Dort sitzt er nun und schaut sich seinen Schatten an. Der ist ganz nahe an ihn herangerückt, sitzt jetzt nur noch fünfzig Zentimeter von Shirzad entfernt, beugt sich vor, immer näher, während er unablässig eine Pistazie nach der anderen knackt und mit spitzen Fingern in seinen Mund schaufelt. Der Schatten von Ahmed Shirzad sieht tatsächlich auf verblüffende Art und Weise so aus, als sei er einem drittklassigen Geheimdienst-Thriller entsprungen, und fixiert Shirzad mit ausdruckslosen Augen. Der Schatten von Herrn Shirzad will, das ist sein Job, nicht nur jedes Wort des auf Englisch geführten Gesprächs verstehen. Er will vor allem, dass Herr Shirzad und auch dessen Gesprächspartner keine Zweifel über die Spielregeln haben. »Wir reden über meine Sicherheit«, sagt Herr Shirzad. »Wir reden also nicht über Massenvernichtungswaffen.« Der Schatten von Herrn Shirzad nickt gelegentlich mit dem Kopf, knackt gelangweilt seine Pistazien, und von welchem Geheimdienst der Islamischen Republik Iran er ist, das ist nicht klar. Nur dass er von einem der Dienste ist, die jede Bewegung von Herrn Shirzad, jedes seiner Gespräche verfolgen. Die persönlichen wie jetzt, aber auch die am Telefon. Herr Shirzad lächelt etwas verloren. »Man gewöhnt sich daran«, sagt er dann an diesem Oktoberabend im Jahr 2004.

Herr Shirzad steht auf der Abschussliste des Regimes in Teheran. Er ist sich dessen bewusst, nicht erst seit sie seinen Sohn im Jahr zuvor vom Campus der Universität in Teheran weg verhaftet haben. Als Herr Shirzad vom Dekan die Erlaubnis einzuholen wagte, gegen die Verhaftung seines Sohnes ausgerechnet auf dessen Campus in öffentlicher Rede protestieren zu dürfen, hat der nicht zugestimmt. »Ich habe meine Hoffnung in Sie, den Dekan, verloren«, so klagte Herr Shirzad öffentlich in jenen Tagen und holte dann zum Rundumschlag aus: »Ich habe meine

Hoffnung in die Minister dieser Regierung verloren. Ich habe all meine Hoffnung in Sie, Herr Präsident Chatami, verloren. Ich habe meine Hoffnung in mich selbst verloren. Die einzige Hoffnung, die ich habe, ist, dass nun das Volk etwas tut«, so erklärte er.

Wie er sich so zitiert hört, streicht sich Shirzad mit müder Geste durch den weißen Bart. »Das Volk«, sagt er monoton, »das Volk hat im Frühjahr gesprochen.« Bei der Wahl zum Parlament, bei der die konservativen Hardliner die meisten Sitze gewonnen haben, weil fast alle Reformer wie Ahmed Shirzad erst gar nicht kandidieren durften. Das Volk hat den Boykottaufruf der gelähmten Reformer ignoriert. Das Volk war der nicht einzulösenden Reformversprechen der politischen Freunde des Herrn Shirzad müde geworden und ging in überraschend großer Zahl zur Wahlurne.

Nun, ein Jahr nach seiner Klage, hat Herr Shirzad also auch die Hoffnung in sein Volk verloren, das jedenfalls sagt er in der Lobby des Homa-Hotels. »Wenn die Israelis und die Amerikaner die nuklearen Anlagen meines Landes angreifen«, meint er, »dann wird das iranische Volk endgültig zum Schulterschluss mit den Rechtsextremisten, den Hardlinern im Iran gebombt, und die Welt wird explodieren. Unsere und die eurige. Denn in der Nuklearfrage stehen die Iraner schon heute hinter ihrer Regierung. Bedingungslos. Das ist eine Frage der nationalen Würde, der nationalen Ehre.«

Herr Shirzad muss über die Nuklearfrage Bescheid wissen. Aus berufenem Mund ist ihm von Reza Chatami, dem jüngeren Bruder des ehemaligen Präsidenten, attestiert worden, dass er »einer von vielleicht drei Personen im Iran« ist, »die als Spezialisten qualifiziert über das Nuklearprogramm der Islamischen Republik sprechen können«. Das erklärte Reza Chatami öffentlich, im iranischen Parlament, wiederholte das gar im iranischen Fernsehen. Reza Chatami sprang seinem Freund, Herrn Shirzad, mit dieser

Aussage zur Seite, denn der war von den Radikal-Islamisten des Systems heftig angegriffen worden. Irgendetwas muss in Herrn Shirzad so sehr gelodert haben, dass er Wochen nach der Verhaftung seines Sohnes das Wagnis eines sehr riskanten Unterfangens eingegangen ist. Herr Shirzad muss sich etwas gedacht haben bei dem, was er tat, denn die Aufregung über das iranische Atomprogramm schien im Oktober 2003 ihre Grundlage verloren zu haben. In Washington hatte die Bush-Regierung zwar nur zähneknirschend, aber immerhin Europa das Placet erteilt, diplomatische Verhandlungen mit Teheran um dessen Nuklearprogramm aufzunehmen. Und tatsächlich, nach zähen und unermüdlichen Verhandlungen der so genannten EU-3-Staaten – Großbritannien, Frankreich und Deutschland – hatte sich der Iran dazu bereit erklärt, freiwillig, allerdings nur für einen begrenzten Zeitraum, alle Aktivitäten zur Urananreicherung zu suspendieren. Die Krise war entschärft, nicht zuletzt deswegen, weil der Kompromiss vertraglich fixiert wurde.

24 Tage nachdem die angesichts ihrer Leistung stolze Troika aus drei europäischen Außenministern – nämlich Joschka Fischer, Dominique de Villepin und Jack Straw – am 31. Oktober 2003 glücklich sich selbst und der Welt verkündet hatte, dass die Gefahr des iranischen Atomprogramms sozusagen vertraglich gebannt und aus der Welt geschrieben worden sei, steht Herr Shirzad am 24. November von seinem Stuhl im Parlament auf, geht nach vorne und brüllt in aller Öffentlichkeit sein J'accuse heraus. Der reformorientierte Parlamentsabgeordnete aus Isfahan, der die eigene Regierung bislang unterstützt hat, klagt nun die herrschenden Hardliner an. Sie hätten das Land »in ein Zentrum des Totalitarismus verwandelt«, »die Menschenrechte verachtet, Gewalt propagiert« und seien zum »Unterstützer des internationalen islamistischen Terrorismus geworden«. Dann macht er eine kurze Pause und erklärt in donnernden Worten, dass seine eigene Regierung »Mas-

senvernichtungswaffen besitzt und sich nuklear hochrüstet. Die Kinder unseres Landes verhungern«, schimpft Shirzad, »und unsere Regierung leistet sich ein dummes, Milliarden teures nukleares Rüstungsprogramm. Im Gegensatz zu allen ihren öffentlichen Erklärungen betreibt die Regierung des Irans ein geheimes Programm für nukleare Massenvernichtungswaffen. Sie baut seit 19 Jahren überall im Land 50 Meter tiefe unterirdische Atomanlagen zur Urananreicherung durch Zentrifugen. Sie stellt unser Land vor aller Welt als Lügner bloß.«

In Wien versichert derweil Mohammed el Baradei, der Leiter der Atomkontrollbehörde IAEA, gebetsmühlenartig, es gäbe keinerlei Beweise für ein militärisches Rüstungsprogramm des Irans, höchstens die eine oder andere Ungereimtheit, die eine oder andere offene Frage. Ein Standpunkt, der nicht so recht verwundern kann. Hatte doch Mohammed el Baradei zwölf Jahre zuvor, als seine UNO-Waffeninspekteure voller Schreck gerade das nukleare Waffenprogramm des Irakers Saddam Hussein entdeckt hatten, zunächst nur erwidert: dass dies nicht sein könne, denn immerhin habe Hussein ihm, Mohammed el Baradei, im persönlichen Gespräch versichert, dass der Irak kein nukleares Militärprogramm habe. Und ein muslimischer Araber würde einen anderen muslimischen Araber nun wirklich nicht belügen, das widerspreche der Kultur. So wird es von Inspekteuren der Wiener IAEA kolportiert, als el Baradei im Herbst 2003 nach unzähligen persönlichen Gesprächen mit den iranischen Unterhändlern zu einer klaren Einschätzung des iranischen Nuklearprogramms kommt: Keine Beweise, noch nicht einmal Indizien für ein militärisches Rüstungsprogramm des Irans sieht der oberste UN-Inspektor. Und das zu einem Zeitpunkt, als aus dem Kreis der IAEA-Inspekteure, die einige der iranischen Atomanlagen inspiziert und westliche wie nahöstliche Geheimdienstunterlagen studiert hatten, auf die Frage, was sich hinter den iranischen Nuklearaktivitäten verberge, zum ersten Mal diese Antwort gaben: »Es sieht aus wie eine Ente, es watschelt wie eine Ente und es macht quak quak. Was zum Teufel glauben Sie, was das wohl ist?« Herrn el Baradei wird durchaus von dem einen oder anderen seiner IAEA-Inspekteuren hinter vorgehaltener Hand vorgeworfen, dass er das iranische Atomprogramm »ganz entschieden zu zaghaft beurteilt«, erklärt ein Inspektor unter der Bedingung der Anonymität die Diskrepanz zwischen el Baradeis offiziellen Wertungen und dem, was einige seiner Inspekteure privatissimo ausplaudern. Allerdings streiten auch die hausinternen Kritiker von el Baradei vehement ab, was interessierte Kreise über dessen Integrität zu streuen bemüht sind: El Baradei habe einen zu intimen Kontakt mit iranischen Unterhändlern. Dem Versuch, das zu beweisen, diente wohl auch die Abhöraktion des amerikanischen Geheimdienstes CIA, der el Baradeis Büro, aber auch seine privaten Räume telefonisch überwachen ließ. Ergebnislos. »Der ist vielleicht zu nachgiebig dem Iran gegenüber. Seien Sie aber sicher: Der Mann ist sauber! 100 Prozent!«, beharrt ein Kritiker des Leiters der IAEA.

Ahmed Shirzad steht an diesem 24. November 2003 hinter dem Rednerpult des iranischen Parlaments und nennt Namen und Orte: Isfahan, eine Urankonversionsfabrik. Natanz, eine unterirdische Urananreicherungsanlage. Arak, eine Schwerwasserfabrik, und die bis dahin im Westen unbekannte Rüstungs- und Atomfabrik Parchim. Außerdem ein weites atomares Rüstungsareal in den Bergen bei Teheran, das, zumeist in einem Höhlensystem gesichert, der Satellitenbeobachtung durch die USA unzugänglich ist. Zwar sind diese Namen zu diesem Zeitpunkt schon alle bekannt. Keiner weiß aber, was dort geschieht. Was der Abgeordnete Shirzad an diesem wie an den folgenden Tagen im Parlament und in Gesprächen mit Journalisten in Teheran über Art und Größe und Verwendungszweck der atomaren Anlagen seiner eigenen Regierung von sich gibt, ist in seinen Details über all die nuklearen Örtlichkeiten des

Irans so nicht bekannt und widerspricht nur einem: dass all dies natürlich nur zivilem Nutzen dient. Die islamistischen Abgeordneten des Parlaments, zu diesem Zeitpunkt noch in der Minderheit, wüten und geifern wider Herrn Shirzad, hindern können sie ihn aber nicht, zu sagen, was er sagen will. Der Iran, so scheint es, ist tatsächlich dabei, eine breite, umfassende nukleare Infrastruktur zu etablieren, und will beide Wege zur Bombe beschreiten. Die Uran-Route und die Plutonium-Route. Mit der Vertragstreue nimmt es der Iran wohl nicht so genau.

Was Ahmed Shirzad in der *Madjlis*, dem iranischen Parlament, skizziert, ist so ziemlich genau das, was Monate später die Inspekteure der Wiener Atomenergiebehörde IAEA bei ihren Recherchen über das Nuklearprogramm des Irans herausfinden werden. Der mit Frankreich, England und Deutschland geschlossene Vertag vom 31. Oktober 2003 wird vom Iran von Anfang an systematisch unterlaufen. »Sie haben uns in all den Jahren hingehalten, haben gelogen und betrogen, haben immer erst dann eine neue Atomanlage zugegeben, wenn wir sie ihnen nachgewiesen haben«, so das bittere Resümee eines IAEA-Inspekteurs in Wien. »Aber die Dreistigkeit, mit der sie nach dem 31. Oktober 2003 agiert haben, ist beispiellos.«

Seit seiner offenherzigen Rede gilt Herr Shirzad den »Herrschenden, den religiösen Rechtsextremisten«, wie er sie nennt, als Verräter. Ein *Monafeq*, ein »Heuchler« – und das ist ein Vorwurf, der einen im Iran den Kopf kosten kann. »Würden Sie es wieder machen, aufstehen und reden?«, frage ich ihn. Er lächelt verlegen. »Es gibt Momente im Leben, die sollte ein Mensch nur einmal durchleben«, sagt er dann. »Warum haben Sie es dann getan?« Er wirft einen langen Blick zu seinem Schatten hin. »Ich liebe mein Land«, sagt er dann, »und die Extremisten sind dabei, es in den Untergang zu treiben. Ich möchte nicht, dass irgendwer irgendwelche Raketen auf uns jagt.« Der Schatten hört zu und schweigt. Mit leerer Miene.

»Sie sind Atomwissenschaftler. Rein technisch gefragt – welches ist das schwierigere Problem: Uran auf einen Prozentsatz von 3,5 Prozent, also niedrig, für zivile Zwecke anzureichern oder auf über 90 Prozent, hoch angereichertes Uran, das dann militärisch nutzbar wäre?« Herr Shirzad lässt seinen Blick gedankenverloren durch die Halle schweifen. Er weiß um den Hintersinn der Frage. »Wenn Sie das erste Problem gelöst haben«, antwortet er, »dann haben Sie das grundsätzliche Problem gelöst, das schwierigste, für das es Jahre braucht. Was den zweiten Teil Ihrer Frage betrifft – fragen Sie Ihre deutschen Wissenschaftler. Deutschland hat den nuklearen Brennstoffkreislauf etabliert. Sie haben das Problem der Niedriganreicherung längst gelöst. Fragen Sie einen deutschen Wissenschaftler, ob Deutschland technische Problem hätte, wenn es Uran weitaus höher anreichern wollte.« »Hätte Deutschland technische Probleme?« Shirzad schweigt. Dann schüttelt er nur ganz sachte den Kopf. »Bastelt Ihr Land nun an der Bombe oder bastelt es nicht? Ist das Nuklearprogramm ein militärisches oder ist es ein ausschließlich ziviles?« Shirzad lacht auf, er hat gewusst, dass diese Frage nun mal kommen muss.

»Wenn Sie eine Fabrik bauen, beispielsweise eine chemische. Dann können Sie Düngemittel produzieren, und alle Bauern freuen sich, denn ihre Erträge werden steigen«, sagt er nur und sieht dabei müde und traurig aus. »Nein«, wehrt er die Frage ab, »wir sprechen nicht darüber, was sie theoretisch in einer solchen Fabrik auch noch herstellen können. Ich spreche nicht über Massenvernichtungswaffen. Ich spreche nicht über nukleare Rüstung. Nicht über Terror. Fragen Sie andere hier«, sagt er, steht auf und geht.

***

Ernst Uhrlau ist ein sehr besonnener Mann, dem allein schon seine Profession diesen Charakterzug gebietet. Darüber hinaus ist Ernst Uhrlau ein Mann, der zu journalistischen Hintergrundtreffen bereit ist – wenn auch bedauerlicherweise nur unter penibler Berücksichtigung des ihm gesetzlich Erlaubten. Uhrlau war, bevor er zum Präsidenten des deutschen Bundesnachrichtendienstes avancierte, Geheimdienstkoordinator der rot-grünen Bundesregierung, und als solcher hatte er naturgemäß umfassenden Einblick in die Erkenntnisse, das Wissen, die Beweise oder auch nur Anhaltspunkte deutscher Dienste. Das gilt auch für Informationen, die den Iran betreffen, zumal sich Ernst Uhrlau als Geheimdienstkoordinator des Öfteren mit iranischen Angelegenheiten beschäftigen musste. Uhrlau genießt in der weltweiten Geheimdienstgemeinde ein sehr hohes Ansehen; auch und gerade in Washington und noch viel mehr in Jerusalem und Tel Aviv. Ist er doch immer wieder und durchaus erfolgreich als Vermittler in den schwierigen Verhandlungen zwischen Israel und der Islamischen Republik Iran aufgetreten. Verhandlungen, bei denen es unter anderem um die Freilassung palästinensischer wie libanesischer Häftlinge aus israelischen Gefängnissen ging. Im Gegenzug ließ die schiitische Hisbollah einen entführten israelischen Geschäftsmann frei. Darüber hinaus versprach sich die Regierung in Jerusalem Informationen über den israelischen Luftwaffen-Navigator Ron Arad, der im Oktober 1986 im Libanon von der schiitischen Hisbollah gefangen genommen wurde und seitdem vermisst wird.

Es waren Informationen, die wohl nur Teheran geben kann. In Israel wie in den USA wurde nur mit Naserümpfen hingenommen, dass die Deutschen über alle Regierungskonstellationen hinweg eine Jahrzehnte währende Tradition des kritischen, auf jeden Fall aber freundlichen Dialogs mit den islamistischen Machthabern in Teheran pflegten. Dass der deutsche Bundesnachrichtendienst, der BND, ein sehr profundes Wissen und tiefe Einsichten in iranische Angelegenheiten besitzt, wissen deren Partnerdienste allerdings sehr wohl zu schätzen. Auch das Kanzleramt ist im späten Sommer des Jahres 2002 durchaus im

Bilde über den Stand des iranischen Atomprogramms. Die Zeiten sind längst vorbei, da deutsche Bundeskanzler eher angewidert und nur mit sehr spitzen Fingern das anfassten, was ihnen aus Pullach an nachrichtendienstlichen Erkenntnissen auf den Amtstisch gelegt wurde. In wöchentlichen Briefings unterrichten die Leiter der deutschen Nachrichtendienste die deutsche Regierung über ihre Erkenntnisse und Analysen und finden ein durchaus offenes Ohr. Ganz besonders, wenn es um iranische Angelegenheiten geht, über die Pullach einen recht guten Überblick hat.

Als ich Ernst Uhrlau jedoch im Spätsommer 2002 um ein Hintergrundgespräch über den Stand des iranischen Nuklearprogramms bitte, verliert er am Telefon in ungewohnter Heftigkeit die Contenance. Meine Bitte um eine eigene Einschätzung von einigen hundert Seiten an Unterlagen, Dokumenten, Vermerken und Berichten westlicher Geheimdienste wie auch des deutschen BND, die einen breiten Überblick über das iranische Atomprogramm bieten, beantwortet der Geheimdienstkoordinator recht heftig. »Wir beteiligen uns nicht an Versuchen der Amerikaner, jetzt das nächste Land auf die Agenda zu heben«, wird Uhrlau laut und wiederholt dies noch einige Male.

Es ist die Zeit, als George W. Bush seine »Koalition der Willigen« zusammentrommelt, um den Irak des Saddam Hussein anzugreifen. In Deutschland ist derweil Wahlkampf: Gerhard Schröder tritt zum zweiten Mal an und will gewinnen. Die Umfragen sehen nicht gut aus, und so zieht die rot-grüne Bundesregierung ihren Trumpf aus dem Ärmel: die Anti-Kriegs-Karte. Dass George Walker Bush auf jeden Fall seinen Krieg gegen Saddam Hussein führen wird, ist jedem auf der politischen Bühne in Berlin zu diesem Zeitpunkt klar. Dass mit der strikten Ablehnung dieses Krieges gar trefflich Wahlkampf zu führen und gar der Wahlausgang noch umzudrehen ist, ebenfalls. Da konnte es nicht ins Wahlkampfkonzept passen, ein zweites und viel ernsteres Problem ins Bewusstsein der Öffentlichkeit zu hieven. Denn dass das meiste dessen, was amerikanische Regierungsmitglieder und Neokonservative dem Irak des Saddam Hussein wohl zu Unrecht vorwerfen, tatsächlich auf die Islamische Republik Iran zutrifft, diesen Schluss legen die Unterlagen westlicher Dienste und des BND nahe. Demnach ist der Iran nicht nur im Besitz von chemischen Kampfstoffen, sondern hat im eingeschränkten Umfang auch biologische Waffen. Die Unterlagen erzählen gar, wo diese Massenvernichtungswaffen hergestellt werden und wo sie lagern. Mit welchen Trägersystemen sie ins Ziel transportiert werden können. Es finden sich Detailanalysen über den Stand des Nuklearprogramms und was beispielsweise der BND dahinter vermutet. Darüber hinaus zeigen sie, dass der Iran tatsächlich seit zweieinhalb Dekaden das Land ist, das Staatsterrorismus als Mittel zur Durchsetzung politischer Ziele aktiv betreibt und dabei auch mit sunnitischen Terrornetzwerken kooperiert.

Aber auch anderswo mag man das Thema im Sommer 2002 nicht so recht angehen. »Wir betreiben doch nicht die Geschäfte des israelischen Mossad«, wehrt ein leitender Redakteur einer deutschen Publikation gequält den Vorschlag ab, das Thema prominent zu platzieren. Und so geht im Bewusstsein der deutschen und europäischen Öffentlichkeit unter, was am 17. September 2002 in Wien geschieht.

Als Gholamreza Aghazadegh an diesem Tag vor die Jahresversammlung der Wiener Atomenergiebehörde IAEA tritt, schickt er sich an, eher beiläufig eine Bombe zu zünden. Gholamreza Aghazadegh ist ein sehr distinguiert wirkender Herr mit sorgsam gestutztem, grau meliertem Bart. Das Spiel der Worte auf diplomatischem Parkett beherrscht er perfekt. Der Leiter der iranischen Atomenergiebehörde und Vizepräsident seines Landes begrüßt in fein moduliertem Englisch und »im Namen Allahs« die versammelten Exzellenzen, Botschafter und Diplomaten, um ihnen dann, dezent verpackt, mit formvollendeter Höflichkeit, zu bestätigen, was seit Jahren als Gerücht kursiert, als Mutmaßung die Runde macht, als Verdächtigung gegen sein Land gestreut wird: Der Iran werde in den nächsten zwei Dekaden ein 6000 Megawatt starkes Atomprogramm etablieren. »Natürlich bringt es ein Projekt dieser Größenordnung mit sich, dass wir in verschiedenen Feldern der Nukleartechnologie wie dem nuklearen Brennstoffkreislauf, der Sicherheit und dem Brennstoffabfall planen müssen.«

Nicht wenige der Zuhörer im Saal zucken zusammen. Zwar hat Aghazadegh ausschließlich von ziviler und friedlicher Nutzung der Atomenergie gesprochen. Er hat der IAEA auch die Zusammenarbeit bei der Überwachung der iranischen Nuklearaktivitäten angeboten. Beruhigend findet das jedoch nicht jeder seiner Zuhörer. So jedenfalls kommentiert das Gary Samore, Proliferationsexperte des Internationalen Instituts für Strategische Studien in London: »Die Iraner verfolgen unter dem Deckmantel eines von der IAEA überwachten Brennstoffkreislaufes ihr nukleares Waffenprogramm.«

Dafür, dass der Iran nicht erst im Planungsstadium einer umfassenden nuklearen Infrastruktur steckt, sondern schon seit Jahren deren Realisierung vorantreibt, finden sich bisher Indizien. Beweise gibt es bis zu diesem Zeitpunkt nicht.

Dann tauchen im August 2002, wenn auch aus dubios scheinender Quelle, eine Reihe kommerzieller Satellitenbilder ebenso wie dezidierte Detailinformationen auf, die belegen, wie weit der Iran bei seinem Nuklearprogramm tatsächlich schon vorangeschritten ist. Sie weisen in die karge Wüstenregion umweit der altehrwürdigen Stadt Isfahan. Zwischen den Ortschaften Shahrida und Fulashan, fünf Kilometer außerhalb Isfahans, erstreckt sich ein riesiges, militärisch streng gesichertes Areal. Automatische Radarkontrollsysteme vom russischen Typ Raduga SPK-75P sichern weiträumig den Luftraum ab.

Das Kernstück des weitläufigen Areals ist eine »Uranium Conversion Facility« (UCF), in der ab 2004 Natururan zu Hexafluorid UF 6 umgewandelt werden soll. Sorgsam verborgene Tunnelsysteme führen zum unterirdischen Teil der Anlage. Die Fabrik, das zeigen die Satellitenbilder, steht kurz vor ihrer Fertigstellung. »Die UCF ist eines der Schlüsselprojekte für die Iraner«, ist in einer CIA-Bedrohungsanalyse vom September 2002 über die Bedeutung der Anlage zu lesen. Zu diesem Schluss kommt dieselbe CIA, die im gleichen Zeitraum eifrig bemüht ist, nicht ganz zutreffende Tatsachenbehauptungen über terroristische Verbindungen zwischen Saddam Hussein und Al Qaida sowie über irakische Massenvernichtungswaffen in der Öffentlichkeit zu streuen. »Durch die UCF kann auf einer Reihe von Wegen spaltbares Material für den Gebrauch von Nuklearwaffen wesentlich unterstützt werden. Der Iran«, so die CIA-Analyse, »verfolgt aktiv die Akquisition von spaltbarem Material, Know-how und Technologie, die notwendig sind, um Spaltmaterial für Nuklearwaffen zu erhalten. Als Teil dieses Prozesses entwickelt der Iran die Fähigkeit, beides, Plutonium und hochangereichertes Uran, zu produzieren.« Um waffenfähiges Uran herstellen zu können, ist UF 6 als Grundstock zwingend notwendig. Für nichts anderes als zur Urananreicherung kann UF 6 verwendet werden, es sei denn für Uranpräparate, die ihrerseits als Brennstoff in einem Plutoniumreaktor genutzt werden – und damit den zweiten Weg zur Bombe frei machen: die Plutonium-Route.

Westliche Dienste bewerten die Kapazität der UCF bei Isfahan auf eine Produktion von mindestens 200 Tonnen UF 6 pro Jahr. »Auch wenn die UCF, nachdem sie in Betrieb gegangen ist, unter Kontrolle der IAEA stünde«, meint ein hochrangiger westlicher Geheimdienstmitarbeiter, »kann man ohne weiteres jährlich 10 Prozent, also 20 Tonnen UF 6, als natürlichen Schwund deklarieren.« Damit könne im nächsten Arbeitsgang, etwa durch Gaszentrifugenverfahren, in einer Uran-Anreicherungsanlage genügend waf-

fenfähiges Material für jährlich vier Atombomben hergestellt werden.

Eher ratlos und zunehmend besorgt verfolgen westliche
Dienste bis in den Sommer 2002 die Fortschritte beim Bau
der Atomfabrik bei Isfahan. Die Begründung der Iraner für
den Bau der UCF-Anlage scheint ihnen nicht plausibel. Die
Fabrik, so die Argumentation Teherans, sei lediglich notwendig zur Produktion von UF 6 als Vorstufe zur Herstellung
niedrig angereicherten Urans für das Kernkraftwerk Busher,
das von den Russen gebaut wird. Ein 800-Millionen-Dollar-
Geschäft, das bis Ende 2003 vollendet sein sollte. Nach Pla-
nungen Teherans soll das Werk nun Ende 2006 ans Netz.

Die Erklärung der Iraner steigerte die Ratlosigkeit von
Proliferationsexperten und westlichen Diensten nur noch
mehr. Schließlich haben sich Russland und der Iran vertraglich dazu verpflichtet, dass Russland sämtliche Brennstäbe für Busher liefert und ausnahmslos wieder zurück-
nimmt, nachdem sie abgebrannt sind. Warum also eine
UCF-Anlage dieser Größenordnung, die scheinbar sinnlos
ist? Von einer Uran-Anreicherungsanlage im Iran, in der
das UF 6 der UCF zu waffenfähigem Material angereichert
werden kann, war westlichen Experten nichts bekannt.

Die Antwort auf diese Frage wird am 14. August 2002 in
einem kleinen Saal des Washingtoner Hotels Willard gegeben. An diesem Tag steht Alireza Jafarzadegh, Repräsentant
des »Nationalen Widerstandsrates des Irans«, zwischen
Diagrammen, Schautafeln und Organigrammen hinter einer
Handvoll Mikrofonen. Der Mann weiß, er hat ein Glaub-
würdigkeitsproblem. Zwar ist er der Repräsentant einer
Organisation, die seit Jahren im Widerstand gegen das Regime der Mullahs steht. Andererseits sind deren Haupt-
quartier sowie vier kampfstarke Divisionen seit Jahr und
Tag ausgerechnet im Irak, wo seinerzeit Saddam Hussein
ihr Schutzschild bildete. Die Volksmudjaheddin, die Alireza Jafarzadegh vertritt, werden zudem auch von der amerikanischen Regierung als Terrorgruppe bewertet.

Dennoch hat Jafarzadegh beste Verbindungen zu den Amerikanern. Die Volksmudjaheddin verfügen im Iran auch heute noch, bis in die dunkelsten Verästelungen des Regimes hinein, über etwas, das die amerikanischen Dienste nicht haben: »Humint« – abgeleitet von Human Intelligence, also menschliche Quellen mit Insiderwissen. Deren Erkenntnisse präsentiert nun Alireza Jafarzadegh an diesem schwülen Washingtoner Augusttag. Der Iran baue seit Jahren an hochgeheimen Atomanlagen, erklärt der Exiliraner den versammelten Diplomaten und Journalisten. Die dienten nur einem Zweck: dem Iran bei seinen Bemühungen, die Bombe zu bauen, den Durchbruch zu ermöglichen. Auf beiden Wegen, der Uran- wie der Plutonium-Route.

Detailliert legt Jafarzadegh die Fakten dar: den genauen Ort der Anlagen, Größe und Ausmaß, Namen und Adressen der Baufirmen, Kosten, Baubeginn, die Namen der leitenden Wissenschaftler und die Beteiligung russischer Experten. Die Urananreicherungsanlage in Natanz werde im Frühjahr 2003 fertig gestellt und könne ein halbes Jahr später mit der Anreicherung von Uran beginnen. Auf 100 000 Quadratmetern könne in zwei 25 000 Quadratmeter großen Fabrikhallen der Anreicherungsprozess durchgeführt werden. Zwei je zweieinhalb Meter dicke Mauern schützten das Areal.

Beide Anlagen sind, so Alireza Jafarzadegh, seit Jahren hochkonspirativ errichtet worden. Unter dem Vorwand eines Wüstenkultivierungsprojekts realisieren zwei Baufirmen aus Teheran die Projekte. Um ihre Beteiligung an dem Atomprojekt zu verschleiern, firmieren die beiden Baufirmen ihrerseits unter dem Deckmantel der Teheraner Kala Electric Company. Finanziert werden beide Anlagen, so die Informationen des Exil-Iraners, aus dem verdeckten Etat des Nationalen Sicherheitsrates des Irans. Monatlich inspiziere der Leiter der iranischen Atomenergiebehörde, Gholamreza Aghazadegh, die Atomfabriken. Die Zuhörer fragen skeptisch nach – zu unglaubwürdig scheinen ihnen Jafarzadeghs Behauptungen.

David Albright hingegen ist ein Mann, dem die seltene Ehre widerfährt, von der Wiener IAEA-Behörde als »ausgesprochen seriös« bezeichnet zu werden. Der Nuklearexperte des Instituts für Wissenschaft und Internationale Sicherheit (ISIS) in Washington äußert vier Monate später den Verdacht, dass der Iran dabei sein könnte, »nukleare Waffen zu bauen. Es sieht ganz so aus, als ob Iran an sehr großen Nukleareinrichtungen baut, die der Gewinnung von Material zum Atomwaffenbau dienen können«, sagt er im Gespräch mit dem Autor im Dezember 2002. Albright hat Satellitenbilder der Anlage in Natanz und in Arak sowie die übrigen Informationen Jafarzadeghs geprüft. Ein Sprecher des State Department spricht von »harten Beweisen« und kommt zu dem Schluss, »dass der Iran aktiv an der Entwicklung der Kapazitäten für Nuklearwaffen arbeitet«. Undiplomatisch deutlich nahm der Leiter der IAEA, Mohammed el Baradei, Stellung: »Die verdächtige Urananreicherungsfabrik in Natanz könnte zur Produktion von hochangereichertem Uran für Atomwaffen benutzt werden.« Die Reaktionen in Teheran sind eindeutig. Außenamtssprecher Hamid Reza Assefi bezeichnet die Verdächtigungen, Teheran verberge unter seinem zivilen Atomprogramm nichts anderes als seine militärische Nuklearrüstung als »altbekannte Propaganda mit dem Ziel, die Welt von den zionistischen Drohungen zu diesem sensiblen Zeitpunkt abzulenken«.

Tatsächlich hat der Iran zu diesem Zeitpunkt schon längst eine breite nukleare Infrastruktur etabliert. Zu ausschließlich zivilen Zwecken, wie der Iran nicht müde zu behaupten wird. An mindestens vierzehn weiteren Standorten wurden in den letzten Jahren teilweise unterirdische Atomfabriken, nukleare Forschungszentren, Laser-Forschungs- und Entwicklungszentren, Forschungsreaktoren und Laboratorien errichtet. Das Ziel, das dahintersteckt, ist ambitioniert. Der Iran will vollkommen unabhängig und autark bei der Entwicklung des nuklearen Brennstoffkreislaufs werden. Das Land hat beste Bedingungen, dieses Ziel zu erreichen, denn der Iran verfügt nicht nur über reichhaltige natürliche Uranvorkommen in der Provinz Yazd. Bereits 1987 verkündete das Land, es baue eine Fabrik, in der Uranerz zu Yellow Cake umgewandelt werden kann. Das gelbe Uranpulver ist der erste Schritt auf dem langen Weg zur Produktion von waffenfähigem Spaltmaterial.

Teheran hatte schon 1984 damit begonnen, breite Grundlagenforschungen zu unterschiedlichen Methoden der Urananreicherung aufzunehmen, um sein Ziel zu erreichen. Mit chinesischer und russischer Hilfe. Im Teheraner nuklearen Forschungszentrum betreibt das Land einen 5-Megawatt-Forschungsreaktor, wo seit Jahren an der Nutzung von Lasertechnologie gearbeitet wird. Beliefert wurde das Institut mit Lasern vom russischen Jefremow-Forschungsinstitut für Elektrophysikalische Apparate in St. Petersburg. Die amerikanische CIA und der deutsche BND wollen schon 1998 festgestellt haben, dass am Laser Research Center (LRC) in Teheran Laser-Kristalle produziert werden, die bei der Urananreicherung mittels Atomic Vapor Laser Isotope Separation (AVLIS) notwendig sind. Der Iran sei in der Lage, durch den Einsatz dieses neuartigen Isotopentrennverfahrens mit Hilfe von Lasertechnologie seine vielfältigen Versuche zur Urananreicherung erfolgreich voranzutreiben, so die Einschätzung von CIA und BND. Der AVLIS-Prozess ist, so ein BND-Mitarbeiter, »weitgehend rüstungsrelevant«. Mit der AVLIS-Methode wird bei der Urananreicherung durch die Trennung der Isotope U 235 und U 238 der im natürlichen Uranerz zu geringe U 235-Anteil so weit erhöht, dass es zu waffenfähigem Spaltmaterial hochgerüstet wird. Mit ungewöhnlich hoher Effizienz im Vergleich zu den üblichen Trenn- und Anreicherungsverfahren. Statt wie bisher 2000 Stufen im konventionellen Anreicherungsprozess sind bei AVLIS deutlich weniger als 100 Stufen notwendig. Das spezielle Programm für Laserisotopentrennung führt durch die Anwendung des AVLIS-Verfahrens zudem auch zur Trennung der Isotope des Elements Plutonium. Der erstrebte Effekt liegt im Gewinn von besonders waffentauglichem Plutonium.

Die »Laser-Forschungs- und Entwicklungsabteilung« des LRC ist Teil des Teheraner Atomforschungszentrums (TNRC). LRC und TNRC arbeiten eng mit der technischen Sharif-Universität zusammen, die unter anderem seit Beginn der neunziger Jahre im Bereich der Zentrifugenentwicklung für Urananreicherung aktiv ist. Am Physikalischen Forschungszentrum der Sharif-Universität (PHRC) werden, so die Analysen des französischen Auslandsgeheimdienstes sowie des deutschen Bundesnachrichtendienstes, seit den frühen 1990er Jahren Versuche zur Herstellung von spaltbarem Material durchgeführt. Erfolgreich, wie Vermerke und Analysen des BND belegen. Ebenso lange, das sagen BND-Dokumente aus, ist das Physikalische Forschungszentrum der Teheraner Universität ein Glied in der Beschaffungsfront des iranischen »Ministeriums für Verteidigung und Unterstützung der bewaffneten Einheit«. Dem iranischen Verteidigungsministerium untersteht die Saseman Sanaje Defa (SASADJA) – auf Englisch Defence Industries Organisation (DIO), eine Tarnorganisation der Revolutionären Garden. Ihre vorgebliche Aufgabe ist, weltweit rüstungsrelevante Kriegsgüter zu beschaffen, die der Iran auf legalem Weg nicht kaufen kann.

Die Pasdaran sind ein Staat im Staat der Mullahkratie. Sie sind die wesentliche Machtstütze der Hardliner und haben ihren eigenen militärisch-industriellen Komplex: eine eigene Armee, Luftwaffe, Marine und Geheimdienste. Unter der Federführung und Verantwortung der Pasdaran unterhält das Regime in Teheran unter dem Schirm der DIO spätestens seit 1983 ein globales Beschaffungsnetz für Rüstungsgüter. »Der Iran – als herausragender Vertreter der so genannten proliferationsrelevanten Länder – muss gegenwärtig zu den weltweit aktivsten Einkäufern von Rüstungstechnologie gezählt werden. Nachrichtendienstlich gesteuerte Beschaffungsorganisationen bemühten sich um den Ankauf und die Lieferung militärisch verwendbarer Produkte (Dual-Use-Güter)«, beschreibt 2003 die Analyse eines deutschen Verfassungsschutzamtes den Auftrag der DIO.

Die DIO gilt als ein staatliches Einkaufsbüro, unter dessen Dach mehr als 100 verschiedene Firmen organisiert sind. Deren Vertreter werden auf globale Einkaufstouren geschickt. »Sie ist für alle Proliferationsbereiche zuständig«, heißt es in dem Verfassungsschutzpapier weiter. »Bei der Entwicklung des Nuklearprogramms nimmt die Atomic Energy Organization of Iran (AEOI), die mehrere Kernforschungszentren betreibt, eine zentrale Rolle ein.« Deutsche Geheimdienstmitarbeiter behaupten, dass beide Organisationen, die AEOI und die DIO, in zwei Bereichen eng koordiniert zusammenarbeiten: beim militärischen Programm für Mittel- und Langstreckenraketen sowie bei der illegalen Beschaffung sensibler Rüstungsgüter für den militärischen Nuklearkomplex.

In der Zeit von 1983 bis April 1997 unterhielt die DIO ein eigens geschaffenes Kontaktbüro in Düsseldorf. Als die deutsche Justiz Ermittlungen anstellte, flohen deren Repräsentanten zurück nach Teheran. Die europäische Zentrale der DIO wurde daraufhin nach London verlegt. Die britische Hauptstadt war während der folgenden Jahre Dreh- und Angelpunkt iranischer Bemühungen, so genannte Dual-use-Güter – also Komponenten, die sowohl zivilen als auch militärischen Zwecken dienen können – über ein globales Netz von Tarnfirmen aufzukaufen und über Umwege in den Iran zu transportieren. Das PHRC spielte eine nicht unwesentliche Rolle dabei.

Bei den klandestinen Versuchen der Mullahs, sich auf dem internationalen Markt für nukleare Güter zu bedienen, waren und sind bis zum heutigen Tag staatliche sowie substaatliche Vertretungen des iranischen Außenministeriums behilflich. Deutschland ist bei diesen Aktivitäten der iranischen Vertretungen ein zentraler Standort. Zu diesem Schluss kommt die deutsche Geheimdienstanalyse. »Eine Reihe staatlicher und halbstaatlicher iranischer Einrichtungen im Bundesgebiet sowie zahlreiche ganz oder teilweise in iranischem Eigentum befindliche Firmen nach deutschem Recht bieten den Nachrichtendiensten des Irans ideale Stützpunkte mitten im Operationsgebiet und erleichtern die Umgehung der zur Verhinderung der Proliferation getroffenen Embargomaßnahmen. Zudem binden Länder wie der Iran ihre an westeuropäischen Forschungseinrichtungen in Ausbildung befindlichen Studenten und Austauschwissenschaftler systematisch in die nachrichtendienstliche Beschaffung ein.« Das bedeutet nichts anderes, als dass der Iran ein dicht geknüpftes Spionagenetz in Europa errichtet hat, erläutert ein Verfassungsschutzmitarbeiter.

Proliferationsexperten wie Gary Samore kommen angesichts der atomaren Bemühungen des Irans schon 2002 zu einem eindeutigen Schluss. »Je früher das iranische Atomprogramm und das, was um es herum geschieht, gestoppt wird, desto besser. Wenn wir die jetzige Situation sich weiterentwickeln lassen und nichts tun, werden die Iraner näher und näher an den Punkt kommen, an dem sie den technischen Point of no Return erreicht haben.« Ein Standpunkt, den Samore auch im Jahre 2006 so vertritt. Mit dem Unterschied, dass mit Ahmadinejads Verkündung der ersten erfolgreichen Urananreicherung dieser Punkt inzwischen erreicht ist.

Die von den Iranern immer wieder vorgebrachte zwingende Notwendigkeit eines zivilen Atomprogramms wollen viele westliche Experten bis heute nicht gelten lassen. Zwar wird von Seiten des Irans immer argumentiert, man brauche einen vernünftigen Energie-Mix. Dabei schwimmen die Iraner in Öl und Gas und müssen sich um die Energieversorgung der folgenden Generationen keine Sorgen machen. Das sagte sogar der damalige Staatspräsident Rafsandjani in einer Rede vor dem iranischen Parlament am 1. Juni 1996 ganz offen. Sein Land verfüge über »endlose Gasreserven« und habe für »über 150 Jahre Ölreserven«. Als er im gleichen Jahr in der im amerikanischen Fernsehen ausgestrahlten Sendung »60 Minutes« nach den atomaren Ambitionen seines Landes gefragt wurde, äußerte er sich ebenso eindeutig: »Atomwaffen? Wir haben definitiv keine. Ich hasse diese Waffen.« Im heimischen Iran klingt das bei Al Hashemi Rafsandjani allerdings anders.

Vor Offizieren der Revolutionären Garden äußerte sich Rafsandjani nach dem Ende des Waffenstillstands mit dem Irak im Herbst 1988 ganz eindeutig: »Im Hinblick auf chemische, biologische und radiologische Waffen ist es während des Krieges mehr als nur klar geworden, dass diese Waffen sehr entscheidend sind. Wir sollten uns vollkommen ausrüsten für beides: offensiv und defensiv chemische, biologische und radiologische Waffen zu benutzen. Von nun an sollen Sie Gebrauch machen von dieser Möglichkeit und dieser Verpflichtung nachkommen.«

Während einer Rede anlässlich des Al-Quds-Tages in Teheran am 14. Dezember 2001 benannte Rafsandjani den potentiellen Zielort einer iranischen Bombe. »Die Anwendung einer einzigen Atombombe würde Israel völlig zerstören, während sie der islamischen Welt nur begrenzte Schäden zufügen würde. Die Unterstützung des Westens für Israel ist geeignet, den Dritten Weltkrieg hervorzubringen, der ausgetragen wird zwischen den Gläubigen, die den Märtyrertod suchen, und jenen, die der Inbegriff der Arroganz sind.« Wenn Teheran erst mal über Nuklearwaffen verfüge, erklärte Rafsandjani, würden diese in Hinblick auf Israel »nicht nur zur Abschreckung dienen«.

Ayatollah Ali Chamenei hatte schon 1987 vor einem Fachpublikum iranischer Atomwissenschaftler gesagt, dass der Iran zur Nuklearmacht werden müsse und damit nicht länger warten solle: »Was die Atomenergie betrifft: Wir brauchen sie jetzt.« Den Grund benannte Chamenei gleich mit. »Unsere Nation wurde immer von außen angegriffen. Das Mindeste, was wir tun können, ist es, unsere Feinde wissen zu lassen, dass wir uns selbst verteidigen können. Deshalb ist jeder Schritt, den Sie hier machen«, richtete er sich an die Atomexperten, »eine Verteidigung Ihres Landes und Ihrer Bewegung. Mit diesem Bewusstsein sollten Sie hart und mit größter Geschwindigkeit arbeiten.« Was Chamenei nicht zu Unrecht ansprach, hatte seinen Grund. Denn der Iran war im Iran-Irak-Krieg vom Irak mit chemischen und biologischen Massenvernichtungswaffen angegriffen worden. Saddam Hussein war nur durch die Unterstützung westlicher Staaten dazu in der Lage gewesen. Zehntausende Iraner wurden vergast. 4000 bis 6000 Menschen in Halabdscha, im irakischen Kurdistan. Unter dem Schweigen der westlichen Lieferländer. Diese traumatische Erfahrung wirkt in der iranischen Volkspsyche bis heute nach.

Insofern ist es kaum verwunderlich, weshalb der eigentliche Vater des iranischen Atomwaffenprogramms, der ehemalige Staatspräsident Ali Hashemi Rafsandjani, vor Offizieren der Revolutionären Garden nach Ende des Waffenstillstands mit dem Irak deutliche Worte fand: »Es hat sich auch herausgestellt, dass alle moralischen Vorgaben und Forderungen, die die westliche Welt uns lehren will, nicht sonderlich effektiv sind, wenn der Krieg auf seinen Höhepunkt kommt. Die westliche Welt respektiert nicht ihre eigenen Resolutionen und Wertmaßstäbe. Angesichts der Gewalt und der Aggressionen, die auf dem Schlachtfeld stattgefunden haben, verschließt sie ihre Augen.« Diese Conclusio ist aus der Sicht der Machthaber, aber auch der Menschen des Irans, die unter dem Schweigen der Weltöffentlichkeit mit Massenvernichtungswaffen angegriffen worden waren, zumindest nachvollziehbar.

Dass dies allerdings nur eine Sichtweise des Problems der iranischen Nuklearrüstung ist, macht im Frühling 2006 der Doyen der angelsächsischen Islamwissenschaften, der amerikanisch-britische Wissenschaftler Bernhard Lewis, deutlich. Auf die Frage der deutschen Tageszeitung *Die Welt*, ob er die Gefahr sähe, dass der Iran in den Club der Nuklearmächte eintreten wird, und worin die läge, weiß er zunächst nur eines zu sagen: »Sie werden diesem Club beitreten«, und präzisiert, »wenn sie nicht aufgehalten werden. Ich habe meine Zweifel, ob dies auf dem diplomatischen Wege möglich ist.« Nüchtern skizziert Lewis die drohenden Optionen: »Das unberechenbare Regime im Iran wäre fähig, Atomwaffen auch einzusetzen oder sie Terroristen zu geben. Im Kalten Krieg wurde der Frieden durch die gegenseitig sichere Vernichtung bewahrt. Aber das trifft auf Teheran nicht zu. Es würde die Waffen wohl nicht direkt, sondern über Terroristen einsetzen. Und deren Nuklearwaffen würden keinen Absender tragen.«

Das Atomprogramm des Irans würde ohne die Unterstützung Russlands kollabieren. China und Russland waren die beiden Staaten, die seit Mitte der achtziger Jahre den schiitischen Gottesstaat in seinen Bemühungen unterstützt haben, eine nukleare Infrastruktur aufzubauen. Die Weigerung Russlands, seine atomaren Beziehungen zum Iran einzustellen, belastet bis heute das Verhältnis zu Washington. Zumal Russland durchaus bewusst ist, dass ein künftiger nuklearer Wirtschaftsmarkt in der Islamischen Republik mehr als zweistellige Milliarden-Dollar-Aufträge bereithält. Mindestens ein Dutzend weitere Atomkraftwerke – davon träumt der Iran, der viertgrößte Erdölexporteur der Welt. »Die Qualität des Verhältnisses zwischen Russland und den USA ist fundamental davon abhängig, wie die Russen diese Frage in der Zukunft handhaben«, erklärte John Bolton, der damalige Staatssekretär des U.S. State Department und heutige UN-Botschafter in New York, im Jahr 2002, als er noch für Waffenkontrollen zuständig war. Darüber hinaus ergießt sich ein unkontrollierbarer Fluss nicht nur russischer Nukleartechnik in den Iran. Iranische, in Russland ausgebildete Atomwissenschaftler und Techniker arbeiten zusammen mit russischen

Atomexperten im schiitischen Gottesstaat. Da tickt eine Zeitbombe. »Die neue russische Generation aus Atomexperten kann im Iran an nuklearen Waffen arbeiten; sie wollen Geld, Geld Geld«, schreibt Valentin Tichonow, Experte der russischen Akademie für Wissenschaften, 2001 in seinem Report »Der menschliche Faktor«. »Die meisten wollen den Unterschied zwischen einem zivilen Nuklearprogramm und einem militärischen nicht sehen. Für sie ist das dasselbe. Sie wollen nur überleben.« Russische Wissenschaftler verdienen zu Hause 500 Dollar im Monat. Im Iran bekommen sie 5000.

In Moskau wusste man um die Risiken der nuklearen Kooperation mit Teheran, nachdem der 800-Millionen-Dollar-Vertrag geschlossen worden war, der Russland den Auftrag zuschanzte, den Atommeiler in Busher fertig zu bauen. Die Anlage, die noch zu Schah-Zeiten eine beschlossene Sache zwischen dem Kaiserreich und der deutschen Siemens AG gewesen war, war gerade im Bau begriffen, als 1979 die Revolution das Land in seinen Würgegriff nahm. Der Schah hatte davon geträumt, mindestens 20 Atommeiler zu bauen, und mit Frankreich über den Auftrag verhandelt. Allerdings hatten sich die Franzosen ausbedungen, dass die dazu nötigen Brennstäbe aus Frankreich geliefert und dann wieder nach Frankreich zurückgebracht werden sollten. Paris wollte nicht, dass das Kaiserreich eigene Urananreicherungsanlagen betreibt. Denn schon der Schah träumte nicht nur von der zivilen Nutzung der Atomkraft. Die halbfertige Bauruine in Busher rottete nach der Revolution bis Mitte der neunziger Jahre vor sich hin. Zarte Bedenken der deutschen Politik, ob es so klug sei, dass ausgerechnet ein deutsches Unternehmen der Gottesdiktatur den Weg zur Nuklearmacht bahnen sollte, wurden durch massiven US-amerikanischen Druck verstärkt. Doch die Russen sprangen gerne ein.

Kritiker des iranischen Atomprogramms können sich auf Argumentationshilfe von unerwarteter Seite stützen, denn nachdem der Vertrag über die Fertigstellung von Busher unter Dach und Fach war, gestand Boris Jelzin 1995 ganz offen ein: »Der Vertrag hat in der Tat Elemente von beidem: friedliche und militärische Machttechniken.« Deutlicher kommentierte Jelzins Berater Alexei Jablokow schon 1995 die Folgen. »Dank Russland wird der Iran in einigen Jahren in der Position sein, die Atombombe zu bekommen. Durch die Unterzeichnung dieses Vertrages bewaffnet Russland den Iran.«

* * *

Ahmed Shirzad, der eher schüchterne kleine Mann, der so ruhig seinen Schatten in der Lobby des Homa-Hotels in Teheran ignoriert hatte, hatte einen Rat gewusst und mir den Namen eines Mannes genannt, mit dem zu reden es sich lohnen würde. Zwei Tage später empfängt mich Seyyed Hossein Moussavian in formvollendeter Höflichkeit. Der Mann hat es weit gebracht, war als Botschafter des Irans in Deutschland gewesen. Glaubt man deutschen Mykonos-Fahndern, Berichten der Nachrichtengraser des BND aus Pullach oder deren Kollegen aus Tel Aviv, Paris und Washington, dann war Seyyed Hossein Moussavian nicht nur Botschafter, sondern weit mehr als Amtskollegen anderer Staaten in die Geheimdienstaktivitäten seines Landes eingebunden. Während seiner Amtszeit in Deutschland verübte ein Hit-Team aus Teheran am 17. September 1992 die Morde an kurdischen Oppositionellen im Berliner Restaurant Mykonos. Die deutschen Richter hatten sich im Prozess nicht gescheut, erstmals und in schonungsloser Offenheit die Hintermänner des Massakers im Stadtteil Wilmersdorf zu benennen: den Obersten Geistlichen Führer der Islamischen Republik Iran, Ali Chamenei; den damaligen Staatspräsidenten des Irans, Ali Hashemi Rafsandjani; den damaligen Außenminister des Landes, Ali Velajati; sowie den zum Zeitpunkt der Morde amtierenden Geheimdienstminister, Ali Fallahiyan. Gegen Letzteren verhängten die Berliner Richter einen bis heute gültigen internationalen Haftbefehl. Auf Moussavians Rolle bei der Organisation und Durchführung des vierfachen Mordes gingen die Richter nicht ein – was kein Wunder ist. Denn der BND, der der Justiz bei der Aufklärung der Morde unter die Arme griff, wollte sein umfang- und detailreiches Faktenwissen nicht vor der Öffentlichkeit ausbreiten.

An seine politischen Umtriebe während seiner Zeit in Deutschland mag sich Moussavian im Vorgespräch zu unserem Treffen nicht erinnern. Meine spitze Bemerkung über jene »turbulente Mykonos-Zeit, die Ihnen doch sicher zugesetzt hat«, nimmt er ganz generös und mit vollendeten Manieren zur Kenntnis. In langsamem Deutsch, wohl betont und mit freundlichen Worten bittet er darum, »die alten Tage doch ruhen« zu lassen. Ich versuche, ihn aus der Reserve zu locken: »Die Seele Gottes, der verstorbene Imam Ruhollah Chomeini, hat die Kernenergie als unislamisch bezeichnet. Ihr Land steht nun im Verdacht, die Atombombe zu bauen. Sie stehen also im Widerspruch zu Herrn Chomeini!« Moussavian lacht, wehrt ab und rühmt die nuklearen Vorzüge des iranischen Atomprogramms. Für den natürlich nur zivilen Sektor.

Moussavian ist aufgestiegen. Zum Zeitpunkt unseres Gesprächs, im Spätsommer 2004, ist er Chefunterhändler seines Landes und Delegationsleiter bei der IAEA. Alle Verhandlungen über die Atomakte des Irans im Streit mit der Wiener IAEA stimmt er mit dem Sekretär des Nationalen Sicherheitsrates des Irans, Hodschatulislam Rowhani, ab. Dieses Gremium ist eines der wichtigsten Machtzentren innerhalb des Irans. Der Nationale Sicherheitsrat – und nicht etwa das Außenministerium – definiert maßgeblich die Nuklearpolitik des Irans und die Grenzen der Verhandlungsbereitschaft mit Europa. Stunde um Stunde sitzt Moussavian in seinem Büro und referiert über die Friedfertigkeit seines Landes, verschanzt hinter der Maske gleich bleibender Freundlichkeit.

Dass der Iran zum Zeitpunkt unseres Gesprächs längst etwas durchlebt, was einem gesellschaftlichen Paradigmenwechsel gleichkommt, einem Beben, das gleichwohl, von außen betrachtet, nur sehr schwach wahrgenommen werden kann, das ahnt er nicht nur, das weiß er genauso, wie ihm die Folgen bewusst sind. Wer, wenn nicht Moussavian und all die anderen Technokraten der Macht, könnte die Veränderungen im Koordinatensystem des Landes besser erkannt haben? Diese Verschiebung beginnt mit den Kommunalwahlen im Jahr 2003 und zeigt sich so: Erstarrung der Reformer bei gleichzeitiger Wechselstimmung in den Dörfern, Städten und abgelegenen Provinzen des Landes. Die Metropolen des Landes hingegen, wo Geld, Bildung und so etwas wie polyglotte Lebensart Einzug gehalten haben, sind zu diesem Zeitpunkt fast vereist. Die modernen Iraner klammern sich fest an die westliche Lebensart und vor allem an den einen Wunsch: das Diktat der Mullahs loszuwerden. Mit eben jener Brille wird der Iran von außen wahrgenommen, was kein Wunder ist. In Teheran lässt es sich leben zwischen Moschee und privater Diskothek, zwischen Make-up und armenischem Alkoholdealer, der – weil Christ – dealen darf. Aber außerhalb der Metropolen deutet sich schon bei den Kommunalwahlen 2003 ein Wechsel von den Reformern hin zu den konservativen Kräften an. Die Frustration der Menschen über das Versagen der Reformer ist zu groß geworden.

Aber das war es wohl nicht gewesen, was Seyyed Hossein Moussavian bewegt hat. Dass der Iran des neuen Jahrtausends auf dem direkten Weg zurück in eine nahe Vergangenheit ist – die kaum ein Vierteljahrhundert zurück zu den Ursprüngen der schiitischen Revolution führt –, das ist, so scheint es, Herrn Moussavian durchaus klar. Formvollendet serviert er Tee, nimmt die durchaus unislamische Nichtverhüllung der Begleiterin seines Besuchers nonchalant zur Kenntnis und beschreibt, dass die Islamische Republik Iran gesellschaftspolitisch auf dem Weg zurück sei: zu den Anfängen der Revolution.

So referiert Moussavian eloquent die geänderten Zeitläufte in seinem Land und analysiert, was da vor sich geht.
Wo er selbst in diesen unsteten Zeiten seinen Standpunkt
hat, das ist ihm nicht anzumerken. Seine Härte, die hinter
der Maske seiner charmanten Unverbindlichkeit lauert,
seine unbedingte und an Wut grenzende Härte bricht aus,
als er nun über die Tage, Wochen und Monate spricht, in
denen sein Land und dessen Soldaten den immer wiederkehrenden Angriffen mit Massenvernichtungswaffen ausgesetzt war. Mit dem Gas des Saddam Hussein. Mit dem
Gas der Deutschen.

»Ihr Verhalten ist schizophren, glauben Sie mir«, sagt er
leise. »Sie sagen, Sie trauen uns nicht. Sie werfen uns vor,
dass wir uns nuklear hochrüsten. Diese chemischen Waffen habt ihr Deutschen und die Amerikaner und die Europäer Saddam gegeben. Ihr seid es, die Deutschen, die Tausende von Iranern mit chemischen Waffen getötet habt.
Alle Technologien für Massenvernichtungswaffen, das
heißt chemische, biologische und nukleare Waffen, kommen von euch hierher in den Mittleren Osten. Aus Amerika und von euch, den Deutschen. Ihr transportiert den
Tod. Ihr verdient daran. Ihr exportiert Massenvernichtungs-
waffen-Technologie. Deshalb sollten wir euch nicht trauen.
Warum traut ihr uns nicht?« Er fragt dies fast leise und mit
freundlicher Stimme, die kalt zugleich ist.

»Es fällt schwer, Ihnen zu glauben«, entgegne ich, »weil
Sie gerade die perfekte Motivation dafür geliefert haben,
weshalb Ihr Land unter dem Deckmantel eines zivilen Nuklearprogramms heimlich an der Bombe bastelt. Die Welt
hat geschwiegen, als Iraner vergast wurden. Da kann die
Bombe nur nützlich sein, damit sich das nicht wiederholt?«

»Der beste Grund, warum wir nicht hinter der Bombe
her sind, besteht darin, dass Saddam Massenvernichtungswaffen gegen uns eingesetzt hat«, antwortet Moussavian
hart. »Wir haben das nicht gemacht. Wir haben allerdings
die Erfahrung gemacht, wie das ist. Während des Krieges

hätten wir die Gelegenheit gehabt, gegen die irakischen Soldaten chemische Waffen zu nutzen. Wir haben das nicht gemacht.«»Also haben Sie Massenvernichtungswaffen!« Moussavian antwortet nicht, fordert mich auf, die nächste Frage zu stellen, hört dann, wie er das nennt, »diesen zionistischen Verdächtigungen« zu, den Vorwürfen, dass sein Land weiterhin Uran anreichere, bis hin zur Waffentauglichkeit, dass sein Land jede künftige Einigung mit Europa und der IAEA unterlaufen würde, bis es den Point of no Return erreicht habe, ab dem es aus eigener Kraft wider jedes Embargo den nuklearen Brennstoffkreislauf fertig stellen könne. Um dann den Atomwaffensperrvertrag zu kündigen, die Bombe zu bauen, um zur militärischen Nuklearmacht aufzusteigen. So wird es dem Seyyed Hossein Moussavian und seinen Teheraner Kollegen unterstellt. Nicht mehr nur von interessierten Kreisen in Tel Aviv und Washington, vielmehr auch zunehmend von seinen europäischen Gesprächspartnern auf der diplomatischen Bühne, in Wien, Genf und an anderen Orten, die immer offener darüber klagen, dass der Iran bei den Verhandlungen nur auf Zeit spiele, trickse, lüge und betrüge.

»Wir haben«, sagen israelische Sicherheitsexperten, »natürlich nicht alle Standorte von allen Nuklearanlagen des Irans. Wir wissen viel, aber eben nicht alles, aber das brauchen wir auch nicht. Wir wissen, dass sie an der Bombe bauen. Wir wissen, wie sie es machen, mit wem, welche Länder sie unterstützen. Und wir wissen, dass sie nicht mehr lange brauchen. Das reicht uns.«

Aber nicht den Zweiflern, und das mit gutem Recht. Denn spätestens seit 1989 sind mit immer wiederkehrender Regelmäßigkeit all die anonymen, westlichen oder nahöstlichen, Verlautbarungen aus Sicherheitskreisen zu vernehmen gewesen. Nachzulesen war dies in durchaus seriösen Publikationen wie der *New York Times, Le Monde* oder dem *Spiegel*. In fünf, sechs, spätestens aber innerhalb der nächsten zehn Jahre würde die Islamische Republik

Iran zur atomaren Militärmacht aufgestiegen sein. Meldungen, die mit schöner Regelmäßigkeit immer eine gute Geschichte wert waren und die sich doch nicht bestätigt haben. Bis 2002, als sich der Schleier über dem iranischen Nuklearprogramm zu lüften begann, zunächst in Schattenrissen nur. Doch dann schälte sich konkreter heraus, was Teheran da treibt. »Die Bombe bauen, was denn sonst«, sagt in Wien ein westlicher Botschafter bei der IAEA in undiplomatischer Brutalität ganz offen und fügt hinzu: »Nicht, dass ich das sonderlich amüsant fände, aber wenn ich ein Ayatollah in Teheran wäre, ich würde das auch wollen.«

Durch die Brille der Machthaber in Teheran betrachtet, spricht tatsächlich einiges dafür, dieses Ziel so schnell wie möglich zu realisieren. Der schiitische Gottesstaat, von US-Präsident George W. Bush gleich nach dem 11. September 2001 im Januar des folgenden Jahres auf die »Achse des Bösen« gehievt, steht dort an zweiter Stelle, gleich hinter dem Irak. In Teheran weiß man, dass die USA durchaus noch immer vom Regimewechsel im Gottesstaat träumen und nicht daran denken, Teheran formelle Sicherheitsgarantien zu geben.

Die Israelis haben bis heute weitaus mehr »Humint« im Iran als ihre amerikanischen Verbündeten. Es sind alte aus der Schahzeit, aber auch neu hinzugewonnene. Was diese in den letzten Jahren über das Nuklearprogramm des Irans herausgefunden haben, wird durch die elektronische Aufklärungsarbeit der Unit 8200, der israelischen Sigint-Einheit, bestätigt. Sigint steht für »Signal Intelligence« und überwacht beispielsweise Telefon-, Fax- und Mailverkehr. Nachdem dieses israelische High-Tech-Ohr vor geraumer Zeit iranische Verschlüsselungscodes geknackt hat, weiß man in Tel Aviv bis in brisante Einzelheiten recht genau, wie sich beispielsweise der Diskussionsverlauf zwischen iranischen und pakistanischen Nuklearfachleuten gestaltet hat. Und worüber da gesprochen wurde, auf substaatlicher Ebene bis hin zur staatlichen. Die Pakistanis und der Iran, behaupten israelische Experten, haben Schulter an Schulter auf diesem Feld zusammengearbeitet. Die nukleare Kooperation zwischen Pakistan und iranischen Offiziellen, ihre Gespräche und Verhandlungen über die Lieferungen relevanter militärisch nutzbarer Nukleargüter konnten so zumindest ansatzweise erkannt werden. Israelische Experten ziehen daraus einen Schluss: »Ohne Deckung der Regierung in Islamabad hätte kein pakistanischer Wissenschaftler so eng mit den Mullahs zusammengearbeitet. Das gilt auch ganz bestimmt für Abdul Qadeer Khan« – den Vater der pakistanischen Atombombe.

Einem Untersuchungsbericht der malaysischen Polizeibehörden zufolge fallen die ersten Kontakte zwischen dem weltweiten Atomschmugglerring des Abdul Qadeer Khan und den iranischen Ayatollahs um die Jahreswende 1984/85. In Dubai trafen sich im Beisein des mittlerweile verstorbenen deutschen Ingenieurs Heinz Mebus Abgesandte Teherans mit Abdul Qadeer Khan und verhandelten über den Verkauf von Unterlagen für den Bau von Gaszentrifugen. Drei Jahre später kam es in Dubai zu einem erneuten Treffen. Drei hochrangige iranische Emissionäre verhandelten mit einem Vertreter des pakistanischen Atomforschers Abdul Qadeer Khan sowie mit Heinz Mebus über den Ankauf von Nukleartechnik.

Den deutschen Heinz Mebus hatten internationale Fahnder seit Jahren auf ihrem Radar. Der Erlanger Kaufmann stand mit den Machern des pakistanischen Nuklearprogramms schon seit den späten siebziger Jahren im engen Kontakt. Als im Jahr 1981 im Vorgarten des deutschen Ingenieurs eine Bombe explodierte, wertete die Kripo das als Warnung gegen seine Hilfe für das pakistanische Programm. Mebus starb schließlich Mitte der neunziger Jahre.

Bei dem Treffen in Dubai ging es um die Beschaffung von Anreicherungszentrifugen und einem Starterkit für die Anreicherung von Uran. In drei Phasen sollten den malaysischen Unterlagen zufolge Materialien an den Iran geliefert werden. Alle Komponenten der geplanten Lieferung gehören zu den so genannten Dual-use-Gütern, waren also für zivile und militärische Zwecke nutzbar. Besonders in der dritten Phase des Handels ging es um Technik, die zum Bau einer Atombombe geeignet ist.

»Was neu ist, ist die Tatsache, dass der Iran einen Helfer hatte«, sagt heute David Albright, früherer Inspekteur der IAEA, »und mit einem Helfer ist eben alles viel einfacher.« Khan und Mebus organisierten den Verkauf der Nukleartechnik zum Bau von Gaszentrifugen für drei Millionen Dollar. Mebus, so deutsche Ermittler, war der Mittelsmann, der in Deutschland, der Schweiz und Südafrika die Kontakte zu den Unternehmen herstellte, die die entsprechenden Komponenten lieferten. In zwei Container verpackt, wurde die Ausrüstung über Dubai in den Iran geliefert. »In zwei Aktentaschen wurde das Geld bar in einem Apartmenthaus, das Khan als Gästehaus in Dubai diente und in dem er immer, wenn er in Dubai war, übernachtete, dem pakistanischen Nuklearexperten übergeben«, notiert der malaysische Untersuchungsbericht die Details des heimlichen Nuklearschmuggels. Der Untersuchungsbericht listet weitere westliche Geschäftsleute auf, die Khan bei seinem Atomschmuggel-Geschäft, das el Baradei, der Chef der Wiener IAEA »einen veritablen Supermarkt« nennt, traf. Der Polizeibericht stützt sich auf Aussagen von Buhary Seyyed Abu Tahir, einem der Geschäftsfreunde von Abdul Qadeer Khan, dessen malaysische Firma Scomi Precision Engineering (SCOPE) der Dreh- und Angelpunkt des Schmugglerrings war.

Auch ein Schweizer Ingenieur steht im Verdacht, über Jahre hinweg Ankauf und Verschickung hochsensibler nuklearer Rüstungskomponenten über Umwege organisiert zu haben. Dafür jedenfalls sehen die ansonsten nicht durch Fahndungseifer auffallenden Liechtensteiner Behörden Anhaltspunkte.

Der in der Schweiz lebende deutsche Staatsbürger Gotthard L. muss sich ebenfalls vorwerfen lassen, in den Atomwaffenschmuggel verstrickt zu sein – was der bestreitet. Gegen ihn ermittelt der deutsche Generalstaatsanwalt Kay Nehm, L. steht zurzeit in Mannheim vor Gericht. Ihm wird vorgeworfen, eine tragende Rolle im Netzwerk des Abdul Qadeer Khan gespielt zu haben. Der 63-jährige L. soll beim Bau von Gasultrazentrifugen geholfen haben. Der Deutsche hatte in den siebziger Jahren am Atomwaffenprogramm des Apartheidregimes in Südafrika mitgearbeitet und verfügte über beste Kontakte zu lieferungsbereiten Unternehmen aus Deutschland, der Schweiz und anderen westlichen Staaten.

Ein weiteres Mitglied im Netzwerk des Abdul Qadeer Khan, den der malaysische Report auflistet, ist ein britischer Geschäftsmann. Der soll, das behaupten südafrikanische Ermittler, zusammen mit dem Deutschen Gerhard Wisser über Südafrika den Verkauf von militärisch nutzbaren Nuklearkomponenten nach Libyen und in den Iran organisiert haben. Nachdem das internationale Nukleargeschäft des Abdul Qadeer Khan 2004 aufgeflogen war, ging der Atomschmuggel jedoch munter weiter. »Wir widmen uns diesem Komplex schwerpunktmäßig ab dem Jahr 2002. Insgesamt müssen wir hier feststellen, dass bis zu hundert Tarnfirmen in Deutschland, so schätzen wir, sich mit dieser Aufgabe befassen«, erläutert Johannes Schmalzl, Präsident des Verfassungsschutzes Baden-Württemberg. Ein 55-seitiges Dossier westlicher Geheimdienste vom 1. Juli 2005 beschreibt, wie und wo iranische Unterhändler auf Einkaufstour in Europa und Deutschland unterwegs sind. Das Papier basiert auf Erkenntnissen belgischer, französischer wie britischer Geheimdienste sowie des deutschen BND. Die deutschen Schnüffler aus Pullach waren recht erfolgreich, die deutschen Geschäftspartner zu eruieren. Das nukleare Beschaffungsnetz, das Teheran über unzählige Tarnfirmen und »wissenschaftliche« Einrichtungen in Europa etabliert hat, verblüffte die geheimdienstlichen Ermittler – und ließ sie Alarm schlagen. Im Berliner Kanzleramt.

»Wir haben«, sagt ein mit den Recherchen befasster BND-Mitarbeiter, »mit den deutschen Firmen Kontakt aufgenommen und sie gewarnt, weiterhin mit dem Iran zusammenzuarbeiten.« Auf europäischer Regierungsebene schlug das Dossier wie eine Bombe ein. »Wenn jetzt noch irgendjemand, der das Papier kennt, Zweifel daran hat, dass die Mullahs die Bombe bauen, dann ist derjenige einfach nur dumm oder gut bezahlt, oder er braucht einen verdammt guten Psychiater«, schimpft ein deutscher Kanzleramtsmitarbeiter, der das 55 Seiten lange Papier gelesen hat. Doch im Sommer 2005 – es war wieder einmal Wahlkampf – hatte das Thema bei der rot-grünen Regierung nicht gerade oberste Priorität.

Das Geheimdienstpapier, das aus naheliegenden Gründen hier nicht allzu intensiv zitiert werden kann, listet verschiedene iranische Firmen und wissenschaftliche Institutionen auf, die sich weltweit verdeckt bemühen, »sensible Rüstungsgüter« einzukaufen. Der Iran, so heißt es in dem Papier, »fährt zusätzlich zu den sensiblen Rüstungsgütern weiterhin fort, sich in allen militärischen Bereichen hochzurüsten«. Der Schwerpunkt liegt hierbei im Raketenprogramm des Irans.

»Wenn sie so weitermachen«, so schlussfolgert ein Mitarbeiter des BND, »dann liegen in zwei Jahren Italien und Österreich innerhalb der Reichweite iranischer Raketen.« Die Resonanz bei vom deutschen Bundesnachrichtendienst angesprochenen deutschen Firmen war im Übrigen nicht sonderlich erstaunlich: »Die waren ausgesprochen kooperativ«, kommentiert das recht abgeklärt der deutsche BND-Mitarbeiter. »Wir sprechen diese Firmen ja immer nur höflich an, aber es soll ja Berufskollegen geben, die reden nicht nur, sondern legen den Firmenchefs ein Paket in den Vorgarten, und dann rumst es halt auch einmal.« Baden-Württembergische Unternehmer, die im Verdacht standen, den Iran bei seinen nuklearen Bemühungen behilflich gewesen zu sein, fanden in der Vergangenheit tatsächlich

Sprengstoffpakete in ihrem Vorgarten. Als Warnung. Der Absender soll, so die Spekulation bundesdeutscher Behörden, der israelische Geheimdienst gewesen sei. Was der selbstredend dementiert.

Aber nicht nur undurchsichtige, gar kriminelle Geschäftsleute beteiligen sich daran, dem Iran bei seinen nuklearen Ambitionen zur Seite zu stehen. Auch Regierungen, ehrbare sogar, arbeiten nach wie vor mit dem Iran in Sachen Nukleartransfer zusammen. Beispielsweise die deutsche Bundesregierung. Das Politmagazin »Report Mainz« deckte auf, dass alte Vertragsvereinbarungen aus der Zeit des Schahs und der Bundesregierung noch heute rechtlich gültig sind und die Zusammenarbeit in der Nukleartechnologie nach wie vor verbindlich regeln.

Die Sache geht zurück auf die siebziger Jahre. Damals beschlossen der Iran und die Bundesrepublik, im Bereich der Kerntechnik eng zusammenzuarbeiten. Deutschland hat den Vertrag bis heute nicht gekündigt. Zufall oder bloß reine Schlampigkeit? Mitnichten! Zuletzt hätte der Vertrag unter der rot-grünen Bundesregierung im Jahr 2002 aufgehoben werden können. Doch die Bundesregierung ließ die Kündigungsfrist bewusst verstreichen – der deutsch-iranische Atomvertrag war somit verlängert bis Ende 2007. Nun steht der Iran wegen seines umstrittenen Atomprogramms vor dem Weltsicherheitsrat, und die Bundesrepublik sieht sich in der paradoxen Lage, immer noch vertraglich dazu verpflichtet zu sein, die Entwicklung der Kerntechnik im Iran zu fördern. Gegen die Kündigung des Vertrags hatten sich das von Wolfgang Clement (SPD) geführte Bundeswirtschaftministerium und das Auswärtige Amt unter Joschka Fischer (Grüne) ausgesprochen. Der Außenminister wollte sich seine Verhandlungen mit dem Iran nicht erschweren. Der Wirtschaftsminister mochte deutschen Kerntechnikfirmen potentielle Geschäfte nicht verbauen.

Der Vertrag wird nach Angaben des Bundesforschungsministeriums zwar nicht mehr angewendet, aber dennoch wurde – so »Report Mainz« – in der Vergangenheit die Lieferung von Teilen und Materialen, die auch im iranischen Atomprogramm verwendet werden können, offiziell genehmigt. Tatsächlich genehmigte das Bundesamt für Wirtschaft und Ausfuhrkontrolle (BAFA) zwischen 1995 und Frühjahr 2006 67 Lieferungen von Graphiten, die für den kerntechnischen Bereich eingesetzt werden könnten. Zwischen 1990 und 1995 genehmigte das BAFA genau 28 Ausfuhranträge auf Lieferungen aus dem Bereich der Kerntechnologie, darunter für zwei Frequenzumwandler sowie für Ersatzteile zum Einsatz in Vakuumpumpen. Alles wurde nur deshalb genehmigt, weil man von einer rein zivilen Nutzung ausging.

Moussavian, mein freundlicher Gesprächspartner mit der deutschen Vergangenheit, beteuert eisern den zivilen Nutzen der Nukleartechnologie. Aber als er dann gefragt wird, warum sein Land Massenvernichtungswaffen haben müsse, antwortet er mit kalter Wut: »Wir haben Gründe. Wir sind Opfer Ihrer Waffen. Sie sagen, dass Iran, wenn es die zivile nukleare Infrastruktur besitzt, den nuklearen Brennstoffkreislauf vollendet hat, nur eine politische Entscheidung braucht, die Technik militärisch zu nutzen. Es stimmt, ein Land, das den nuklearen Brennstoffkreislauf vollendet hat und die technischen Probleme beherrscht, steht nur eine politische Entscheidung weit davon entfernt, eine nukleare Militärmacht zu sein. Nur gilt diese Frage für jedes Mitgliedsland des NPT-Vertrags«, womit er auf die Relativität der im Atomwaffensperrvertrag – auf Englisch Non Proliferation Treaty (NPT) – zusammengefassten Abmachungen anspielt. »Japan beispielsweise könnte jederzeit aus dem NPT-Vertrag austreten und die Bombe dann bauen. Ebenso Deutschland. Das ist für jedes Land einfach, das den nuklearen Brennstoffkreislauf etabliert hat und Mitglied des NPT-Vertrags ist. Diskriminieren Sie unser Land nicht. Das ist für jedes Land möglich und sehr einfach!«

Seyyed Hossein Moussavian hat kurz, so scheint es, die Contenance verloren, seine Stimme ist laut geworden. Aber er fängt sich wieder, spricht dann noch einmal über das »Martyrium iranischer Soldaten durch euer Gas«. Rafsandjani habe in seiner Rede niemals davon gesprochen, mit Nuklearwaffen in die Offensive zu gehen. »Er hat nur über den defensiven Gebrauch dieser Waffen gesprochen. Wir haben nach den Übergriffen des Iraks bekannt gegeben, dass wir beschlossen haben, defensive Programme, chemische oder nukleare, zu haben. Das werden wir auch heute noch so halten.« Ich glaube meinen Ohren nicht zu trauen und hake nach: »Chemische und nukleare Programme?«

»Ja. Ja«, sagt er. »Defensive! Aber niemals offensive!«

»Sie haben also aus diesen Gründen beschlossen: Wir müssen ein defensives chemisches und nukleares Programm haben.« Seyyed Hossein Moussavian bemerkt mein Erstaunen, hört den Unglauben. »Ja. Ja«, sagt er. »Das ist unsere offene Politik.«

»Entschuldigen Sie, aber sprechen wir gerade über Waffen? Oder worüber sprechen wir hier?« Seine Antwort kommt sehr langsam und bedächtig. »Wir haben niemals gesagt, dass wir chemische und nukleare Waffen haben müssen.«

»Sie müssen nur Programme haben?« Moussavian hat es nun eilig. Der russische Botschafter hat einen Termin mit ihm. Es gilt, die nukleare Zusammenarbeit zwischen beiden Ländern zu erörtern.

»Defensive«, will er noch klarstellen. »Um uns zu verteidigen. Das meint, dass, wenn sie uns attackieren mit nuklearen Bomben, wir das Volk verteidigen können. Vor den Folgen dieser Angriffe. Weil Tausende Iraner getötet wurden. Wir hatten damals nicht ein solches Verteidigungsprogramm.«

Ausblick

Zwischen der Islamischen Republik Iran und den westlichen Staaten tobt seit Monaten ein erbitterter Krieg – noch ist es nur ein Krieg der Worte. Mahmud Ahmadinejad leugnet den Holocaust an sechs Millionen Juden, ruft zur Vernichtung Israels auf und verurteilt die »mittelalterliche Haltung dieser Tyrannen« – womit er die westlichen Staaten meint, die er an der Seite der USA und Israels wähnt. Ihnen allen droht er, dass »eine Zeit anbrechen mag, in der ihr bedauert, und dann wird euch das Bedauern nichts nützen«. Er warnt vor explodierenden Ölpreisen und erklärt: »Sie gehen uns in einer sehr groben und verbotenen Tonart an, doch am Ende brauchen sie uns mehr, als wir sie brauchen.«

Auch wenn ein Land auf einem Meer von Öl schwimmt und schier unerschöpfliche Gasreserven besitzt, ist ihm die zivile Nutzung der Atomenergie nicht zu verwehren. Als Signaturstaat des Atomwaffensperrvertrags sowieso nicht. Das iranische Nuklearprogramm dient aber auch ganz sicher militärischen Zwecken. Niemand kann das heute mehr ruhigen Gewissens verneinen. Fügt man all das zusammen, was an Informationen über das iranische Atom- und Raketenprogramm verfügbar ist, bleibt nur eine Schlussfolgerung: Das Regime der Ayatollahs ist dabei, sich umfassend nuklear hochzurüsten. Strittig ist nur der Zeitpunkt, ab dem die Mullahkratie atomar bewaffnet sein wird. Die Islamische Republik Iran besitzt schon heute Massenvernichtungswaffen, chemische wie biologische. Der Iran hat seit einem Vierteljahrhundert nachweisbar global Staatsterrorismus als Mittel zur Durchsetzung von Politik betrieben. Das Regime propagiert nicht nur seit 27 Jahren die Vernichtung Israels, die Machthaber in Teheran meinen dies ernst. Die Vorstellung einer nuklear bewaffneten Islamischen Republik ist für den Judenstaat ebenso eine Horrorvorstellung wie für die Länder des Westens.

Israels UNO-Botschafter Dan Gilerman warnte nach dem mörderischen Selbstmordanschlag in Tel Aviv, bei dem am 17. April 2006 zehn Menschen getötet wurden, vor einer neuen »Achse des Terrors«. Die würde »die Saat für den ersten Weltkrieg des 21. Jahrhunderts« säen. Damaskus habe die Tat geplant, der Iran habe den Anschlag finanziert. Die gerade drei Wochen amtierende palästinensische Hamas-Regierung bejubelte den Terrorakt als reine Selbstverteidigung.

Der Westen steht der iranischen Herausforderung eher hilflos gegenüber, findet keine Strategie, die die atomare Aufrüstung des Irans verhindern könnte. Dass alle diplomatischen Verhandlungen bisher erfolglos waren und Teheran letztendlich nur mehr Zeit verschafft hat, um sein Nuklearprogramm vorwärtszutreiben – diese Erkenntnis geben die an den Verhandlungen beteiligten europäischen Diplomaten mittlerweile offen zu. Genauso wie sie sich mehr als nur skeptisch zu den Möglichkeiten äußern, die dem UNO-Sicherheitsrat zur Lösung des Problems zur Verfügung stehen.

Sanktionen, die der UNO-Sicherheitsrat in der Vergangenheit verhängt hat, haben noch nie die gewünschten Folgen gehabt. Weder im Fall des südafrikanischen Apartheidregimes noch im Fall des Serbiens von Slobodan Milošević, noch im Fall des Saddam Hussein. Sanktionen treffen immer nur die Bevölkerung der jeweils betroffenen Staaten. Der Iran unterliegt zudem schon heute umfassenden Sanktionen und Handelsbeschränkungen seitens der USA, was die nuklearen Bestrebungen der Mullahs aber nie sonderlich behindert hat. Hinzu kommt, dass schmerzhafte Wirtschaftssanktionen gegen den Iran im Sicherheitsrat der UNO wohl keine Mehrheit finden, weil die beiden Veto-staaten Russland und China sich kaum auf umfassende Sanktionen einlassen werden. Russland kann mit Fug und Recht als einer der Paten des iranischen Nuklearprogramms bezeichnet werden, ebenso wie China. Beide Staaten sind durch umfassende Wirtschaftinteressen mit der Mullah-kratie verbunden.

Aber auch der Westen scheut letztendlich harte Sanktio-nen, wie etwa ein Boykott iranischen Öls. Einen explodie-renden Ölpreis will keine westliche Regierung. Was bleibt, sind so genannte weiche Sanktionen, etwa Reisebeschrän-kungen der Machthaber des Irans, Handelsbeschränkun-gen und das Einfrieren von Bankkonten. So wird es wohl bei einer ernsthaften Ermahnung durch den UNO-Sicher-heitsrat an das Regime der Ayatollahs bleiben, sein Nukle-arprogramm transparent zu machen und sich auf jeden Fall nur auf die zivile Nutzung zu beschränken. Teheran wird damit leben können – und sich weiter atomar hoch-rüsten.

Hinter vorgehaltener Hand reden Diplomaten ganz of-fen über das Problem: »Entweder wir hoffen auf einen Regimewechsel in absehbarer Zeit, der von innen heraus kommt – aber das ist mehr als nur unwahrscheinlich. Oder wir akzeptieren, dass der Iran in drei oder vier Jahren in den Club der Atomwaffenstaaten eintritt – so wie wir das bei Pakistan akzeptiert haben. Oder wir werden irgend-wann gezwungen sein, die militärische Option umzuset-zen. Mehr gibt es nicht«, so die Schlussfolgerung eines hochrangigen europäischen Diplomaten.

Aus Jerusalem werden immer wieder Informationen lan-ciert, dass der Judenstaat getreu der Begin-Doktrin sich das Recht vorbehält, auch militärisch gegen den Iran vorzuge-hen. Tatsächlich trainieren israelische und amerikanische Einheiten schon längst gemeinsam den Ernstfall. Israel hat von den Amerikanern 500 bunkerbrechende Bomben geliefert bekommen. Bomben, die durchaus unterirdische Anlagen zerstören können. Allerdings wäre ein israelischer Luftschlag in nichts mit der Zerstörung des irakischen Atommeilers Osirak 1981 durch die israelische Luftwaffe vergleichbar. Viele der iranischen Atomanlagen liegen außerhalb der Reichweite israelischer Kampfflugzeuge. Diese müssten auf ihrem Weg in den Iran nicht nur den jordanischen und irakischen Luftraum durchqueren, sondern unterwegs aufgetankt werden. Israelische Special Forces müssten in den Iran eindringen, die Ziele ausforschen und markieren. Zudem liegen Dutzende der potentiellen Ziele in dicht besiedelten Städten.

Aber nicht nur in Israel wappnet man sich gegen die Nuklearrüstung des Irans und die Terrordrohungen des iranischen Staatspräsidenten Ahmadinejad. Ausgerechnet der französische Präsident Jacques Chirac droht all den Staaten mit atomarer Vergeltung, die Terroranschläge auf Frankreich ausüben sowie die strategischen Interessen der Terroristen unterstützen. Chirac suchte sich einen symbolträchtigen Ort aus, an dem er Anfang 2006 seine Neudefinition der französischen Verteidigungsstrategie verkündete: am Atom-U-Boot-Stützpunkt Ile Longue in der Bretagne. In einer verteidigungspolitischen Grundsatzrede formulierte Chirac: »Die atomare Abschreckung ist nicht dazu bestimmt, fanatische Terroristen abzuschrecken. Doch die Führer von Staaten, die gegen uns auf terroristische Mittel zurückgreifen, sowie alle, die in der einen oder anderen Weise den Einsatz von Massenvernichtungswaffen erwägen, müssen verstehen, dass sie sich einer festen und angepassten Antwort unserer Seite aussetzen würden. Diese Antwort kann konventionell sein; sie kann auch anderer Natur sein.« Dann erwähnt der französische Präsident »gewisse Staaten«, die versuchten, »sich mit Atomwaffen auszustatten, und das unter Bruch der Verträge«. Das Land, das Chirac meinte, ohne seinen Namen in den Mund zu nehmen, ist der Iran.

Was der französische Staatspräsident noch als wohldosierte Drohkulisse im diplomatischen Spiel mit Teheran aufgebaut hat, ist für den republikanischen Senator und Kritiker von George Walker Bush sehr wohl eine ernsthafte Option. Auf der Münchner Sicherheitskonferenz hat der US-amerikanische Senator John McCain eines deutlich gemacht: Eine militärische Operation gegen den Iran wäre ein Worst-Case-Szenario. Noch schlimmer allerdings wäre ein nuklear bewaffneter Iran, und zwar nicht nur für das unmittelbar bedrohte Israel. Mit nuklearen Gefechtsköpfen bestückte iranische Raketen stellen schon heute eine direkte Bedrohung für Europa dar. Abgesehen von der Möglichkeit, dass die islamistischen Ayatollahs ihre terroristischen Glaubensbrüder mit Atomwaffen versorgen können.

Dass die Bush-Regierung weit fortgeschrittene Pläne und Vorbereitungen für einen massiven Luftkrieg gegen den Iran in der Schublade hat, enthüllte der amerikanische Journalist Seymour Hersh. Auch der Einsatz von taktischen Atomwaffen gegen ausgewählte Ziele wird Hersh zufolge in den Pentagon-Planspielen in Betracht gezogen. »Ehemalige und heutige amerikanische Militär- und Geheimdienstmitarbeiter haben berichtet, Planungsgruppen der Air Force seien dabei, Listen mit Zielobjekten zu erstellen. Amerikanische Kampftruppen der Special Forces seien verdeckt in den Iran entsandt worden, um Zielkoordinaten zu sammeln und Kontakt mit regierungsfeindlichen nationalen Minderheiten aufzunehmen«, so Seymour Hersh im Magazin *New Yorker* vom 17. April 2006.

Auch die angesehene *Washington Post* meldet Kriegsplanungen der USA: »Zwar wird keine Invasion in Betracht gezogen, aber Offiziere wägen Alternativen ab, die von begrenzten Luftschlägen gegen Schlüsselziele des Nuklearkomplexes bis hin zu einem umfangreichen Bombenkrieg reichen, der eine ganze Reihe militärischer und politischer Objekte zerstören soll.« Die *Washington Post* schreibt weiter, dass die Regierung »ambitionierte Angriffe mit Bomben und Cruise Missiles in Betracht zieht, die viel weitergehende Ziele als die Zerstörung von Nuklearanlagen verfolgen, wie zum Beispiel die Bombardierung von Geheimdienstzentralen, der Revolutionären Garden und Teilen der Regierung«. Die Kriegsplaner zögen gar »den Einsatz von Atomwaffen in Betracht«.

Teheran hat diese Kriegsdrohung als Einschüchterungstaktik abgetan. »Wir betrachten die geplanten Luftschläge als psychologische Kriegsführung, die das Ergebnis von Amerikas Wut und Hilflosigkeit sind«, sagte der Sprecher des Außenministeriums Hamid Resa Asefi.

Jedes realistische Militärszenario, davon gehen westliche Sicherheitskreise übereinstimmend aus, wird sich auf Luftschläge gegen die atomaren Einrichtungen des Irans beschränken. Niemand denkt ernsthaft an eine Wiederholung des Irak-Szenarios. Militärschläge können das iranische Nuklearprogramm allerdings nur um vielleicht fünf, im besten Fall zehn Jahre zurückwerfen. Dass Luftschläge gegen den Iran das Regime der Mullahs zum Einsturz bringen, glaubt hingegen niemand. Im Gegenteil. Auch die Mehrzahl der regimekritischen Iraner dürfte sich im Fall eines Angriffs eng um die klerikalen Herrscher scharen. Die Zeiten, als viele Iraner – vor allem die Studenten – offen ein militärisches Vorgehen der USA gegen die Mullahs herbeisehnten wie noch im Jahr 2002, sind vorbei. Die Bilder aus dem Irak, die Folterungen in Abu Ghraib haben diesen Meinungswechsel herbeigeführt.

Auch über die Folgen eines militärischen Vorgehens machen sich westliche Geheimdienste keine Illusionen. »Die Hisbollah wird ihren Krieg gegen Israel intensivieren«, so die Analyse eines hochrangigen BND-Mannes. »Sie werden ihre Raketen gegen Israel einsetzen, Selbstmordattentäter global gegen israelische und jüdische Ziele einsetzen. Die schiitischen und die sunnitischen Terrornetzwerke werden eng miteinander kooperieren und zusammen gegen den Westen losschlagen. Und die Hardliner in Teheran werden sie mit allem ausrüsten, wovon islamistische Terrorgruppen bisher nur träumen. Ich nenne das einen terroristischen Super-GAU, gegen den wir nicht gerüstet sind.«

Was immer in den nächsten Monaten und in den kommenden Jahren geschehen könnte, geschehen sollte oder geschehen wird – niemand kann das heute prognostizieren. Alles, was man heute feststellen kann, ist, dass die Machthaber der Islamischen Republik Iran eine ernste Gefahr für den Frieden auf diesem Globus sind. Sie haben einer großen Kulturnation, dem Land und seinen Menschen ein barbarisches, menschenverachtendes System aufgezwungen. Ein System, das jedem Gedanken Hohn spricht, wonach die Würde des Menschen unantastbar ist.

Ich glaube nicht daran – nicht nach diesen 25 Jahren, in denen ich mich immer wieder und ausufernd mit diesem Land, mit seinen mehr als nur beeindruckenden Menschen beschäftigt habe –, dass es aus dem Land selbst heraus zu umfassenden Veränderungen kommen wird. Nicht jetzt. Nicht in nächster Zukunft. Nicht in den nächsten Monaten oder auch nur Jahren. Ich befürchte, dass die Menschen des Irans in absehbarer Zeit nicht die unbedingte Freiheit haben werden, nach ihrer eigenen, selbstbestimmten Façon glücklich zu werden. Ich denke auch, dass auf dem politischen Parkett mit all den Verhandlungen, die es zweifelsohne in den nächsten Monaten geben wird, keine tragfähige und glaubwürdige politische Lösung im Streit um das Nuklearprogramm des Irans zu finden sein wird. Genauso bin ich davon überzeugt, dass die Islamische Republik Iran ein umfassendes nukleares Rüstungsprogramm betreibt, und habe in diesem Buch viele Indizien dafür angeführt. Ein nuklear bewaffneter Iran, der zudem weit reichende Trägersysteme für atomare Gefechtsköpfe besitzt, ist nicht nur eine Gefahr für die Region. Die Machthaber des Gottesstaates drohen schon jetzt im politischen Verhandlungspoker dem Westen mit Terror. Dass sie mehr als gut darin sind, diesen auch auszuüben, dürfte in diesem Buch klar geworden sein.

Teheran hat Europa fest im Visier, denn aus Sicht der iranischen Machthaber ist Europa die Chiffre für den Westen. Die dort beheimatete Liberalität, die geltenden demokratischen Grundvoraussetzungen mit ihrer Möglichkeit, frei leben, denken und lieben zu können, sind nicht das, was der Oberste Geistliche Führer des Irans, Ayatollah Ali Chamenei, den Menschen seines Landes zugestehen will. Aber auch nicht den Menschen in Europa und anderswo. Die westlich-europäischen Werte werden von Ali Chamenei und seinem Epigonen Mahmud Ahmadinejad weder geachtet noch respektiert. Dies demonstriert auch der 18-seitige Brief des iranischen Staatspräsidenten, den er Anfang Mai 2006 an George W. Bush geschickt hat. Darin macht Ahmadinejad unmissverständlich klar, was er von einer solchen Zivilisation hält: Liberalismus und westliche Demokratie seien nicht in der Lage gewesen, die Ideale der Menschheit zu verwirklichen, schreibt der iranische Präsident: »Heute sind diese beiden Konzepte gescheitert. Einsichtige hören bereits, wie die Ideologie und das Gedankengut liberaler demokratischer Systeme zusammenbrechen und untergehen.« Nichts anderes ist die Vision des iranischen Präsidenten. Und nichts anderes ist die Vision derer, die ihn auf diesen Stuhl gehoben haben. Die Vision der Machthaber des Irans.

Anhang

Personenregister

Institutionenregister

Sachwortregister

Erinnerungen eines Aufklärers und Grenzgängers

Peter Glotz · **Von Heimat zu Heimat**
Erinnerungen eines Grenzgängers
350 Seiten mit Abbildungen · gebunden mit Schutzumschlag
€ [D] 24,90 · € [A] 25,60 · sFr 44,00
ISBN-13: 978-3-430-13258-9 · ISBN-10: 3-430-13258-4

Peter Glotz – ein Leben zwischen allen Stühlen:
ein Heimatvertriebener, der sich nie ins konservative Lager
fügte; ein Linker, der mit den 68ern wenig anfangen konnte;
ein Wissenschaftler, Politiker und Publizist, der sich nie anpasste.
Der Vordenker der SPD der 8oer Jahre erzählt aus seinem bewegten Leben
und zieht eine persönliche Bilanz.
Seine Erinnerungen erhellen die wechselvolle Geschichte
der Bundesrepublik – und zeigen auf, welche gesellschaftlichen
Veränderungen heute anstehen.

Econ

Ein Spionagebericht
unter die Oberfläche der Macht

Moritz Freiherr Knigge / Claudia Cornelsen · **Zeichen der Macht**
Die geheime Sprache der Statussymbole
238 Seiten, gebunden mit Schutzumschlag
€ [D] 19,95 · € [A] 20,60 · sFr 35,00
ISBN-13: 978-3-430-11848-4 · ISBN-10: 3-430-11848-4

Die Chefbüros sind kleiner geworden, die Hierarchien flacher und die Rolex ist nur noch ein Klischee. Trotzdem steht unser Status jeden Tag auf dem Prüfstand: Gehen Sie im Büro selbst ans Telefon? Haben Sie Kinder und wenn ja wie viele?

Träumen Sie von einem Sabbatical oder von einer Festanstellung?

Die Klingen im Machtkampf sind fein, und die Zeichen, mit denen Alphatiere sich abgrenzen, werden immer subtiler. Claudia Cornelsen und Moritz Freiherr Knigge zeigen, wie Sie die geheimen Zeichen so interpretieren und anwenden können, dass diese Sie zum Erfolg führen.

Econ

Die verführte Republik

Cerstin Gammelin / Götz Hamann · **Die Strippenzieher**
Manager, Minister, Medien – wie Deutschland regiert wird
303 Seiten · gebunden mit Schutzumschlag und Karte
€ [D] 19,90 · € [A] 20,60 · sFr 35,00
ISBN-13: 978-3-430-13011-0 · ISBN-10: 3-430-13011-5

Regieren ohne Mandat? In Deutschlands Verfassung ist das untersagt.
Tatsächlich tritt aber fast kein Gesetz in Kraft,
auf das die Wirtschaft nicht Einfluss genommen hätte.
Dieses Buch beschreibt den Weg der Lobbyisten ins Zentrum der Macht.
Die Autoren nennen Namen, legen interne Dokumente offen und führen die Leser
an die Orte heimlicher Macht. So entsteht ein Stadtplan des politischen Berlins,
der an keinem Kiosk zu kaufen ist. Wer ihn kennt, lässt sich in dieser Republik
nicht länger an der Nase herumführen.

Econ